成本分担视域下我国公办高校学费调整的研究

胡展硕◎著

华中科技大学出版社
http://press.hust.edu.cn
中国·武汉

图书在版编目(CIP)数据

成本分担视域下我国公办高校学费调整的研究/胡展硕著. -- 武汉：华中科技大学出版社，2025.4. -- ISBN 978-7-5772-1599-0

Ⅰ．G649.2

中国国家版本馆CIP数据核字第20254KT397号

成本分担视域下我国公办高校学费调整的研究

胡展硕　著

Chengben Fendan Shiyu Xia Wo Guo Gongban Gaoxiao Xuefei Tiaozheng de Yanjiu

策划编辑：饶　静　李娟娟	
责任编辑：孙　念	
封面设计：琥珀视觉	
责任校对：刘小雨	
责任监印：朱　玢	
出版发行：华中科技大学出版社(中国•武汉)	电话：(027)81321913
武汉市东湖新技术开发区华工科技园	邮编：430223
录　　排：孙雅丽	
印　　刷：武汉科源印刷设计有限公司	
开　　本：710mm×1000mm　1/16	
印　　张：15	
字　　数：262千字	
版　　次：2025年4月第1版第1次印刷	
定　　价：69.00元	

本书若有印装质量问题，请向出版社营销中心调换
全国免费服务热线：400-6679-118　　竭诚为您服务
版权所有　侵权必究

前 言

随着高等教育普及化的到来,高等教育问题已经成为关系千家万户切身利益的根本大事。在当前的基本国情下,科学、合理的学费标准不但关系着教育公平,也影响着民众对教育事业的满意度。

高等学校学费政策是国家在权衡各政策主体利益的基础上,为解决高等教育经费总量不足、来源单一等问题,实现高等教育培养更多服务于社会主义现代化建设的高水平人才而制定的。高等学校学费政策是国家、学校、家庭三者利益博弈平衡的体现,因此,学费政策不但关系到学校的发展,也涉及受教育者自身的利益。在高等学校学费政策的指导和推动下,我国高等教育经费总量明显增加,这也在一定程度上保障了高等学校办学规模的稳步扩大。但是,我们必须清醒地认识到,我国现阶段高等学校学费政策仍然不能解决高等教育和经济社会发展之间的所有矛盾:学费标准增速与收入增速不匹配,不同高校之间学费涨幅不统一,部分高校学费短期内增幅过大,部分高校学费碍于种种原因长期不变,不利于教育的健康发展。国家亟须完善公办高校学费政策,而公办高校学费政策研究的重中之重便是学费标准问题。

本研究围绕如何科学、合理地调整公办高校学费标准这一总目标,采用文献研究法、政策文本分析法、PMC指数模型分析法、问卷调查法、德尔菲法、层次分析法(AHP)等,对公办高校学费政策的历史发展、学费政策文本、学费标准影响因素、学费标准调整等问题进行了系统研究,具体包含以下几个方面。

第一,科学、系统地对我国公办高校学费政策进行了梳理。本研究以新中国成立以来不同时期公办高校学费政策文本为基础,通过认真研究、归纳,将我国公办高校学费政策分为免费加发放助学金、免费向收费过渡、激进的全面收费以及学费标准持续探索等不同阶段。在此基础之上,进一步探究不同阶段政策背后的内在逻辑,发现政策背后存在的不同的动力取向、目标取向、过程取向以及话语取向。研究政策流变,归纳演进逻辑,对于认识政策、了解政策、熟悉政策有至关重要的作用,也是调整学费标准所必需的基础与前提。

第二,借助PMC指数模型,对公办高校学费政策进行量化研究,发现学费政策的问题与不足,更深一步地对公办高校学费政策进行剖析。通过对已有政策文本的梳理、挖掘与分析,借助PMC指数模型设置10个一级变量和33个二级变量,对7项公办高校学费政策文本进行量化研究,结果发现:样本政策设计总体较为合理,在政策等级的评价结果中,1项为优秀,5项为良好,1项为可接受,无不良政策,且各文本在政策性质、政策受众等方面优势明显;但样本政策也存在政策重点不突出、政策标准不够细化、政策评价不完善等问题,这导致政府和学校制定的学费标准从其自身来讲就缺乏统一的口径,在民众心中的公信力有待提升,因此,解决好学费标准调整的科学性、合理性、规范性问题,是提高公办高校学费政策权威性以及可行性的关键所在。

第三,构建了公办高校学费标准影响因素指标体系。首先,通过梳理已有成果以及问卷调研双管齐下的方式,对公办高校学费标准的影响因素进行初筛,最终将得到的所有影响因素分为4个一级指标以及20个二级指标,作为德尔菲法专家访谈的基础资料。其次,通过三轮专家访谈,对第一步得到的影响因素指标体系进行"头脑风暴",最终确立了公办高校学费标准影响因素指标体系的内容,构建了包含4个一级指标、18个二级指标的影响因素指标体系。再次,借助层次分析法,对4个一级指标以及18个二级指标进行权重的测算,得出各一级指标以及二级指标所占权重,为学费标准动态调整公式的建构提供依据。最后,建构学费标准动态调整公式。

第四,应用建构好的以公办高校学费标准影响因素指标体系为基础的学费标准动态调整公式,对被试高校HUEL(河南财经政法大学)的理工科以及人文社科2个大类的本科专业进行学费调整的实际操作与结果检验,希望可以对今后我国公办高校学费标准的调整起到一定的参考作用。

总之,公办高校学费标准问题是一个复杂而又敏感的问题,随着高等教育的普及化,其更是关系着千家万户的根本利益。科学的学费政策、合理的学费标准对我国高等教育事业的健康发展以及提升民众对高等教育的满意度有着极其重要的作用,解决好学费标准问题能为我国高等教育事业的稳步推进做出积极贡献。

目录

第一章 绪论 …… 1
一、问题的提出 …… 1
（一）为什么调整学费 …… 1
（二）该怎样调整学费 …… 3
二、选题缘由 …… 6
（一）学费是高校事业收入的重要组成部分 …… 6
（二）学费政策对高校收费具有很强的调节引导作用 …… 7
（三）高校学费政策亟待深入研究 …… 8
（四）高校学费缺乏科学性、统一性、权威性的计算标准 …… 9
三、研究意义 …… 10
（一）理论意义 …… 11
（二）实践意义 …… 12
四、文献综述 …… 12
（一）国外学费的研究综述 …… 12
（二）国内学费的研究综述 …… 27
五、研究思路与方法 …… 38
（一）研究思路 …… 38
（二）研究方法 …… 39
六、研究目标与内容 …… 40
（一）研究目标 …… 40
（二）研究内容 …… 41
（三）拟解决的关键问题 …… 42
七、研究创新点 …… 42

第二章 核心概念与研究基础 …… 43
一、核心概念 …… 43

（一）高等教育成本 …………………………………………………43
　　（二）学费 …………………………………………………………44
　　（三）高等学校学费政策 …………………………………………45
　　（四）学费影响机制 ………………………………………………46
　　（五）成本分担 ……………………………………………………47
二、理论基础 …………………………………………………………49
　　（一）准公共产品理论 ……………………………………………49
　　（二）人力资本理论 ………………………………………………51
　　（三）成本分担理论 ………………………………………………55
三、学费调整的现实基础 ……………………………………………59
　　（一）物质基础：居民收入的持续增长为学费调整提供有力支撑 ……59
　　（二）内在动力：高校招生规模的逐年扩大使学校培养成本激增 ……61
　　（三）外部驱动：国际高校高标准学费的借鉴与本国财政支持
　　　　　力度的相对减少 ……………………………………………62

第三章　我国高等学校学费政策的历史发展及其成就 …………67

一、我国高等学校学费政策的历史流变 ……………………………68
　　（一）管窥初探：免学费加发放助学金阶段（1949—1977年） ……69
　　（二）雏形初现：免费向收费过渡阶段（1978—1997年） …………72
　　（三）拔苗助长：激进的全面收费阶段（1998—2007年） …………76
　　（四）前路漫漫：学费标准持续探索阶段（2008年至今） …………84

二、我国公办高等学校学费政策的演进逻辑 ………………………86
　　（一）以成本分担为要义的动力取向 ……………………………86
　　（二）以公平效率博弈为原则的目标取向 ………………………89
　　（三）以政策工具为保障的过程取向 ……………………………91
　　（四）以民生话语向多元化话语转变的话语取向 ………………93

三、我国公办高等学校学费政策的成绩 ……………………………94
　　（一）多元化高校资金来源 ………………………………………95
　　（二）提高政府经费的使用效率 …………………………………95
　　（三）提高受教育者的学习效率 …………………………………96
　　（四）促进教育公平的实现 ………………………………………96

第四章　公办高等学校学费政策现实困境及成因 ·············98
一、PMC 指数模型下学费政策现状分析 ··············98
（一）PMC 指数模型及其应用 ··············98
（二）学费政策评价结果分析 ··············105
二、学费政策的现实困境 ··············107
（一）政策目标过分追求时效与绩效 ··············108
（二）政策制定过程中民众话语权薄弱 ··············109
（三）政策内容中学费标准模糊 ··············110
（四）政策结果公信力不足 ··············110
三、学费政策困境潜因分析 ··············111
（一）立法缺位：缺乏执行依据 ··············112
（二）执行偏离：目标结果错位 ··············112
（三）评价薄弱：体系有待加强 ··············113

第五章　基于成本分担的高校学费影响因素指标体系建构 ··············115
一、成本分担 ··············116
二、公办高校学费标准影响因素指标体系建构 ··············117
（一）构建原则 ··············117
（二）影响因素 ··············119
（三）基于层次分析法的指标权重体系的确定 ··············154

第六章　公办高校学费标准调整的检测、执行与审思 ··············173
一、公办高校学费标准影响因素指标体系关于学费调整的检测 ··············173
（一）公办高校学费调整的应用说明 ··············173
（二）被试高校的数据处理 ··············175
（三）学费标准动态调整模型建构 ··············176
（四）学费标准调整的数据检验 ··············176
二、公办高校学费调整方案的执行及配套措施 ··············178
（一）公办高校学费调整方案的执行 ··············178
（二）公办高校学费调整的配套措施 ··············180
（三）公办高校学费标准调整的审思 ··············181
三、公办高校学费政策的路径推进 ··············182

- （一）完善立法体系，以政策导向为引领 …………………………… 183
- （二）回归政策初心，以成本分担为基本共识 ………………………… 184
- （三）推进多元对话，平衡各主体间的实际承受能力 ………………… 186
- （四）完善政策配套，以多元化资助体系为保障 ……………………… 187
- （五）健全政策评价，政策接受民众的监督与反馈 …………………… 188

第七章　结语与展望 ………………………………………………………… 189
- 一、研究结论 ………………………………………………………………… 189
- 二、创新之处 ………………………………………………………………… 191
- 三、可能的不足 ……………………………………………………………… 192
- 四、未来展望 ………………………………………………………………… 193

附录 ……………………………………………………………………………… 195
- 附录1："我国公办高校学费标准影响因素研究"调查问卷 ……………… 195
- 附录2："我国公办高校学费标准影响因素研究"专家预访谈提纲 ……… 197
- 附录3："我国公办高校学费标准影响因素研究"专家征询表（第一轮）… 199
- 附录4："我国公办高校学费标准影响因素研究"专家征询表（第二轮）… 203
- 附录5："我国公办高校学费标准影响因素研究"专家征询表（第三轮）… 207
- 附录6：公办高校学费标准影响因素层次分析法专家意见征询表 ……… 211
- 附录7：公办高校学费问题调查问卷1 ……………………………………… 213
- 附录8：公办高校学费问题调查问卷2 ……………………………………… 214

参考文献 ………………………………………………………………………… 216
- （一）英文文献 ……………………………………………………………… 216
- （二）英文图书 ……………………………………………………………… 218
- （三）中文文献 ……………………………………………………………… 218
- （四）中文图书 ……………………………………………………………… 229

第一章

绪论

一、问题的提出

（一）为什么调整学费

我国高等学校[①]学费政策整体上经历了免费加发放助学金、免费向收费过渡、激进的全面收费以及学费标准持续探索等不同时期。新中国成立初期，高等教育实行免学费加发放助学金的基本政策，但是在旧中国留下的"一穷二白"烂摊子上办高等教育是一件非常困难的事情，经费的匮乏不利于高等教育事业的健康发展，在此情况下，国家逐步招收自费生和委培生，希望以此来分担高等教育的成本，这在一定程度上缓解了高等教育经费不足的问题。但是，"双轨制"招生并不利于教育公平的实现，加之自费生和委培生基础一般较差，这无形中也大大增加了学校日后的教学以及管理工作的难度。随着1997年收费并轨的完成，高等教育成本最终由全体学生共同承担。

1998年以后，高等学校学费政策才从真正意义上对全体学生具有普遍适用性。从政策的目标导向来看，高等学校学费政策确实从一定程度上扩充了高等教育经费来源的多样性，缓解了政府对高等教育支出的财政资金压力，可以将有限的资金投入社会其他同样需要资金支持的相关产业，高等教育也提高了劳动力市场上的人力资源供给质量，进而推动了社会经济的快速发展。随着高等教育普及化目标的顺利实现，越来越多的民众有机会进入高等学校接受高等教育，在这个过程中，民众通过接受高等教育，提高了自身的文化水平与专业素养，为其未来拥有较为可观的收入提前打下坚实的基础。一般民众可以通过接

[①] 如无特殊说明，文中的"高等学校"指我国公办高等学校。

受高等教育最终实现其社会价值和个人价值。但是,通过对过去经验的总结,我们也可以清晰地看到,高等学校学费政策也存在一定的负面效应。一方面,学费政策从其自身存在的那一刻起,由于上学付费制度,即便学费标准很低,仍然会有一部分低收入家庭的学生交不起学费,会存在一些因为无法支付学费而辍学的学生。学费政策的存在、学费标准的高低永远只能顾及大部分人的现况,而没有办法考虑到所有人。另一方面,学校以成本分担为理论依据进行收费,就要对学生的实际培养成本进行核算、计量,即使学费设置合理,但数额超出民众的预期和实际承受能力时,很难得到民众的理解和支持。如果政府和学校坚持既有的学费政策,则会降低民众对高等教育的满意度;如果政府因舆论调整高等学校学费政策,那么前期的一系列统计核算工作的努力等于是白白浪费了,这也是对国家资源的一种浪费。

从受教育者的角度来看,高等学校学费政策的存在增大了低收入家庭子女进入高等学校学习的经济压力。如果出现公民因贫困而无法进入高校学习、与高等教育失之交臂的情况,对于国家来说,不但流失了优秀的人才,也无法使公民的受教育权得到切实保障,更无法体现教育的公平性。因此,高等学校学费政策自其存在之初,便一直在公平与效率之间摸索前行,道路艰辛而曲折,其中也不免走过一些弯路,实际情况是几乎很难做到两者兼顾。在新中国成立后的不同时期、不同阶段,由于社会环境以及国情的差异,学费政策在不同时期有不同的政策侧重。

总体来说,1998年到2000年,高等学校学杂费在居民人均可支配收入中所占的比重急速攀升,居民人均可支配收入虽也在稳步增长,但各个地区高等学校学杂费的增长速度明显快于居民人均可支配收入的增长速度。高等学校学费标准增幅过大、增速过快,使很多家庭面临沉重负担,一时间新闻媒体报道学生上大学需要政府或者社会救济的情况屡见不鲜,甚至有些学生明明考上了心仪的大学,却因为家庭贫困,无法承受高昂的学费而不得不辍学打工,使得优质生源白白流失,学费问题引起了社会各界的广泛关注和强烈反响。国家分别于2000年以及2007年出台限涨令,其目的是限制学费过快增长。在2012年限涨令到期后,各省份高等学校学费出现了两极分化,一些省份的高校由于2000年新校区建设以及物价的增长、货币的时间价值等原因,继续调整学费,如天津、江苏等省份的高校。然而也有另一些省份如河南、山东,由于种种原因,从2004年开始到2019年,在通货膨胀、居民人均可支配收入稳步上涨的情况下,学费标准仍然保持着十几年前的标准,这显然是不合理的。

学费的增幅过快或者过慢，都不利于我国高等教育事业的健康发展，而这一现象的出现，归根结底是由于学费标准缺乏统一、权威的计算标准。因此，通过对高等学校学费政策的梳理，发现政策问题背后的现实逻辑，探寻高等学校学费标准的影响因素及其影响机制，建立科学、合理的学费标准动态调整公式，从而积极推动我国高等学校学费政策的完善，便显得极其重要与迫切。

（二）该怎样调整学费

《中华人民共和国高等教育法》（下文简称《高等教育法》）第六十条规定，高等教育实行以举办者投入为主、受教育者合理分担培养成本、高等学校多种渠道筹措经费的机制。2015年10月，国务院印发的《统筹推进世界一流大学和一流学科建设总体方案》提出，要"按照平稳有序、逐步推进原则，合理调整高校学费标准，进一步健全成本分担机制"。国家从政策层面指出，高等学校学费标准调整需要以成本分担为基础，它是一个持续性的、动态化的过程，国家同样要求各主体应更多地关心高等学校学费标准调整过程中需要继续应对的问题。

从目前世界范围来看，对民众实行高等学校免费入学这一学费政策的国家寥寥无几，实行上学缴费这一基本政策的国家占据着绝大多数。从高等学校学费政策的自身属性来看，强制性是其基本特征。高等学校学费政策从颁布之初，便要求受教育者以支付学费的方式，对高等教育成本进行分担，这也是法律为了保障我国高等教育的健康发展所做的基本规定，但是强制性的存在可能使政策在实施过程中出现"一刀切"的情况。对于高等学校学费政策而言，其固有的强制性要求学生为上学付费，无法兼顾社会中困难家庭的情况，很多困难家庭因为收入极低，根本无力负担高昂的学费，继而不得不选择辍学，导致一些优秀人才无法进一步深造。虽然从理论上讲，我国也有一系列的资助政策，可以有效缓解学费政策给困难家庭带来的部分经济压力，但是这并不代表可以解决全部的问题，事实证明也不可能解决全部的问题。我国目前仍处于社会主义初级阶段，各项政策仍需完善，政府财力有限，社会中需要财政支持的行业较多，加上民众自身的文化程度、家庭情况的差异，以及政策宣传不到位等，使得部分困难家庭的学生并没有享受到国家的资助政策，或者说虽然有资助，但是资助并不足以解决学生因进入高等学校学习而给家庭带来实际经济压力的问题，这在一定程度上也影响着高等教育的公平性。事实上，由高等学校学费政策所引起的、可能存在的教育不公平问题还体现在其他方面，但是依据世界发达国家的发展历程并且结合目前我国的实际情况来看,高等学校学费在当今已经成为家庭为其子女进入高等学校学习必须支付的学习成本,而且从我国教育事业尤其是高等教育的未来走势来看,学费政策应当会长期存在。学费收入作为高等学校事业收入的一部分,是学校发展过程中极为重要的收入来源。那么,什么样的学费标准才是科学的、合理的?如何调整学费才能既兼顾学校发展,又能很好地顾及民众的支付能力呢?

学费调整有以下三个核心问题:

1. 关于科学核定高等教育的学费标准

首先,我国目前实行以成本分担为基础的高等学校学费政策,那么学费标准的制定,便绕不开培养成本核算这一问题,离开了科学、合理的成本核算,便无法得到公正、权威的学费标准,也会使学费政策的公信力大打折扣。但是关于在校大学生学习期间的培养成本,目前国内还没有统一、权威的计算办法,即便是关于该定义的讨论,不同学者也有不同的观点。其次,虽然我国明确规定了"高等教育学费占年生均教育培养成本的比例最高不得超过25%",但事实上由于培养成本无法精确核算,学校在执行时便只能根据自己的理解进行估算,这就使得不同学校间学费标准可能存在较大的差异,且此比例只有上限而没有下限,在具体操作中存在较大弹性空间。最后,关于影响学费培养成本的因素,如政治因素、经济水平、当地支付能力等是如何相互作用进而影响学费标准制定的,这些问题依然没有科学、权威的定论。只有高校学生年生均培养成本的核定方法科学、结果准确,不同类型、不同地域、不同层次间高等学校的学费标准的调整才会有坚实的理论依据。

2. 成本分担各主体应当如何分担成本

通过学习国际上高等教育发达国家的先进经验,并且结合我国高等教育自身发展的实际情况,高等学校不能实行免费教育,而需要各主体对其成本进行分担,这种观点已经被越来越多的人接受。虽然从理论上说,学校是成本分担中的一个主体,但是在实际运行中,高校的绝大部分经费仍然来自政府,可以粗略地理解为,除了学生缴纳的学费补偿成本,高校其余的费用由政府兜底。即便学校通过科学的方法得到了较为准确与公允的培养成本,依然有一个问题难以解决——目前国内高等教育成本的分摊比例问题,例如政府需要负担多少、学校负担多少、个人负担多少,现有政策还没有较为明确的指导性意见。这直接影响到我国公办高校学费标准的制定,也只有明确各主体间的承担比例,才能进一步明确不同主体间的责任,从而使学费更加合理,使政府对学校的拨款使用效率更高,使民众更容易接受。

3. 关于高校学生及学生家庭的付费能力

对高等教育收费问题的探讨,家庭的实际支付能力在研究中受到了不同学者的普遍关注,因为家庭的实际支付能力才是学费政策得以落实的最终载体。无论学校和政府核算的培养成本如何精确、确定的分担比例如何合理,但若超出了家庭的实际支付能力,那么学费政策也将失去其执行的土壤,因此家庭的实际支付能力也应当成为高校以及政府在制定学费标准时考虑的重要因素。

"学而优则仕"的理念自古以来深入人心,绝大部分家庭都希望子女通过接受高等教育从而在将来获得更好的工作机会。但是每个家庭的实际情况并不完全一样,现阶段社会的贫富差距仍然较为明显,家庭对学费的实际支付能力与家庭的收入水平有着紧密的联系,换句话说,学费标准到底高还是不高,完全取决于民众的收入水平。对于高收入家庭来说,几千元学费只是家庭开支中很小的一部分,但是对于一些困难家庭来说,可能是其家庭一年的全部经济收入。当学费标准调整过快、增幅过大时,最受冲击、影响最大的始终都是社会中的低收入人群。回顾历史,在 1997 年收费并轨完成后,由于当时学校的扩招以及培养成本的增大,各高校在接下来的几年内纷纷调高学费标准,但是伴随着高等学校收费标准的提高,社会中对于高校收费合理性、科学性热议不断,当时的高校学费几乎占据不少农村家庭收入的一半以上,民众普遍认为此时的高等学校学费标准与家庭收入不匹配,部分高校调整后的学费标准已经严重超出了当地居民的实际支付能力。在学费标准的调整中,如果学费增幅过大,超出家庭的实际支付能力以及承担能力,必然会降低困难家庭子女的高等学校入学率,因为经济原因而使得部分优秀学子失去进入高等学校学习的机会,这样显然不利于教育公平,也势必会引起民众的强烈反对。因此,调整学费的同时,需要考虑提升家庭经济困难学生的付费能力,使困难家庭的子女仍然能够有接受高等教育的机会,使公民享有最基本的受教育权,进一步提升高等教育的公平性。

二、选题缘由

(一) 学费是高校事业收入的重要组成部分

《教育大辞典》认为,学费是指受教育者向学校或教育举办者(单位或者个人)缴纳的培养费。[①]

目前,我国高等学校以及一些其他的非义务教育阶段的学校实行缴费上学的基本政策。回顾历史,新中国成立初期乃至整个计划经济时期,高等教育实行免学费加发放助学金的政策,但事实证明,经费的匮乏不利于高等教育事业健康、持续、稳定的发展,也不利于调动学生的积极性,尤其是我国进行社会主义市场经济改革以后,高等教育所具有的个人收益性逐渐凸显,民众上大学的需求也越来越强烈。为了缓解教育经费不足的压力,分摊教育成本,上学收费又被重新提了出来。

现阶段对高等学校学生进行收费是有必要的,其原因如下:

(1) 从高等学校学费的作用来看,高等学校收取学费不但可以使学生的培养成本由国家、家庭共同承担,与之前国家实行的免费上大学政策阶段相比,这一举措直接减轻了政府教育投入的资金压力,从而可以让国家将有限的可分配资源合理地投入到其他同样迫切需要资金支持的行业和领域,共同助力社会主义现代化建设的稳步推进。

(2) 从高等教育的自身属性来看,高等教育是准公共产品,其位置处于公共产品与私人产品之间,随着我国高等教育普及化的到来,越来越多的人有机会接受高等教育,但不可否认的是,目前仍然不是所有人都有机会进入大学接受高等教育,因此从这一方面来看,高等教育的稀缺性仍然是存在的。准公共产品的属性决定了高等教育具有排他性。一般来讲,学历越高,收入往往也越高,对于接受高等教育的学生来说,"谁受益谁买单"也合情合理。

(3) 从教育公平角度来看,国家所有的收入来自公民,如果高等教育成本全由国家负担,那么就相当于由全体公民共同为进入高校学习的学生支付学费,但是对于那些并没有子女进入高校学习的家庭来说,这显然是不公平的。

---

① 顾明远.教育大辞典[M].上海:上海教育出版社,1990.

从另一个角度看,任何社会都存在着发展进步的强烈诉求,而教育无疑是推动社会进步的有效手段,如果高等教育成本全部由进入高校学习的学生及其家庭来负担,这样会使家庭的经济压力大大增加,而如果政府作为高等教育的受益者之一,并没有承担相应的责任,这样也不利于教育公平的实现。

高等教育并非义务教育,高等教育相对于义务教育来说,是一个投入巨大、见效较慢的教育阶段,免费上大学对于目前世界上绝大多数国家来讲,都将会造成严重的经济负担,因此放眼世界各国,绝大部分国家实行收取学费上大学的基本政策,但是关于学费标准,不但各个国家大不相同,即便是同一国家的不同地区,学费标准也往往有较大的差异。

(二)学费政策对高校收费具有很强的调节引导作用

高等学校学费政策是对国家、学校、家庭三者之间利益的调节,旨在使其达到一种最优的平衡。在这个过程中,学费政策可以发挥能动作用,增强高等学校的资源配置效率,进而使学校的办学效率得到进一步提升,最终实现高等教育事业健康发展的本质目的。从高等学校经费来源的主要渠道来看,各个高校获得社会捐赠以及自筹经费的能力较弱,除了学费等事业收入,政府拨款几乎成了各高校主要的经费来源。但是国家的财力有限,教育经费的总量也是有限的,事实证明仅仅靠政府的力量是难以保障我国高等学校的全部资金需求的,更无法保障我国高等学校的持续、健康发展,因此这就需要学费政策从政策引领的高度,为我国高等教育事业的发展指明道路。

公平与效率历来都是学费政策希望兼顾但又难以完全兼顾的二元目标,在国家发展的不同时期,学费政策目标取向也略有差异。效率体现了人与自然之间的关系,是生产力水平高低的指示器,公平体现了人与人之间的关系,是生产关系和谐与否的晴雨表,二者是历史的、具体的、辩证统一的。[①]随着我国由计划经济逐步向社会主义市场经济转变,我国公办高等学校学费政策自身也经历了一系列的调整和变革,但总体来说,政策的目标取向一直都是在公平、效率之间博弈,经历了从免费期、免费向收费过渡期、激进的收费期以及学费标准的持续探索期等不同时期。学费政策作为我国高等教育政策的有机组成部分,有力

---

① 谭扬芳.改革开放三十年:中国特色社会主义公平与效率关系的反思[J].探索,2009(01):165-169.

地推进了高等教育事业的健康发展。

新中国成立初期,国家高等学校实行免学费加发放助学金的基本学费政策,这给本来就手头拮据的政府增加了一个十分沉重的经济重担,在经费总量一定的情况下,学生免交学费上学,学校其他的办学经费又相对有限,高等教育只能维持一种低效率的运行状态。随着高等学校办学经费不足的问题日益凸显,各个高校开始招收自费生和委培生,这一举措从一定程度上缓解了当时高等教育经费不足的窘状,但是由于自费生和委培生一般学习基础较差,这给日后的高校教学工作以及学生管理工作带来了巨大的困难,"高考分不够,可以拿钱凑"的现实做法也不利于教育公平思想的贯彻与落实。随后国家开始逐步取消自费生与委培生的招生,培养成本由所有的统招学生共同承担。1993年,东南大学和上海外国语大学两所高等学校率先作为试点单位,进行招生并轨的改革工作,结果表明该政策得到了当时大多数家庭的支持。从整体来看,高等学校学费政策有效地将成本分担机制落到了实处,不但减轻了政府对高等教育投入的资金压力,还增加了民众对高等教育的参与度,同时,又为我国高等教育的发展提供了源源不断的发展动力,可以更加充分地体现出社会主义市场经济条件下高等教育的效率原则。学费政策也使高校收取学费有了依据,学费标准的制定可以很好地调节国家、学校以及家庭三者之间的利益分配,引导我国的高等教育事业向着更高的目标前进。

(三)高校学费政策亟待深入研究

我国高等学校学费政策的变迁,实质上是各不同利益主体相互博弈,共同作用于政策更替的演变过程。

从主体话语层面来看,在传统的高等教育管理体制下,虽然高等教育包含政府、学校、家庭、社会等相关的利益主体,但是各主体间的地位悬殊,政府在高等教育事业的发展中,处于绝对的强势及领导地位。一方面,公办高校的人力、财力、物力绝大部分都由政府提供,依赖政府的资助而生存;另一方面,公办高校的利益其实也与政府的利益息息相关。学生及家庭则处于相对弱势和被动的地位。

从高校学费政策的目标导向看,我国出台的各种高校学费政策,其根本目的是减轻国家高等教育投入的资金压力。国家从1993年开始并轨招生,先在少数学校试点,初见成效后推广到部属院校,最后到全国高校。1997年基本完成收费并轨,各个高校开始实行收费招生的基本学费政策。高等学校学费政策中的学费标准由各高校根据所核算的日常年生均培养成本按一定的比例计算而来,然后报相关部门审批。但由于我国高等学校年生均培养成本没有统一的计算公式,各高校在确定年生均培养成本时也就有了比较大的弹性空间。为了解决教育经费不足的实际问题,各高校在制定学费标准时,往往是高估培养成本,这样不但使得不同高校间学费标准差异过大,也使得同一所高校的学费呈现逐年上涨的强劲趋势。在1997年到2000年,高校学费涨幅过快,很多地区呈现翻倍式增长的情况,严重超过当地居民的经济承受能力,部分农村以及城镇困难家庭、低收入家庭的子女因无法承受高昂的学费而被挡在大学门外,也有部分学生虽然勉强凑够了学费,但也成了学校中的贫困生,没有办法负担日常的生活费,这一现象引起了社会大众的强烈反应。国家为了解决学费涨幅过高的问题,分别于2000年和2007年出台政策限制学费的涨幅,此时学费标准的变化明显已经偏离了学生培养成本这条主线,因而国家根据社会大众反应程度,适时适度地进行调整。

(四)高校学费缺乏科学性、统一性、权威性的计算标准

《高等教育法》第五十四条规定"高等学校的学生应当按照国家规定缴纳学费"。上学缴费是我国目前高等教育的基本政策之一,但是关于学费的收取依据及标准,目前还没有统一的计算口径。目前在全世界范围内,绝大部分高等学校都是实行上学缴费的基本政策,成本分担理论是高等学校收取学费的重要理论基础,但是关于成本核算,以及政府、学校、家庭具体分担的比例,目前学术界还没有达成共识。学费标准看似具体、明确,但是在实际操作中却有两个重要的问题难以解决:

其一,关于培养成本的核算问题。现阶段我国各高校对于学生培养成本这一概念没有形成统一的核算标准,这就直接导致各个高校对于哪些支出应计入培养成本、哪些不计入成本仍然存在着较大的实践争议。比如,食堂、宿舍、科研等费用的支出是不是都应当计入学生的培养成本,抑或是需要部分计入?如何计?学界目前还没有统一的说法。这就使得不同学校在计算各自的培养成本时,具有很大的自主性,最终的结果具有较强的随意性,致使学费标准的增减缺少科学的理论依据。另外,我国高校实行的是收付实现制,与企业实行的权责发生制有本质区别,例如在当期建设的计入成本的教学楼,实行的是一次性

计入成本,在如此会计制度下,我国高等学校年生均培养成本的计算变得更加困难。

其二,关于培养成本的分担比例问题。国家虽然规定了学费标准不得超过年生均培养成本的25%,但是,国家只规定了上限,却没有规定下限,学校根据自身的实际情况,自行设定分担比例,这就造成学费标准缺乏统一的计算标准,进一步增大了不同学校间学费标准的差异。要使我国高校学费标准具有可行性及权威性,科学合理地确定成本分担比例是必不可少的重要环节。

三、研究意义

从新中国成立初期至20世纪80年代,我国高等教育一直实行的是免费面向社会民众的基本政策,高等学校所发生的一切费用全部由国家承担,这与当时国家急需人才参与社会主义建设有着紧密的联系。随着1978年改革开放,社会对于人才的需求又进一步增加,"知识就是力量"等观念深入人心,民众对于高等教育的认可度飙升,接受高等教育的需求量激增。

在国家的政策支持下,我国高等教育的规模也在逐年扩大,但随之也出现了一个较为突出的问题,那就是高等教育规模与政府的承受能力之间的矛盾。家庭和政府都希望高等学校扩招,民众可以有更多接受高等教育的机会,国家也有更多的高学历人才参与社会建设,但是此时的财政负担却让政府无力支撑,且矛盾有加剧的趋势。在此情况之下,通过对国外先进经验的学习,我国成功引入了成本分担机制,要求家庭为其进入高校学习的子女支付学费从而适度分担高等教育成本,并同时鼓励社会力量参与其中。高等教育不单单是国家的事情,也需要民众以及社会力量的参与。成本分担理论机制的成功借鉴及引入,使得各相关主体均需要承担高等教育的成本。这一举措大大减轻了国家的高等教育支出负担,有效地缓解了财政资金不足的现实困境,为我国高等教育事业的健康发展注入了新的活力,开辟了新的路径。因此成本分担机制的引入对于我国高等教育事业的发展具有里程碑式的意义。

但是,随着高等教育的深入发展,成本分担机制与我国高等教育的发展相结合的过程中也暴露了一系列的问题。这些问题主要包括缺乏年生均培养成本的统一计算口径,如何确定各相关主体的具体承担比例,等等。这些问题对国家高等教育的发展提出了新的挑战,也引发了学界的普遍关注。随着我国经济的发展、科技的进步,高等教育规模也逐渐扩大,在学习国外先进经验的同时,我国高等教育也在摸索适合自身条件的发展之路。在经过多次的变革后,我国高等教育已经具有自身的独特性,在追求高质量发展的大背景下,继续深入研究我国公办高校学费政策有利于支持我国高等教育事业更快更好地发展。

(一) 理论意义

1. 完善成本分担理论

随着经济的发展、社会的进步,我国高等教育的规模也在逐渐扩大,通货膨胀、物价上涨、师资规模扩大等因素的共同作用,使得高等学校的实际办学成本与之前相比有着明显的提高。在此情况之下若要保证高等教育的健康发展、保证高等学校人才培养的可持续性,最关键的就是要保证各主体对高等学校办学的经费支持。离开了经费,高等教育便是无根之木,更无从谈及发展。

成本分担理论为高校经费的来源多元化提供了理论依据,但是随着时代的进步,我们更要进一步加深对理论的研究,以适应不同时期的不同情况,优化高等学校资源配置,更好地助力我国高等教育事业的持续发展。

2. 为高校制定收费标准提供理论依据

高等教育非义务教育,目前世界范围内绝大多数国家实行高等教育上学缴费的基本制度,因此成本分担是学费缴纳的理论基础,学费则是家庭分担教育成本的货币表现。我国也是将成本分担作为国家制定学费标准时的重要参考依据,并且明确规定,高等学校学费标准不得超过年生均培养成本的25%。因此,从某种程度上说,在学费标准的制定过程中,培养成本是各个高校以及政府部门应当首先考虑的。因此,合理地确定培养成本可为政府制定学费标准提供依据。目前我国根据成本分担理论制定学费标准,规定学费最高可以达到年生均培养成本的25%,但是这一标准的划分导致很多问题出现,包括:25%的分担比例是否合理存在争议;很多高校办学成本并不是效率成本;年生均培养成本没有科学的计量方法。以成本分担为理论基础,研究不同家庭支付能力下,不同办学层次、不同专业等因素如何共同作用于我国公办高校学费标准的制定,从而达到以理论为基础进行实践,用实践去验证理论的最终目的。

(二)实践意义

1. 为政府财政拨款提供政策参照

新中国成立初期,计划经济体制下的高等教育承担着为国家建设培养优秀人才的重要任务,国家对高等教育也给予了大量的财政支持。随着改革开放的推进,计划经济逐渐过渡到社会主义市场经济,高校逐渐向学生收取学费及其他杂费,但是整体看来,政府对于高等教育的财政投入,仍然占据着高校事业收入以外经费来源的较大比重,也可以理解为高等学校办学所需要的绝大部分经费,由学校收取的学费和政府下拨的经费组成。如果各高等学校在进行成本核算时方法十分科学、结果十分准确,那么相关政府部门下拨的财政拨款也可以更加精确,从而保证国家有限财力的高效利用,减少不必要的财政支出。

2. 为高校合理配置资源提供实践依据

通过对人力资本理论的学习,我们可以发现高等教育带有明显的投资—回报属性,因此民众因接受高等教育而缴纳的学费,可以看成是家庭对子女进行的一种投资。社会主义市场经济体制下,民众未来的收入水平,很大程度上取决于其所接受的高等教育培养层次以及学校的办学质量,在普遍意义上来讲,其他条件同等的情况下,"985"高校的毕业生就业率与就业机会要优于"211"高校,以此类推。因此各高校都在努力提高自身的办学水平,再加上国家政策的支持,我国公办高校的规模呈现逐年扩大的趋势,伴随而来的办学成本的飙升使得我国公办高校教育经费紧张,学校发展与自身经费不足的矛盾愈发突出。在此情况之下,高校的成本效益也愈受关注。对各高校、各专业学生培养成本的核算,在国家层面,可以为国家对高校的拨款提供政策参照;在学校层面,也可以为各高校衡量各二级学院的管理效率提供理论依据与政策参照,优化高校自身的资源配置。

四、文献综述

(一)国外学费的研究综述

通过对国外文献的研究梳理,可以发现,从收费原理来看,相关研究主要集中在是否应该收费上;从学费标准来看,相关研究主要分为低学费、低保障和高学费、高保障两种类型;从学费的政策文本来看,研究对象主要集中在英国、美国、日本和澳大利亚等发达国家;从学费支付能力来看,研究重点主要集中在家庭的承担能力。

1. 收费原理研究

高等学校学费政策的理论基础之一是约翰斯通提出的成本分担理论,而成本分担理论与人力资本理论又有着紧密的联系。人力资本理论最核心的思想是认为可以将人看成资本的形式之一,该理论最早可以追溯到17世纪末的威廉·配第,他独创性地发现了一种度量人力资本的货币价值的方法。[①]亚当·斯密的《国富论》对工人的生产力和收入之间的关系进行了开拓性的研究工作。费雪在1906年发表的《资本的性质和收入》中最先提出人力资本概念,当时虽然没有得到学术界的认可,但人们开始有了通过教育来获得技能和人力资本的想法。[②]沃尔什首次提出将高等教育作为人力资本投资的观点,他比较了大学毕业生的收入与教育成本,得出结论:获得学士学位的学生会获得积极的投资回报。[③]

贝克尔认为,美国与苏联冷战,使得美国更加重视自身的科技发展,在此情况下,美国重新重视了人力资本理论,以使得本国的经济、科技可以更加快速地发展。[④]1961年,舒尔茨集中论述了把教育当作是家庭或者个人为其子女进行投资并且在未来会取得回报的观点,也是在舒尔茨人力资本的观点提出之后,世界范围内的经济学家纷纷开始关注教育学中可能存在的经济学问题。

早期各学者关于人力资本理论的研究有一个基本的共识:家庭或者个人对于个人进行投资,未来预期会有较高的收益,而教育正是这种投资最好的方式,对于未来缩小贫富差距、实现不同阶层民众的阶层跃迁有着重要的理论指导意义,也是民众摆脱家庭贫困的重要路径,人力资本理论也成为高等教育收费的重要理论之一。

---

① C. Hull.The economic writings of Sir William Petty[M]. 2 vols. Cambridge,MA: Cambridge University Press,1986:317-319.

② I.Fisher. The Nature of Capital and Income.The Macmillan Company,1906:129-148.

③ J.Walsh .Capital Concept Applied to Man.Quarterly Journal of Economics,1935, 49(2):255-285.

④ G.Becker .Underinvestment in College Education?. American Economic Review,1975, 50(2):346-354.

国际范围内许多机构纷纷发现教育广阔的未来前景,将大量的资金投入教育领域。①从政府层面出发,由于高等教育具有人才培养的基础属性,而培养的人才正是国家经济社会发展所急需的劳动力,基于此,政府也开始介入高等教育,从政策上扩大高等教育的招生规模,从经费上对高等教育进行支持,保障高等学校健康发展,持续为国家输送优秀人才。

然而,也有学者提出了反对意见,他们认为该理论只是模糊地指出教育带来预期收益,更加反对政府基于自身利益的考虑而盲目地扩大高等学校的办学规模,认为这种盲目发展无异于填鸭式的发展,将会扭曲高等教育原本的教学环境,严重的还会导致高等教育投资过剩,影响国家对社会资源的配置效率,进而减慢社会的发展速度。②另有一些极具批判性观点的学者认为,人力资本理论虽然有一定的合理性,但是过分夸大了高等教育对人或者国家未来经济的作用,对未来高等教育效益的严重高估容易导致社会资源的浪费。③

尽管不同学者对人力资本理论可能存在不同的看法,但是在不同观点的相互碰撞中,高等教育还是受到了政府的重视,得到了长足的发展,也成了社会经济发展的有效润滑剂。同时不可否认的是,高等教育规模的扩大,使得高等学校培养成本迅速增加,巨大的财政压力让政府财政举步维艰,同时加上社会经济存在危机的现实情况,紧缩的财政政策使得高等教育严重"营养不良",高校迫切需要找到新的出路来增加收入,解决自身经费不足的问题,在这种背景下,高等教育成本分担理论应运而生。④

高等教育成本分担可以将政府有限的资金高效率地用到其他亟须发展的领域,提高整个社会的资源配置效率,也使得在尽量保证高等教育教学质量以及教育公平这一大的前提背景下,政府和学校有能力满足更多民众接受高等教育的现实诉求。高等教育成本分担理论成功地将家庭、社会、个人变成高等教育成本分担的相关主体,既满足了高校对资金的大量需求,同样也将高等教育与民众的切身利益紧密地联系在了一起,高等教育由最初的政府统揽全包,转

---

① George S Papadopoulos, 1960-1990 : the OECD perspective.OECD, 1994:437-453.

② G.Becker. Human capital.3rd edn. Chicago: Chicago University Press,1994:299-300.

③ Kenneth Arrow.Higher education as a filter.Journal of Public Economics, 1973, 2(3) :193-216.

④ Gareth Williams .Changing Patterns of Finance in Higher Education. Research Institute for Higher Education, Hiroshima University, 1989.

变为民众的广泛参与。①高等教育成本分担的主体后期加入了家长及学生,这是由其受益付费的价值基础决定的,学生通过接受高等教育,可以提高自身的知识文化水平,提高自身合理安排时间、规划时间的能力,这对今后学生从高校毕业参加工作并取得收入起着至关重要的作用。通常情况下,学历水平、办事能力与个人未来的收益呈现一定的正相关性,当然通过高等教育,学生还可能获得除物质以外的其他方面的收益,如社会地位、社会荣誉、自身的幸福指数等。②

在实践中,成本分担理论成功地将高等教育成本由政府独揽,改变为由政府、家庭、学校以及社会共同承担。虽然高等教育成本分担模式减轻了政府的财政压力,但是对这一模式,学界有支持的声音,也有反对的呼声。支持成本分担的一方认为,政府并非高等教育唯一受益的一方,学生在高等教育中同样受益,因此学生及其家长理所应当分担部分高等教育成本,这样不但可以保障学校的经费来源,还可以减少政府的财政压力,从而保障社会其他行业的高效发展,实行高等教育成本分担政策是正确且必要的。③持反对观点的学者则认为,高等教育成本分担只是政府强行将教育成本分给民众,其更多地表现出一种政治意愿,具有明显的强制执行性,该行为不能充分估计贫困家庭的实际情况,可能会造成困难家庭子女因无法承担学费而不得不放弃进入高等学校学习的机会,这将严重影响教育公平。但是毋庸置疑的是,目前世界上绝大部分国家依然实行的是高等教育成本分担机制,鲜有免费的高等教育。也有部分国家通过缩减教育经费投入来缓解自身财政经费不足的问题,根据学者对美国公办高校2007学年至2013学年的资助情况研究,美国政府对高等学校采取了紧缩的财政政策,财政拨款平均下降了23%。从2001—2010学年,各高等学校经费中国家财政拨款的比例由最初的44%,下降到了27%。④此种情况不仅仅发生在美国,世界上多数国家存在高等教育财政投入比例逐渐下降的趋势,而高等教育确实是一个见效慢、资金需求量大的长期工程,缺乏资金的支持,高等教育便无法健康发展。在此情况下,成本分担已经成为各个国家在高等教育领域的一致

---

① D.B.Johnstone. Financing higher education: who should pay and other issues. Baltimore: The Johns Hopkins University Press,1999:347-369.

② P.N.Teixeira.Cost-sharing and Accessibility in Higher Education: A Fairer Deal?. Springer Netherlands, 2006.

③ EURYDICE.National student fee and support systems 2011/2012.Eurydice, 2012.

④ College Board.Trends in college pricing 2014. Washington,DC: The College Board,2014:24-25.

做法,根据约翰斯通的实证调研,高等教育成本分担政策已在世界上的许多国家实施,并且有逐步增加的趋势。①

2. 学费政策研究

20世纪60年代,英国高等教育发展迎来"发展黄金期",政府为了满足民众对高等教育的需求,下拨专项资金大量修建高等学校。同时,为了避免部分学校无法承担高等教育的学杂费,配套了免学费加发放助奖学金的基本政策。1960年的《安德森报告》指出,学生接受高等教育不仅不需要支付学费,还能向生源所在地申请一定的费用作为生活补助。②

1963年的《罗宾斯报告》建议:高等学校学生接受高等教育所缴纳的学费至少要占到政府教育投入的20%,但是该笔费用并不由学生直接负担,而由生源地政府直接缴纳给学生所在的高等学校,同时政府也应当为学生提供助奖学金。③

英国免费上大学的高等学校学费政策一直持续到1997年工党上台执政以前。一方面,看似人人都可以接受免费高等教育的政策实施结果是,英国中上层社会子女接受高等教育的概率远远高于贫困家庭,许多贫困家庭的子女根本没有接受高等教育的机会,变相地成为穷人拿钱去资助富人的子女接受高等教育,这进一步加剧了社会资源的不公平分配。实证研究表明,英国前40%的高收入家庭的子女进入大学的机会是他们所占人口比例的2倍。④另一方面,随着英国高等教育规模的逐渐壮大,免学费加发放助奖学金的政策已经给当地政府带来了沉重的经济负担,并且有渐渐超出政府承受能力的趋势,与此同时,消费盛行也使民众从思想上接受"受益者付费"原则,民众作为高等教育的受益方之一,也应当承担相应的高等教育成本,免费上大学的基本制度逐渐松动。⑤

1998年英国政府颁布《高等教育法案》,代表英国上学缴费时代的正式到来。法案规定:从当下学年开始,国内全日制本科生每学年必须向所在高校支

---

① Cheslock J J .Review: Financing Higher Education Worldwide: Who Pays? Who Should Pay? by Johnstone and Marcucci. The Journal of Higher Education, 2011, 82(3):349-351.

② C.Anderson. Grants to students (Anderson Report),London: HMSO,1960:28.

③ Committee on higher education. Higher Education Report(Robins Report),1963:8.

④ Barr N .Student Loans: The Next Steps. Hume Papers, 1989, 88(4) :1913-1914.

⑤ F. Galindo-Rueda, A.Vignoles , O.Marcenaro-Gutierrez.Who actually goes to university?. Empirical Economics,2007, 32(2):333-357.

付1000英镑作为学费。2004年1月,英国政府对《高等教育法案》做进一步的修改,提高高等学校学费标准是这次法案修改的主要内容之一。2006年9月,英格兰地区高等学校进一步提高学费标准,将学费上限设为每学年3000英镑,各高校可根据自身的实际情况自设涨幅,但不得超过当时的通货膨胀率。[①]在收费的同时高等学校同样有相应的资助政策:收费达到最高额,也就是3000英镑的高校,要为在校学生提供比全额补助多300英镑的奖学金。[②]对于高校的非全日制学生,虽然政策上他们不可以申请贷款,但实际上他们可以申请250英镑作为生活补助,以及575英镑作为学费返还。[③]

新政策的实施在学界也产生了不同的反应。有学者认为:由于高等教育规模的逐步扩大,政府对于高等教育的支出负担也越来越重,高等教育应当秉持受益付费原则,因此在校大学生应当就接受高等教育而承担相应的成本,即缴纳学费。[④]还有学者认为:有些名校如牛津大学,其毕业生未来大概率会拥有较高的收入,而该校的教育成本远远高于一般高校,所以学费标准最高3000英镑无法满足此类名校的发展要求。另外,绝大多数大学生在毕业后会为社会创造出远远高于其培养成本的社会财富,因此只有让大学生接受免费的高等教育才是公平的。

英国政府考虑到高等教育的特殊性,建议将其发展成政府宏观调控下的自由经济体系,具体的措施是,政府在高等学校只设置学费标准的最高金额,也就是说,在此最高金额范围之内,各个高校有足够的自主定价权。这样一来,各高校可以根据自身的实际情况,对不同专业、不同地区的学生实行不同的学费标准,防止政策在政府层面出现"一刀切"的情况,使得学费标准的制定与学校的自身情况更加吻合,促进高校之间的良性竞争,促进高等教育人才培养质量的提高,使民众真正从中受益,促进社会的全面发展。然而该法案宣布实施后,根

---

① The future of higher education white paper (Cm 5735) and the Higher Education Act 2004, http://www.dfes.gov.uk/heg-ateway/uploads/Race_Impact_Assessment_Augu-st_2004.pdf C:\ietemp\Temporary Internet Files\OLK8\R-ace Impact Assessment August 2004.doc 1 2005-11-10.

② Student Support, http://www.dfes.gov.uk/studentsupport/stu-dents/200_2006_entry.shtml 2005-11-10.

③ Tuition Fees - 2006, http://www.derby.ac.uk/home/study/un-dergr-aduate/tuition-fees.html 2005-11-10.

④ Government Failure: Tuition Fees for Higher Education-Activity, http://www.bized ac.educators/16-19/eco-nomics/govpol/activity/failure1.htm 2005-11-10.

据调查显示,大多数学校都按照最高的上限标准执行,只有极少数学校的学费低于该限额。也有研究发现,学生的未来收益与其大学在读的院校及专业有着直接的关系,不同院校、专业的毕业生,其毕业后的薪资水平也不相同,有些甚至存在着很大的差异。[①] 也有学者发现,虽然同在英国国内,但是不同地区间的学费水平以及学费政策也不相同,例如英格兰地区、北爱尔兰地区的大学,部分学生的学费标准为3225英镑每学年,威尔士地区的学费则为1285英镑每学年,苏格兰地区仍然对学生实行免费的学费政策。通过对英国高等教育历史上关于学费标准变迁的梳理,有助于我们厘清英国高等教育学费改革的历史轨迹,希望能对国内高等教育的学费改革起到一定的借鉴作用。

从20世纪80年代开始,美国各高等学校无论是公办的还是私立的,其学费标准每年都呈现增长趋势。进入90年代,各高校学费标准有稍微回落的趋势。现阶段,美国各公办高校、私立高校的学费标准逐渐趋于平稳。

美国不同办学层次高校之间的收费定价也不尽相同,高校的资金来源以及资助方式等也都存在比较大的差异,造成这种情况有其历史、文化原因,也与美国目前所实行的分权制有着密不可分的关系。在宪法层面,联邦政府对于高等教育的实际控制权微乎其微,对于高等学校有着实际管理权的机构是州政府。教育部虽然设置在联邦政府,但其职责与权限仅限于一般性指导以及相关的咨询服务,并没有决策权和高校的实际管理权。联邦政府对高等教育的主要任务是推动教育研究、收集教育情报资料,但其也存在间接作用:一方面,联邦政府可以影响国会的教育立法,通过法律手段来影响高等学校;另一方面,联邦政府通过确立教育投资的重点和范围,间接影响高等教育领域。总体而言,各公办高校的经费主要来源仍然是州政府而非联邦政府。

日本的高等学校分为大学和短期大学两类。与日本的大学相对应的是我国四年制的普通全日制高等学校,短期大学则相当于国内的高职高专。日本的大学按其主管机关的不同,又分为国立大学(中央直属)、公办大学(地方院校)、私立大学(院校)3类。各高校经费来源不同也是显而易见的,国立大学主要的经费来自中央,公办大学经费主要来自地方,而私立大学(院校)经费主要靠自收自支,也就是靠学生缴纳学杂费来维持运转。有研究表明,20世纪70年代初

---

① England H E F C F, Bristol.Higher Education in the United Kingdom. Guide.Published for the British Council and the Association of Universities of the British Commonwealth by Longmans, Green, 2011:21-25.

期,日本国立、公办大学日常经费的80%来自中央、地方政府的拨款,而私立大学(院校)日常经费的80%来自学生的学杂费。①制度决定着公办大学的经费来源主要依靠地方政府的教育投入,但是实际上由于不同地区之间经济发展水平参差不齐,这也直接导致公办大学所能接收到的财政投入并不相同,因此,为了平衡地区差异,同时减少地方政府的财政负担,中央财政还会给予各公办大学一定的财政拨款。私立大学(院校)则以学杂费为主要收入来源,据日本私立高校振兴会20世纪90年代中期发表的对419所私立大学(院校)调查的结果显示,学杂费等收入约占私立大学(院校)全部经费的81%,政府补贴约占10%,其他收入不足10%。②

在日本国内,"学校名气越大,学费标准越低"的"育英主义"理念备受国民推崇,在此理念之下,日本较为知名的公办大学学费标准非常低,而与之相反的是私立大学学费高昂。20世纪70年代以来,日本经济水平飞速发展,日本政府认为,国民的生活水平比过去要好得多,经济困难的感觉也应该没有了,实际调查的结果也证实了这种看法。在大学中,约65%的学生将勤工助学的收入用于娱乐消费,约25%的学生用于存款,只有不到10%的学生用于学习相关,提高学费也就成为必然。日本国内公民普遍重视教育,对提高学费也有较强的心理承受能力,日本政府也逐渐开始对高等教育提出了高质量发展的教育政策,而高质量往往离不开高投入,公办大学的办学成本自然随之上涨,因此公办大学收费标准也逐年上升。国立大学和公办大学所收费用,仅包括学费收入,不包括手续费,而私立大学还包括设施设备费。所交费用虽然随年度变化,但所有学生都是按其入学年度的标准收费,一直到毕业,这一点和我国是一样的。不同地区的公办大学收费标准不同,非本学区的学生要交额外的费用。③

截至1997年,日本国立大学不受大学所在区位以及自身所属学科分类的限制,按照完全相同的收费标准向学生收取学费,但是政府对国立大学学费标准进行大幅度调整的计划酝酿已久。如日本大藏省(相当于财政部)提出各高等学校应当根据学科的不同设立不同的收费标准。每学年医学部收费400万日元,理学部收费200万日元,教育学部略低,也有120万日元之多。而公办大学和私立大学向学生收取的费用,也会受国立大学学费上涨的影响随之上涨。

---

① 于富增.国际高等教育发展与改革比较[M].北京:北京师范大学出版社,1999.
② 李守福.主要发达国家高校收费实践与理论的评析[J].比较教育研究,2001(02):7-11.
③ 柴效武.高校学费制度研究[M].北京:经济管理出版社,2003.

一般情况下，费用的上涨有可能会导致部分学生因经济问题而就读困难或辍学。但在此我们也应当看到的是，日本这种高收费并不会让日本国内学生因缴不起学费而失去接受高等教育的机会，这其中的原因便是日本有着完善的奖学金、贷学金等相关资助保障制度。首先，日本自身的经济发展水平较高，居民收入水平较高，大部分学生都能凭借自己或家庭的力量，承担自己在大学期间的学费以及生活费。对于收入较低的困难家庭，日本政府有与之相对应的贷款制度，从20世纪80年代开始，日本便将国立大学的助学金调整为年息3%的贷款制。按照规定，贷学金必须足额按时偿还，只有在比较特殊的情况下（如被聘任为中小学教师、偶遇的天灾人祸等）才可以酌情减免。其次，日本还有较完善的勤工俭学制度。日本民众对于大学生打工较为接受和认可，这也从一定程度上缓解了高校收费对日本家庭的经济压力。同时日本国立大学对家庭确实困难、无力支付学费的学生实行学费减免政策，但是减免的条件比较严苛。最后，我们也应当看到，日本采取的是循序渐进式的公办高校学费标准变革模式。日本各高校学费标准的调整虽然较为频繁，但其实际调整的过程却是比较缓慢的，正是日本高校学费标准变革的渐进性，避免了学费标准的大起大落，对于日本高等教育事业的稳步发展提供了强有力的支撑。

20世纪90年代开始，日本经济的泡沫被戳破，民众收入水平直线下降，国家财政拮据，政治方面更是内阁频繁更换，丑闻不断。桥本龙太郎首相上台后，对教育进行整改，由于财政困难，政府对高等学校的经费拨款大大减少。学校实行定员削减、教师任期制，学费也呈现上涨趋势。这些改革如教师任期制，引入了竞争机制，有利于提高有限资源的利用率，符合日本社会的现状。

因此，借鉴日本的高等教育收费改革经验，我们不难得出，各高校在进行学费标准改革时，要注意把握好速度，防止出现标准调整过于频繁、学费增长幅度过大的情况，同时还要做好高等学校的资助工作，防止学生因贫失学，促进教育公平的进一步落实。

澳大利亚虽然在1973年以前实行上学缴费的基本政策，但是绝大部分在校大学生可以申请学术奖学金从而免于支付学费，因此该时期的学费政策对于学生是否能进入高等学校学习并无实质性影响。1973年，澳大利亚政府废除了原有的学费政策，这代表着用奖学金冲抵学费时期的终结。1986年，政府采用"受益者付费"制度，规定在校大学生每学期应当缴纳250澳元作为接受高等教育的学费，虽然此时的学费标准较低，但这代表了澳大利亚上学缴费时期真正意义上的到来。

澳大利亚高等学校实行差别收费的基本政策,具体内容包含以下两个方面:一是缴费方式不同,费用不同;二是专业不同,费用不同。1989年,澳大利亚政府为了应对高等学校入学人口激增的现实情况,制订了"高等教育贡献计划"(HECS)。该计划突破性地引入了"按经济收入额还贷型学生贷款",将"即时付费"与"延期付费"相结合。该计划的另一个改良措施是分专业区别制定学费标准,预期收入高的专业,学生在校期间的学费应当高于预期收入低的专业,例如医学专业的学费标准应当高于经济学专业。

澳大利亚从1986年开始在真正意义上向在校大学生收取学费,并且分别于1989年和1996年两次提高高等学校学费标准,但从整体上来看,入校大学生人数并没有因为学费标准的上升而下降,反倒呈现出了增长的趋势。这其中可能存在人口增长、收入提高等客观原因,据查普曼(Bruce Chapman)和瑞安(Chris Ryan)的研究发现,学费标准的提高并未抑制学生上大学的积极性,即便是那些低收入家庭的学生也是如此。①

3. 学费标准研究

国外关于学费标准的研究主要集中于标准的"高"与"低"之争,其中的两大主流观点为低学费、低补助与高学费、高补助。低学费、低补助的代表观点认为:接受高等教育是民众的基本权利之一,而且高等学校应当承担为社会培养优秀人才的社会责任,因此高等教育应当由政府全力支持,低学费或者免学费面向所有民众。1944年英国《教育法》规定"教育大臣有权制定条例授权地方教育当局资助学生进入任何适合他们的教育机构学习,以便学生及家长免受其苦",在校大学生的学费、在外住宿费和生活费用都由生源所在地的地方当局来支付②。1947年美国颁布的《美国民主的高等教育》报告明确指出:"任何有才能的人都不应该因为经济原因被排除在大学的校门之外,高等教育是政府最明智、最合理的投资。"③美国教育学家戴维·亨利也指出:"高等教育是国家实现现代化的工具,所以国家应该大规模地介入和资助高等教育。《军人权利法案》为

---

① Bruce Chapman, Chris Ryan. The access implications of income contingent charges for higher education: lessons from Australia. Discussion paper no.463. Australian National University, Centre for Economic Policy Research.2003:26-28.

② (美)埃德蒙·金.别国的学校和我们的学校:今日比较教育[M].王承绪,邵珊,李克兴,徐顺松.北京:人民教育出版社,2001.

③ Farrell A .Higher Education for American Democracy.Thought, 1948.

美国联邦政府资助作为弱势群体的青年人树立了榜样。"[1]高等教育对于社会经济发展的积极促进作用也逐渐被越来越多的学者接受、认可。1960年,舒尔茨在其著作《论人力资本投资》一书中,系统地提出了享誉世界的人力资本理论,其主要内容是:人通过接受教育所带来的对于经济增长的贡献远远比物质资本、劳动力数量的增加要明显得多。舒尔茨指出,由于出身、阶层等原因,财富在社会中各家庭之间的分配并不均衡,国家只有通过低学费或者免学费,才能使民众最快地实现阶层的跃迁。[2]也有学者提出,高学费对于富人进入高等学校学习几乎不会产生任何影响,但是却可以影响中低收入家庭的学生入校求学,因此高学费标准是不合理的。[3]

低学费、低补助观点的核心思想是凸显高等教育对国家建设、经济增长的重要意义,同时培养人才也是高等学校的重要职责,让民众免费或者以较低的学费标准接受高等教育是政府和高等学校义不容辞的责任,这也更能体现教育的公平性。但是,低学费、低补助的政策也难掩其弊端:首先,高等教育具有明显的个人收益性,个人和家庭从中受益的同时,应当承担部分培养成本。其次,低标准或者免费的高等教育看似是给所有公民平等接受高等教育的机会,但是实质上的结果却刚好相反。众所周知,政府的一切资金来自纳税人,也就是全体公民,如果高等教育免费,则变相地相当于由全体公民共同为高等教育买单,但是由于社会阶层的存在,家庭背景、生活氛围等因素的共同作用导致富人的子女接受高等教育的概率远远大于穷人的子女,免费的高等教育政策相当于是穷人拿钱补贴富人,穷人支付了税金,但其子女却不一定进入高等学校学习,这显然是不公平的。最后,高等教育本身就是一项投资金额巨大、建设周期长、产出效益不明显,并且带有一定社会属性的公共事业,如果单单依靠国家的力量,很难保证高等教育持续、健康地发展,没有资金支持的高等教育只能维持低速、低效的发展状态。

高学费、高补助的代表观点认为:从公平的角度来讲,高等教育属于准公共产品,虽然高等教育有着培养人才的责任,于政府来讲高等教育也有着较好的

---

[1] David D.Henry.Challenges past, Challenges present: an analysis of American higher education since 1930. Jossey-Bass Publishers.1975: 66-68.

[2] T.W. Schultz. The value of the ability to deal with disequilibria. Journal of Economic Literature.1975(13): 872-876.

[3] C.P.Griswold , G.M.Marine .Political influences on state policy: higher-tuition, higher-aid, and the real world. Review of Higher Education, 1996, 19(4) :361.

社会收益性,政府理应且有义务扶持、引导高等教育健康发展,但是无论如何,我们不能否认高等教育具有明显的个人收益性,根据受益支付原则,个人也理应对接受高等教育支付必要的学费。低学费以及免学费看似给了所有人接受高等教育的机会,使贫困家庭的学生不会因无法承担高昂的学费而与心仪的大学失之交臂,但是从大数据统计结果来看,实际情况是低收入家庭子女的高等教育入学率远远低于高收入家庭,正如O.H.Brownlee指出的:"对将来没有机会接受高等教育的穷人来说,低学费或者免费的高等教育将毫无意义,政府却拿着低收入纳税人的钱去补贴富人,这显然是不公平的,这样更会使财富仅在富裕阶层流动,加剧社会的两极分化。"[①]也有学者指出,教育除了能够带来丰厚的回报,随着受教育者学历层次的提高,其个人将会更加关注自身的身体健康,降低死亡率。[②]此外,个人通过接受高等教育,可以显著提高自身的社会地位,增强家族的荣誉感。由此看来,个人收益性是高等教育的一个显著特点,从公平的角度出发,个人应该分担一定比例的高等教育成本。

从效率的角度出发,高比例的成本分担有利于提高教育的效率。有学者指出,如果在没有补贴或补贴较少的情况下,消费者仍然愿意购买此项商品或者此种服务,那么对此商品进行补贴的效率将是十分不显著的。高等教育正是如此,如果将减少的投资用到其他亟待发展的公共项目上,则能够提高政府资金的利用效率,更能促进社会的高效发展。[③]Ayegül Sabin博士在其学位论文中指出,学生无论成绩好坏,当接受高等教育付出的成本越大时,越可以激发其学习的压力与兴趣,而高学费标准刚好可以做到。[④]

总之,高等教育是服务于国家建设的有效途径,人才培养也是高等学校的基本职责之一,因此学费应该由国家支付或者由国家和学校承担绝大部分。

4. 学费支付能力研究

在美国,高等学校学费标准逐年提高,居民收入与物价增幅不匹配,家庭资

---

① O. H. Brownlee. Equity and the Finance of Higher Education: Comment. Journal of Political Economy, 1972.

② Stiefel L, Berne R. The measurement of equity in school finance: conceptual, methodological, and empirical dimensions. Johns Hopkins University Press, 1984.

③ (美)约翰斯通.高等教育财政:问题与出路[M].沈红,李红桃.北京:人民教育出版社,2004.

④ Ayegül Sabin. The incentive effects of social policies on education and labor markets. University of Rochester, 2002.

产缩水,越来越多的民众认为已经"上不起"大学。自20世纪60年代开始,由于教育成本增长带来的高等学校收费标准的提高,其速度超过了家庭收入增长的速度,给家庭带来了沉重的经济负担。[①]协作机构研究规划(CIRP)的实证调查研究显示,1985年对美国高等学校学费标准存在担忧的新生比重约为63%,这一比重于1995年上升到了70%,尤其是对低收入家庭而言,学费已经成为家庭的沉重经济负担。[②]为了使低收入家庭的子女可以顺利进入高等学校学习深造,佩尔助学金计划应运而生,其主要是为低收入家庭的子女提供资金帮扶,但随着时间推移以及学费标准的上涨,佩尔助学金已经无法完全负担贫困家庭子女的学费支出。[③]由于学费的上涨,提供助学贷款已经成为美国政府为其民众子女接受高等教育实施的必要举措,一时间贷款上学的热潮在美国流行。据有关学者的调查研究表明,2003年美国在校大学生通过学生贷款支付高等学校学费的人数比例为24%,到2010年,这一比例已经高达30%。与此同时,由于学费的持续上涨,美国高校学生贷款的金额也呈现明显的上升趋势,2003年人均贷款金额为4967美元,而到2011年,这一金额上升到了7063美元,然而这些贷款仅仅反映的是在校生某一学年的贷款情况,待学生拿到学位时,其累计贷款的总金额将会更高[④],由此,高等学校学费政策对普通家庭的深远影响可见一斑。进入21世纪,全球许多国家经济增长速度放缓,民众收入水平有所下滑,此时的学费对于各普通家庭来说已经是沉重的经济负担。[⑤]彼得·麦克弗森等人通过实证研究,分析了1996—2006年这十年间,学生家庭的收入以及学费变化的数据,进而分析了当学费标准发生变化时,各家庭对于学费的实际支付能力,其调查结果显示:1996年,公办高校学费占家庭年收入的9.33%,而这一数

---

① Sandy Baum, Saul Schwartz. Is College Affordable? In Search of a Meaningful Definition. Issue Brief. Institute for Higher Education Policy, 2012:13.

② S.O. Ikenberry, T. W. Hartle. Too little knowledge is a dangerous thing: what the public thinks about paying for college. Washington, DC: American Council on Education, 1998:59-63.

③ A.C. Spencer. Policy priorities and political realities. Washington, DC: ACE/Praeger, 2002: 153-172.

④ Radwin D, Wine J, Siegel P, et al.2011-12 National Postsecondary Student Aid Study (NPSAS: 12): Student Financial Aid Estimates for 2011-12. First Look. NCES 2013-165.National Center for Education Statistics.

⑤ Jesse Rothstein. The labor market four years into the crisis: assessing structural explanations. Industrial and Labor Relations Review, 2012,65(3):467-500.

据到2006年上升至24%,许多家庭的收入增长显然跟不上学费增长的节奏。[①]然而除了学费以外,学生进入高等学校学习也会发生其他一系列的支出。美国国家高等教育管理系统中心的数据显示,2009年在校大学生4年的生活花费合计约占学生家庭平均净收入的17%,如果放至低收入家庭,这一比重将超过60%。[②]理查德等研究发现,2006—2012年,美国普通家庭的平均收入下降了约12%,而大学生的学费从2006学年的10 270美元增至2012学年的12 110美元,也正是在这一时期,家庭的年平均收入从70 400美元下降到63 000美元,收入变化与学费变化趋势完全不匹配。[③]帕特里克·卡伦等人通过对美国各州学生的家庭收入以及当地学费标准的研究发现,学费已经超过部分家庭的收入,虽然当地也有一些措施保障学生的入学机会,但是学费高昂仍然使相当一部分家庭无力承担,不得不借助各种贷款。[④]

在加拿大,有学者经过实证研究发现,高等学校学费标准在1997—2000年间上涨了19.7%,而在2000—2006年这一数字为29.3%,学费增幅过快致使家庭经济负担沉重。[⑤]高等学校学费的增长,使得加拿大不同收入水平的家庭适龄学生的高等学校入学率也发生了明显变化,寇里研究发现,学费标准的提高使得低收入家庭子女的高等学校入学率明显降低,而中高收入家庭子女的高等学校入学率却几乎没有发生变化。[⑥]

在英国,学费标准同样呈现出增长的态势,但是对于这一情况,不同学者有不同的学术呼声,集中表现在以下两个方面:一是认为学费标准的上涨对高等学校入学率几乎没有影响。哈里森研究得出,2004年英国学费标准的疯涨,并

---

① Mcpherson P, Shulenburger D. University Tuition, Consumer Choice and College Affordability: Strategies for Addressing a Higher Education Affordability Challenge. A NASULGC Discussion Paper. National Association of State Universities & Land Grant Colleges, 2008:90.

② National Center for Higher Education Management Systems Information Center. Net cost of attendance: percent of family income needed to pay for college-by type of institution.www.higheredinfo.org.

③ Richard Buddin, Michelle Croft. Chasing the college dream in hard economic times. ACT Research and Policy,2014:43-45.

④ Patrick M. Callan, William Doyle, Joni Finney, et al. Afford ability of public higher education. Southern Regional Education Board, 2014:41-43.

⑤ John B. Burbidge. Effective tax and subsidy rates on humancapital in Canada. Canadian Journal of Economics / Revue canadienne Economique,2012,45(1):189-219.

⑥ M.B.Coelli. Tuition fees and equality of university enrolment. Canadian Journal of Economics, 2009,42(3):1072-1099.

没有降低中低收入家庭子女的高等学校入学率。[1]事实上,高等学校入学率反倒在增加,根据研究显示,2000—2009年,英格兰以及北爱尔兰地区的高等学校入学率稳步提升,由最初的40%上升至46%。[2]吉尔·维尼斯研究发现,从2012年开始,英国中低收入家庭学生的高等教育入学率比其他类别学生的增长速度更快,学费没有对中低收入家庭的学生接受高等教育产生巨大的影响。[3]也有学者研究发现,为了应对高等学校学费的增长,低收入家庭通过选择就近入学、攻读一般高校等方式来降低教育成本。[4]二是认为学费的上涨降低了高等学校入学率。洛林·迪尔登等通过数据分析发现,高等学校学生每学年的学费每增加1000英镑,该学校的入学率将降低3.9%,而如果每增加1000英镑作为该校学生每学年的生活补助,那么该校的入学率将提升2.6%。[5]

随着高等学校学费标准的提高,也有学者通过研究家庭付费意愿来进一步了解家庭的高等教育参与度问题。通常情况下,如果教育的成本提高而受教育者可能获得的未来收益降低,那么这将在一定程度上影响受教育者对高等教育的投资热情。米勒通过对800名高中生的父母调研采访后得出结论:虽然学费逐年上涨,但是仍有一半以上的学生家长希望子女有机会进入大学深造,然而也有15%的家长认为花巨资进入高校学习不值得,特别是家庭情况困难的学生,上大学所缴纳的学费及所产生的一系列费用会让他们的家庭根本无力承担。[6]萨默斯等的实证研究表明,学费的增长使得低收入家庭子女的受教育意愿降低,而对于中高收入家庭来说,学费的增长对其子女的受教育意愿影响不明显。[7]然而也有学者提出了不同的意见,布沙尔等认为,尽管随着教育成本的

---

[1] N.Harrison. Have the changes introduced by the 2004 Higher Education Act made higher education admissions in England wider and fairer. Journal of Education Policy, 2011, 26(3):449 - 468.

[2] Universities UK.Higher education in facts and figures: summer 2011. Universities UK,2014.

[3] Gill Wyness. Paying for higher education. Centre for Economic Performance London School of Economics and Political Science, 2015:1-2.

[4] C.Callender, J.Jackson. Does the fear of debt constrain choice of university and subject of study. Studies in Higher Education, 2008,33(4):405-429.

[5] L. Dearden, E. Fitzsimons , G. Wyness.The impact of tuition fees and support on university participation in the UK. Centre for the Economics of Education London School of Economics, 2011:23.

[6] Elizabeth I. Miller,. College affordability: parents' views on the value of a college education and how they will pay for IT. The Journal of Student Financial Aid, 1997, 27(1):7-20.

[7] P.Somers, J. Cofer, J.V. Putten, The early bird goes to college: The link between early college aspirations and postsecondary matriculation. Journal of College Student Development, 2002, 43(1):93-107.

提高,学费标准也相应提高,但是民众希望通过高等教育实现阶层跃迁的意愿强烈,仍然会选择接受高等教育,而越是处于较低社会阶层的民众,这种意愿就会愈加明显。[①]帕玛拉·马库齐等通过研究发现,家庭是否愿意支付高等学校学费,除了与家庭的收入水平相关,也与当地的文化有关,例如,在瑞典,绝大多数家庭都可以负担得起高等学校的学费,但是对入学的大学生征收学费仍然会遭到民众的抵制。而在中国父母的眼里,"再穷不能穷教育",即便是家庭的收入水平很低,为其子女进入高等学校学习付费的意愿仍然很强烈。[②]琳达·霍姆斯特姆等也认为,让子女接受高等教育,是每一位家长的梦想,尽管学费上涨会给家庭带来经济压力,但是大部分家长仍然愿意为其子女接受高等教育付费。[③]理查德·巴丁等也有类似的结论。[④]

(二)国内学费的研究综述

回顾我国高等教育事业发展的历程可知,我国经历了免学费加发放助学金阶段、免费向收费过渡阶段、激进的全面收费阶段和学费标准持续探索阶段,高等学校学费政策存在的必要性、合理性,一直被国内学者关注,之所以收学费,归根到底最重要的原因就是国家教育经费的不足。学费应不应该收,收多少,如何收,其实最根本的症结还是教育公平与效率的取舍问题。

1. 学费与高等教育公平及效率的研究

随着1997年学费收费并轨的完成,我国高等教育进入全面收取学费的阶段,但是学费的标准不统一、增幅过快,也带来了一系列的社会问题。较为明显的表现是时常有新闻报道低收入家庭子女因无法承担高昂的学费而不得不选择外出务工的消息,一时间学费问题成了民众讨论的焦点,也成了学者研究的

[①] B. Bouchard, J. Zhao. University education: recent trends inparticipation, accessibility and returns. Education Quarterly Review, 2000, 6(4):24-32.

[②] P. N. Marcucci, D.B.Johnstone. Tuition fee policies in comparative perspective: Theoretical and political rationales. Journal of Higher Education Policy and Management, 2007, 29(1):25-40.

[③] Lynda L. Holmstrom, David A. Karp, Paul S. Gray. Why parents pay for college: The good parent, perceptions of advantage, and the intergenerational transfer of opportunity. Symbolic Interaction, 2011, 34(2):265-289.

[④] Richard Buddin, Michelle Croft. Chasing the college dream in hard economic times. ACT Research and Policy, 2014:1-4.

对象,但是到底学费与高等教育的公平和效率之间有怎样的关系,各学者观点却有分歧。

(1) 学费促进教育公平的理论和实证研究。

从有关高校收费与教育公平的理论研究出发,有学者认为,一方面,高等教育的准公共产品属性决定了其具有一定的排他性,这意味着只有部分公民可以接受高等教育,然而免费的高等教育实质上是由全体公民共同买单,这样显然不公平。[①]另一方面,如果政府负担了高等教育的全部成本,在如今"毕业即有失业风险"的现实困境下,很多学生会因害怕失业,继续选择待在学校,这样既浪费了学生的大好青春,也浪费了国家的优质教育资源。

高等学校具有服务社会以及培养人才的基本属性,因此政府作为高等教育的主要受益者之一,也应当承担高等教育成本。[②]学费作为家庭为其子女接受高等教育所必须承担的培养成本是合理的,但是如果其标准过高或者过低,都将影响教育的公平性,学费标准涨幅的制定,应当充分考虑家庭年收入以及居民的实际承受能力。[③]因此,学费标准影响国家以及家庭的切身利益,科学的学费标准尤其对中低收入民众通过高等教育实现阶层跃迁起着举足轻重的作用。[④]

学费促进教育公平的实证研究如下:高等教育是一项耗资巨大的长期工程,而高等教育经费是高等学校健康发展的必要保障,众所周知,就高等学校而言,其发展虽然需要大量的经费投入,但其自身却很难产生效益,需要从外部源源不断地流入资金,因此鼓励高等学校对在校学生进行适当收费,成为高校有效应对资金压力问题的重要举措。1981年和1987年我国教育的经济回报率仅为2.5%和2.7%,而进入21世纪以后,教育的经济回报率达到6%—7%,即多接受一年高等教育,个人收入就会增长6%—7%。[⑤]教育部财务司负责人2014年8月就学校收费调整答记者问时指出,截至目前,调整高校收费标准的省份不到1/3,从已经调整高校学费标准的9个省份来看,新学费标准占当地农村家庭户均收入比例最高的是湖北和广西,为21%,占比最低的是天津,为9%,不

---

① 王善迈.论高等教育的学费[J].北京师范大学学报(人文社会科学版),2000(06):24-29.
② 柴效武.高校学费制度研究[M].北京:经济管理出版社,2003.
③ 郑艳霞,邓艳娟.从高校学费角度看教育机会公平问题[J].教育教学论坛,2020(38):111-112.
④ 朱锋.高等教育收费制度中的公平与效率偏离问题研究[D].桂林:广西师范大学,2006.
⑤ 张燕.试论高校收费对教育公平的积极影响[J].武汉冶金管理干部学院学报,2008(02):49-52.

过从整体来看,目前高等学校的学费标准仍然在我国城乡居民的可承受范围之内。①但同时从投资的角度来看,现在支付的学费将带来更大的未来收益,而且是长期性收益,即使通过贷款支付较高的学费,在很大程度上也是值得的。②此外,从成本角度来看,我国中央直属高校的平均年生均成本在2000年是23 500元,2011年增加到46 520元,11年内几乎翻了一番;全国地方普通高校的平均年生均成本由2000年的12 216元,增加到2011年的20 009元,增幅达64%。全国地方普通高职高专的平均年生均成本在2005年是8312元,2011年增长至15 073元,6年中的增幅达81.3%。③在如此高的成本之下,国家不可能也无力负担高等教育的全部成本。货币时间价值的存在,也为各个高校涨学费提供了理论依据,收费将促进教育公平的顺利实现。学费的存在以及学费的上涨,是高等教育存在以及发展的必然规律,对高等教育事业发展具有积极的推动作用。④

(2) 学费造成教育不公平的理论和实证研究。

在新中国成立初期,政府负担高等教育的全部成本,大部分进入高等学校的学生确实成了国家的栋梁之材,为国家建设提供了急需的人力资源,但是从理论上来讲,举全国之力兴办高等教育,必然相应地减少了国家对其他行业的资金投入。从另一个角度讲,对于没有进入高等学校学习的学生来讲,也是不公平的。⑤应该做到不同地区之间学费存在差别、同一地区内不同类型高校的学费存在差别、不同学科专业的学费存在差别⑥,这样才能很好地体现教育公平的主导思想,但是,目前不同地区、不同类型高校、不同专业之间的学费差异却并不大。高等教育的无形利益是潜在的、客观的,从学生毕业后的情况来看,高等教育的无形利益往往与其塑造作用联系到一起,高等教育塑造良好的公民、道德的社会、民主的国家,使高等教育的参与者乃至整个社会获得无形的收益。⑦

有关学费造成教育不公平的实证研究如下:一些学者从高等学校学费的实

---

① 教育部.调整有程序 资助已先行——教育部财务司负责人就学校收费调整答记者问.http://www.moe.gov.cn/jyb_xwfb/s271/201408/t20140821_174052.html.
② 黄敬宝.高校涨学费的经济学分析[J].教育财会研究,2014,25(06):38-40.
③ 曹淑江.我国高等教育成本与学费问题研究[J].中国高教研究,2014(05):44-49.
④ 曹淑江.我国高等教育成本与学费问题研究[J].中国高教研究,2014(05):44-49.
⑤ 谢纬.中国公立高校收费与教育公平[D].南京:南京理工大学,2005.
⑥ 秦福利.高等教育学费差别定价在我国的实践与反思[J].黑龙江高教研究,2012,30(05):27-30.
⑦ 李爱良.高等教育收费制度的利益博弈[M].长沙:湖南师范大学出版社,2012.

际付费能力方面进行实证研究,来说明学费与教育不公平之间的关系。1997年高校收费并轨后,当时我国农村居民的人均年收入低于高校学费标准。到2000年时,高校学费标准普遍在4000元左右,而当时的农村居民平均年收入才6000余元,学费标准已经超出了许多农村家庭的实际支付能力。①从学费标准整体发展态势看,1995年至2002年,学费支出占城镇居民家庭年收入的比重由7.7%上升至26.1%,占同期农村家庭年收入的比重由15.8%飙升至62%,高等学校学费已经成为普通家庭沉重的经济负担②,这其中不乏部分中低收入家庭的子女,由于高昂的学费而无法进入高等学校继续深造,此时高等学校学费超出了大多数人的承受能力③,造成了教育的不公平。高等学校学生对学费的承受能力与当地经济发展程度是呈正相关的,但是如果从不同区域来看,当来自经济水平较低地区的学生进入经济水平较高地区的高校学习生活时,其所面对的资金压力将会更大。④由于经济基础不同,城镇居民与农村居民相比,支付能力更强,农村居民较难支付高昂的学费。⑤

2. 学费政策的研究

(1) 政策问题研究。

我国公办高校学费政策真正意义上是以1997年各高校全面收费为标志正式开始的,免学费并不利于教育公平,应当将学费调高到一个合理水平。⑥随着经济的发展、物价水平的提高,学费标准的调整是必要的,也是必需的,但是如果短期内进行大幅度的调整,超过民众的承受能力,那么这种调整是不可取的。⑦余英认为学费不应该以培养成本为基准来计算,应该根据政府的财政投入来确定。⑧徐颖等通过大量的政策文本分析后得出结论:高校学费的听证制

---

① 王丽平,周宇.对我国高等教育收费的思考[J].西南民族学院学报(哲学社会科学版),2002(05):237-239.

② 刘煜.高校收费的基点:个人承受能力[J].浙江海洋学院学报(人文科学版),2004(02):76-78+93.

③ 赵绍光.高校收费问题剖析[J].内蒙古农业大学学报(社会科学版),2005(01):36-38.

④ 罗述权,郑震.高校收费与学生可承受能力实证分析[J].价格理论与实践,2011(04):34-35.

⑤ 蔡文伯,马瑜.高校收费政策:理论基础、社会支持与争议[J].高校教育管理,2014,8(06):80-85.

⑥ 潘军.深化学费制度改革 发展高等教育消费[J].消费经济,2000(04):49-52.

⑦ 张万朋,王千红.也谈高教扩招增加学费及其对经济增长的拉动[J].教育与经济,2000(02):40-43.

⑧ 余英.论高等教育学费政策的改善[J].教育评论,2009(03):11-14.

度可以对学费制定起到很好的监督作用,有利于优质优价目的的实现,从而保障各个家庭的根本利益。①蔡连玉也认为听证会制度能为制定合理的高等学校学费标准提供制度保障,可以有效缓解高等教育学费抵制问题。②江小惠研究后发现,高等教育是准公共产品,具有收益性与排他性,因此各相关主体应对高等教育进行"成本分担"。③我国目前还处于社会主义初期阶段,民众生活水平虽有所提高,但是个人的实际经济承受能力还比较有限,应该根据民众的实际支付能力确定其在高等教育成本分担中应当承担的比例,这可以促进高等教育事业的健康发展。④如果学费标准过高,将直接导致部分困难家庭的子女因缴不起学费而不得不放弃进入高校学习的机会,严重影响教育的公平性,⑤但是如果学费标准过低,将会使高等学校维持在低投入、低产出的状态,无法满足社会对高等教育的巨大需求。⑥李晶倡导国家根据高等教育的收益率来确定高校的收费标准,分别测算各相关主体在成本分担中的具体分担比例,强调在这一过程中,科学的方法是必不可少的。⑦郑立明、王明华通过对现有政策的研究后提出,应当按照学生在校期间所修学分的多少来核定学费标准,因为即便同一专业,学生选修的课程不同,其培养成本也会出现差异,学分定价既公平又能充分体现差异性。⑧伍海泉教授提出了不同的观点,认为高等学校学费不只是高等教育成本补偿的简单现象。高等学校属于具有独立法人性质的事业单位,其行为不属于政府行政行为,是一种明显的自由市场行为。⑨杜根长也指出,高等学校的学费标准依据其培养成本计算,有其合理性,但是在具体的实践中却难以精确地实现。⑩董欢认为,培养成本是高等学校对人才培养过程中消耗资源的具体衡量,只有以成本分担为基础制定的学费标准,才是科学与合理的。⑪吴小

---

① 徐颖,李川.试论高校学费标准的制订依据及教育听证制度[J].江苏高教,2006(06):102-104.
② 蔡连玉.论微观政治视角下的高校学费抵制[J].江苏高教,2008(01):40-43.
③ 江小惠.高等教育的学费问题研究[J].高校教育管理,2007(04):48-51+55.
④ 曾道荣,张谛.高等教育成本分担与学费政策问题[J].财经科学,2007(11):70-76.
⑤ 曾晓东,曾娅琴.大学成本分析与收费治理——美国近十年来大学成本和收费制度的演进[J].比较教育研究,2006(10):1-5.
⑥ 林道怡.探求适合我国国情的高等教育收费模式[J].价格理论与实践,2004(07):45-46.
⑦ 李晶.基于数据仓库的教学质量测评研究[D].昆明:昆明理工大学,2007.
⑧ 郑立明,王明华.高校学分制收费:定价方法、障碍和对策[J].价格理论与实践,2008(06):33-34.
⑨ 伍海泉.也论高等教育学费——兼与王善迈教授商榷[J].湖南社会科学,2003(06):144-146.
⑩ 杜根长.成本与学费定价[J].今日科苑,2011(14):158-159.
⑪ 董欢.高等教育学费定价应以标准生均成本为基础[J].财会月刊,2011(29):88-89.

蓉对我国公办高校学费问题,主张构建市场化的定价机制,并且建议在该机制中要充分平衡公平与效率问题,以此保证民众拥有平等接受高等教育的基本权利。①刘文晓、胡仁东以二部定价法为切入视角,主张对接受高等教育的学生收取一定比例的学费作为家庭对高等教育的成本分担,但是同时要考虑专业、学校类别、未来收益等因素可能对学费标准制定带来的影响。②罗述权从学生的角度出发,研究分析了家庭对高等学校学费的承受能力,以及高校学费标准上涨可能带来的一系列问题,并进一步强调了学生及家长这一主体在学费标准制定中的重要性,同时借助公共产品理论以及黄金分割法来确定各主体所应当承担的高等教育成本,指出我国高校在具体定价时,应当充分考虑学生及家长的意见。③潘从义从法律的视角对我国学费标准的制定给出了分析并得出结论:建议国家在《价格法》基础上,充分考虑各种因素来完善我国的高校学费定价机制。④

(2)收费原理的国际比较研究。

教育成本一词最早由约翰·维泽于1958年在其专著《教育成本》一书中提出,该书同时也提到了随着国民经济的增长,教育经费也应当随之增长的观点。1978年,美国经济学家科恩在其专著《教育经济学》一书中,对教育成本进行了细化,将教育成本分为直接成本与间接成本。随着高等教育事业的发展,其办学规模逐步扩大,随之而来的是高校对经费的强烈需求,但是政府的财力是有限的,各个高校不得不寻找除了政府财政支持以外的其他经费来维持自身的正常运转。1986年,约翰斯通提出了享誉全球的成本分担理论,该理论指出高等教育的成本应当由政府、学校、家庭和学生以及社会共同承担,向学生收取学费的同时,为了防止出身贫困家庭的学生无法进入高校学习,呼吁对贫困大学生进行资助。⑤这一理论的产生,迎合了当时的社会需求,为高校解决资金缺口问题找到了新的出路。目前,关于高等教育成本分担理论主要聚焦于三个问题:第一是为什么要进行高等教育成本分担;第二是应该由谁来分担高等教育成

---

① 吴小蓉.我国高等教育学费定价问题探讨[J].当代教育科学,2012(03):31-33.
② 刘文晓,胡仁东.我国普通公立高校学费定价标准新探——基于二部定价法视角[J].高教探索,2012(01):63-69.
③ 罗述权.从学生利益视角谈高校学费定价[J].财务与金融,2013(04):41-45.
④ 潘从义.法制视野下的高等教育学费定价机制研究[J].中国高教研究,2013(05):32-36.
⑤ 约翰斯通.高等教育财政:问题与出路[M].沈红,李红桃.北京:人民教育出版社,2004.

本;第三是高等教育的成本怎样分担。①虽然成本分担理论说明了不同主体对教育成本进行分担,但是怎样来分担,各不同主体间分别承担多大比例的培养成本,这个在世界范围内还没有权威的答案。目前各国学者提出了高等教育成本分担应遵循的主要理论便是人力资本理论。人力资本可以提高一个人的办事效率以及未来的获利能力。②舒尔茨认为,通过人力资本,劳动者可以提高自身的劳动获利能力,提升自身的未来价值。③教育投资是人力资本投资中最重要的内容,自我投资可以有效地增加未来收益,而教育投资是最好的自我投资方式,对教育的投资收益远超过对土地、建筑物等方面的投资。④人力资本理论明确指出,教育投资其实也是一种生产性投资,家庭为其子女进入高校学习付费,而子女毕业后又会有较高的收入,从而可以回馈家庭,可见教育投资带有典型的家庭受益性。学校在培育人才的同时,不只是个人从中受益,社会也会因为获得了高校培养的各类人才而加速发展,经济得到了有效的推动,因此社会也会从中受益。为此,各国政府逐渐重视高等教育,增大资金投入,推进高等教育事业的健康发展。无论是个人还是社会,都可以从高等教育中受益,那么各受益方都应当成为高等教育成本分担的主体,国家承担自己的责任,对高等教育投入教育经费,而个人同样应当承担部分成本,为其进入高校学习支付一定的费用,从而保障高校经费来源的多样性与充足性。

也有学者通过抨击免费高等教育带来的一系列弊端,来进一步说明对高等教育进行成本分担的必要性。齐德曼等研究发现,在免费高等教育的环境下,高校来自贫困家庭的在校生人数远远低于来自中高收入家庭的在校生人数,而看似免费的高等教育,其费用却是由全体民众共同买单,这样,免费的高等教育实则变成了穷人补贴富人,进一步增大了社会的贫富差距,这显然是不公平的。布劳格认为,免费的高等教育,即使出于"均等入学机会"这一考虑,也不能否认这种公平是低效率的。英国学者马克·布雷在其专著中指出,高等学校学费政策的产生虽然有政府财力紧张的原因,但更重要的是人们意识到了免费的高等教育其实并不公平,也不高效,只会增大社会中的贫富差距。菲利普·G等认为

---

① 唐祥来.高等教育成本分担:制度创新与发展趋势[M].北京:经济科学出版社,2007.
② 约翰·伊特维尔,默里·米尔盖特,彼得·纽曼.新帕尔格雷夫经济学大词典[Z].北京:经济科学出版社,1996:736.
③ (美)舒尔茨.人力资本投资——教育和研究的作用[M].蒋斌,张蘅.北京:商务印书馆,1990.
④ 曲恒昌,曾晓东.西方教育经济学研究[M].北京:北京师范大学出版社,2000.

向在校大学生收取学费才是科学合理的成本分担方式,有利于高等教育事业的健康发展。①

3. 学费定价研究

有关学费定价的研究,国内学者主要聚焦在以下四个方面:

(1) 学费定价存在问题。

首先,现有研究中,有学者认为学费标准长期固化是现阶段我国学费定价中面临的一个相当突出的问题,童小玲等通过对我国广东省某高校从2000年至2014年的相关数据进行分析处理,发现该校学费存在长期固化的现象,并且认为该现象将会直接引起该校办学经费不足,影响学校办学质量。②曹淑江指出,随着国家经济的发展、人民生活水平的提高,如果高等学校的学费标准依然原地踏步走,这样既不公平,也缺乏效率。③

其次,有学者指出现阶段我国高等教育质量和价格不匹配。阳荣威等认为不同层次、不同专业的公办高校,其学生的培养成本其实相差很大,但是最终的收费标准却相差不大,就像清北高校几乎与普通本科高校收费持平,但是其年生均培养成本差异悬殊,认为该问题的根源在于高等教育财政拨款的不均衡性,政府高额的补贴并不利于社会公正和教育公平。④

最后,高等学校年生均培养成本核算及其分担比例不合理。伍海泉等认为年生均培养成本核算的方法虽然有一定的理论依据,但是并不能反映在校大学生的所有支出,因此将培养成本视作现阶段我国高等学校学费标准的计量依据是不合适的。⑤余英对国际上许多国家的高校学费进行了一系列比较,认为我国规定的学费标准不得超过年生均培养成本的25%的上限较低,目前国际上许多国家的实际执行标准高于25%。⑥李雪琴等则认为,个人在高等教育成本

---

① 菲利普·G,李梅.私立高等教育:从比较的角度看主题和差异[J].教育展望,2000(03):9-18

② 童小玲,武玉坤.高等教育学费固化的不良效应及其对策研究——以广东某大学为例[J].会计之友,2016(16):100-104.

③ 曹淑江.我国高等教育成本与学费问题研究[J].中国高教研究,2014(05):44-49.

④ 阳荣威,汪斑,杜宛宛.社会正义视野下我国重点高校学费制度之审视与设计[J].大学教育科学,2018(06):54-60.

⑤ 伍海泉,伍以加,李娜.基于生均成本的大学学费定价研究——以湖南7所高校为例[J].经济研究参考,2012(63):61-68.

⑥ 余英.高等教育成本分担的国际比较——兼评中国高等教育学费标准的政策依据[J].清华大学教育研究,2007(03):111-118.

分担中所占比例如果长期不变将是不合理的,是会影响教育公平的。①

(2)影响因素的研究。

社会因素是影响高等教育定价标准的宏观指标,而国家的宏观政策是影响学费标准最直接的因素。崔世泉等提出,如果既要保障高等学校的教学质量,又要防止学费快速上涨,最直接最有效的办法就是通过立法来明确各主体在成本分担中所占的比例,以防止政府部门将投资的责任与风险进行转嫁。②钱林晓从微观经济学角度分析认为,高校扩招导致的高等教育整体招生规模虽然扩大,但由于我国自古以来对教育有着高度的认可性,民众对高等教育的需求并不会因为供给的变化而发生改变,但是各高校培养成本的上升则会使高等教育产品的均衡价格发生改变。③个人和家庭的付费能力及付费意愿也是学费标准的影响要素。袁连生通过将被试进行10等份分组研究,其结果表明现有学费水平已超出中等收入家庭的支付能力,提出应当建立学费价格的听证制度,以监督和规范学费标准的制定过程。④金珺利用相关数据,建立回归模型,通过研究发现:1991—2002年高等学校在校生生活费的支出,超出了居民的实际支付能力,不利于高等教育的健康发展以及社会公平。⑤沈百福等通过分析1998—2004年普通高校学费现状,指出学费已经给普通农村家庭带来了沉重的经济负担。⑥种宗刚在对山东省城乡居民进行调研时发现,尽管当时该省的学费水平不高,但是由于当地大学生消费水平较高,所以子女进入高校学习仍然给家庭带来了一定的经济压力。⑦

(3)学费定价标准研究。

关于学费标准的研究,有学者从数学建模的角度出发,利用BP神经网络数学模型构建学费标准公式,从研究结果可以看出,家庭收入是影响地方院校制定收费标准的第一因素,因此,政府和学校在制定学费标准时,应当首先考虑家

---

① 李雪琴,孙根琴.论教育公平视野下的高等教育成本分担——兼谈高校专业学费收费问题[J].价格月刊,2013(10):83-86.

② 崔世泉.大学学费定价行为分析——基于尼斯坎南混合官僚模型的研究[J].现代教育管理,2014(04):76-80.

③ 钱林晓.对高校扩招和学费增长的经济学分析[J].高等工程教育研究,2008(01):123-127.

④ 袁连生.我国居民高等教育支付能力分析[J].清华大学教育研究,2001(03):162-169.

⑤ 金珺.高校学费超出居民支付能力的实证研究[J].西南交通大学学报(社会科学版),2007(04):139-142.

⑥ 沈百福,王红.我国普通高校学费分析[J].长春工业大学学报(高教研究版),2006(04):3-9.

⑦ 种宗刚.高等教育家庭经济负担问题研究:以山东省为例[D].济南:山东经济学院,2011.

庭的收入情况,同时地方院校可以通过鼓励科研创收、降低日常运行成本等措施来降低学校的学费标准,从而减轻政府以及家庭的负担。①有学者主张通过控制在校生规模来控制学费标准的过速增长,建立关于高校招生规模、政府生均经费投入与学费标准之间的3个三维非线性微分方程动力学模型,最终得到了最优的招生规模。②有学者建议根据某学年学生共修学分总数计算从量费用,从而实施差别收费③,建立新型的刚柔相济的年生均培养成本与学费的互动机制。④

(4) 学费支付能力研究。

公民的支付能力是学费政策落地的最终载体,李文利等通过对北京地区部分高校的实地调研发现,收费标准与学生的付费意愿呈现负相关性,即当高等学校收费标准提高时,在校生的付费意愿下降,且家庭收入情况不同,受教育者的付费意愿也不同。⑤王丽平等通过实证调研发现,2000年农村三口之家的平均年收入为6759元,而此时的高校学费平均维持在4000元左右,高昂的学费使农村家庭负担沉重。⑥刘煜根据1995—2002年间的统计数据发现,学费占城镇居民家庭年收入的比重由7.7%升至26.1%,学费已超出居民的实际承受能力。⑦李慧勤研究发现,30.6%的家庭无法承担高昂的高等学校学费,45%的学生认为自己进入高校学习所支付的学费,是父母缩减了原本的生活开支才得以勉强承受的。⑧赵绍光通过统计对比居民人均收入与高校学费后得出结论,认为高等学校的学费及学生在校期间的生活费等支出已经超出许多家庭的实际

---

① 董亚楠.用于地方高校学费分析BP神经网络数学模型方法研究[J].计算机科学,2014,41(S1):481-483.

② 化存才.高校招生规模、政府投入和学费标准的三维动力学模型及政府调控[J].成都理工大学学报(自然科学版),2007(06):657-660.

③ 刘文晓,胡仁东.我国普通公立高校学费定价标准新探——基于二部定价法视角[J].高教探索,2012(01):63-69.

④ 金芳颖,楼世洲.教育政策社会学视域下我国公办高校学费定价标准及行为研究——基于浙江省普通高校的数据分析[J].教育发展研究,2019,39(19):25-33+67.

⑤ 李文利,闵维方.高校在校生私人教育支出及付费意愿研究[J].高等教育研究,2002(03):42-46.

⑥ 王丽平,周宇.对我国高等教育收费的思考[J].西南民族学院学报(哲学社会科学版).2002(5):237-239.

⑦ 刘煜.高校收费的基点:个人承受能力[J].浙江海洋学院学报(人文科学版).2004(02):76-78+93.

⑧ 李慧勤.高校学生付费能力及意愿的实证研究——云南省高校案例[J].北京大学教育评论.2005(02):90-96.

承受能力。①武毅英等认为,由于我国高等学校学费标准持续增高,九成左右的中低收入家庭已经无力承担如此高昂的学费。②张炜研究表明,2002年培养一名大学生一年所花费的学费以及生活费,相当于该年农村居民人均纯收入的4倍,是城镇人均可支配收入的1.5倍,学费给普通民众带来了沉重的经济负担。③张韦韦等通过对北京普通家庭的随机调查发现,供养一个大学生,33%的家庭认为非常困难,而认为毫无困难的家庭仅占30%。④崔玉平等通过研究发现,家庭的实际承受能力与家庭的社会经济地位有着紧密的联系,具体体现在家庭经济状况、家庭居住地和母亲文化程度这三个变量上。⑤

罗述权等⑥通过调研发现,当地经济水平与学生对学费的可承受能力呈现正相关性,例如经济发达地区的学生去经济欠发达地区的高等学校学习,其可承受能力增强,反之则反是。吴克明等认为,目前的高校学费标准对大部分的农村家庭来说是沉重的经济负担。⑦蔡文伯等研究发现,经济的增长以及人民生活水平的提高,显著地缓解了高校学费给家庭带来的资金压力,但是目前来看,学费标准占居民人均可支配收入的比例仍然偏高,尤其是2000—2008年,学费与农村居民家庭人均纯收入的比值超过1,学费标准远超农村家庭的实际承受能力。⑧倪嘉敏通过对2003—2011年城镇居民学费支付水平评估发现,现阶段我国城镇各个收入阶层的高等学校学费支付能力不尽相同。在保证家庭平均生活水平的情况下,有40%的城镇家庭表示学费标准使得家庭压力巨大。⑨栗梦琪等认为,收入增幅与学费增幅不匹配,将直接增大普通家庭子女接

---

① 赵绍光.高校收费问题剖析[J].内蒙古农业大学学报(社会科学版).2005(01):36-38.
② 武毅英,吴连海.高校收费对教育机会均等的负面影响及反思[J].复旦教育论坛.2005(02):60-65.
③ 张炜.我国高校收费制度改革的分析与思考[J].北京大学教育评论.2005(02):97-100.
④ 张韦韦,吴蔚.中国高校收费知多少[J].教育与职业.2006(25):66-70.
⑤ 崔玉平,李晓文.大学生学费承受力与助学资金来源的影响因素分析——以江苏省在校本科生为例[J].黑龙江高教研究.2008(10):22-24.
⑥ 罗述权,郑震.高校收费与学生可承受能力实证分析[J].价格理论与实践.2011(04):34-35.
⑦ 吴克明,卢同庆,王远伟.城乡高考弃考现象比较研究:成本—收益分析的视角[J].教育发展研究.2013.33(23):39-45.
⑧ 蔡文伯,马瑜.高校收费政策:理论基础、社会支持与争议[J].高校教育管理,2014,8(06):80-85.
⑨ 倪嘉敏.现阶段我国城镇家庭的高等教育学费承受能力分析[J].长春工业大学学报.2014.35(03):37-40.

受高等教育的困难程度。①

五、研究思路与方法

将学费作为学生进入高等学校学习时所必须承担的教育成本,是世界大多数国家采取的发展本国高等教育的一项重要举措。民众为其子女进入高校学习支付相应的学费,这也代表着民众对高等教育成本分担的普遍认可。虽然目前世界上各个国家对高等教育收取学费的方式、金额等存在一定的差异,但是其根本目的都是在要求家庭与学生分担高等教育成本,从而保障高校有充足的经费来维持自身的健康发展,实现教育兴国的本质目的。学费标准过高或者过低都不利于高校以及社会的发展,我们应在公平与效率之间,找到一个均衡点,使各主体的利益都可以达到最大化。

对于学费标准的探索,任何国家都不是一帆风顺的,都需要经过漫长的摸索,才有可能得到最终的答案。我国高等教育事业起步晚、底子弱,发展意愿又极其强烈,也一直在努力地探索前行之路。对于当前我国高等学校学费政策相关问题的研究,有助于横向和纵向认识我国高校学费政策,通过比较分析古今、中外等相关情况,分析我国高等学校学费政策的主要内容和实施现状,能更准确地理解我国在学费政策问题上所取得的成绩以及存在的问题,更好地优化我国高等学校学费政策。

(一) 研究思路

首先,通过对已有论文、文献的阅读,前期主要梳理自新中国成立以来我国的相关学费政策,对过去几十年来学费政策的文本变化、演进逻辑有一个基本的了解,从自身发现学费政策的文本变化背后的深层次原因。其次,选取样本政策,借助PMC指数模型,以量化研究为切入点,发现政策可能存在的问题与不足。再次,通过文献以及对实际问题的调研考察,探索影响学费标准制定的各个因素之间的关系以及影响机制。最后,建立高等学校学费标准的动态调整

---

① 栗梦琪,刘荣鑫,尚程凯,等.我国公立高校收费问题探析——以江苏省公立高校为例[J].市场周刊(理论研究).2015(06):65-66.

模型,以期对我国高等学校学费标准的调整提供参考依据。

(二)研究方法

学费问题不仅是一个关乎老百姓切身利益的民生问题,也是一个教育学问题、经济学问题、社会学问题,因此对学费问题的研究也应当运用多种方法,多管齐下形成合力,以期对学费问题有更加透彻的理解。

本文所采用的研究方法主要有以下几种:

1. 文献研究法

文献研究法是指通过搜集现有的文献等研究资料,经过整理分析,从其中选取对研究有价值的内容,从而达到完成研究的最终目的。

本文通过文献研究法收集的资料主要包含以下几个方面的内容:第一,收集新中国成立以来我国公办高校有关学费政策的法律法规,以及有关学费政策的其他文件,通过对有关学费政策资料的梳理分析,对我国公办高校学费政策的历史发展脉络有一个大致的了解,为接下来的进一步研究做准备;第二,收集国内学者关于我国公办高校学费问题的研究文献、著作以及其他成果,在学习其他学者研究成果的同时,进一步增强自身对学费问题的研究深度,探索不同时期学费政策的生成逻辑;第三,收集国外有关学费政策的研究成果,通过横向对比,了解世界上其他国家高等教育学费政策的发展历程,并与我国的学费政策做比较,希望从中可以学习到发达国家的先进经验,认识发达国家在学费探索过程中所存在的不足,发现问题、解决问题、少走弯路,使学费政策更好地助力我国高等教育事业的发展。

2. 问卷法

问卷法是指根据研究的目的,按照一定的要求和方法,设计问卷,紧接着向被试对象发放问卷并统计结果的一种研究方法。

针对学费问题,问卷法所收集的资料主要包括以下几方面:第一,通过德尔菲法,设计问卷,收集与高校学费标准有关的影响因素,该方法是在文献研究法的基础上,通过问卷的方式对文献研究法所得影响因素的补充,使研究的结果更加真实准确;第二,收集各因素重要性的指标数据,通过编制层次分析法问卷,了解各不同因素在学费标准制定中的权重;第三,通过设计问卷,调查在校大学生生活费情况以及毕业后的薪酬收益情况,此步骤是对学费标准调整的资料补充。

3. 访谈法

访谈法是访谈者与受访者进行面对面交谈,从而得到受访者对研究所涉及问题的观点或者建议的一种研究方法。

本研究借助访谈法主要完成以下研究内容:第一,收集在校学生及其家长、社会民众等对学费问题的基本态度;第二,收集学生及其家长对目前高等学校学费标准可能存在的影响因素的意见,作为问卷法的补充资料;第三,收集高等学校财务处及负责财务工作的相关教师对目前学费标准的意见,作为调查问卷调整、修改的依据;第四,收集政府部门对现行高等学校学费标准的意见,作为调查问卷的补充资料。

4. 比较研究法

比较研究法是通过对所研究事物与其他同类事物的对比,发现其相同点与不同点,进而对本研究起到一定借鉴作用的方法。

本研究涉及比较研究法的内容主要包含以下几个方面:第一,我国学费政策的"古""今"之比,通过对新中国成立以来学费政策的梳理,对过去的政策文本进行深入研究,发扬其优点,改良其不足,探究政策演变的生成逻辑;第二,学费政策的"中""外"之比,通过收集大量文献,梳理英、美、法、日等发达国家先进的高等教育学费政策研究成果,与国内的政策文本做对比,为我国学费标准问题提供政策参照;第三,各省份学费政策之比,我国幅员辽阔,地域广博,不同省份的学费政策也不相同,通过对不同省份学费政策的对比研究,可以更全面地发现问题,从而有利于问题的解决。

六、研究目标与内容

(一)研究目标

通过对国内学费相关政策的梳理,以及对比国际上发达国家的政策文本,发现我国公办高校在制定学费标准时可能存在的影响因素,并进一步深挖各因素是如何作用于学费标准的制定的,以期建立学费标准的动态调整模型,为高校学费政策的有序推进提供参考借鉴。

(二)研究内容

1. 我国学费政策的历史流变及演进逻辑

通过对新中国成立以来有关学费的政策及文献的梳理可知,1949—1977年国家实行免费上大学制度,但是当时免费的高等教育给国家带来了沉重的经济负担,缺乏资金支持的高等教育事业也无法健康地发展。1978—1984年,市场机制逐步引入,"双轨制"招生政策出台,为了缓解经费不足的现状,各高校逐渐倾向于降低分数招收更多的自费生、委培生,从而造成高校生源质量参差不齐。1985—1991年,高校开始象征性收费,收费的重点开始转向由全体学生共同承担学费,逐渐减少自费生和委培生的数量。1997年,高校开始进入正式收费阶段。

2. 影响学费标准制定的因素及其相互关系

通过前期对有关学费的政策及文献的梳理发现,影响学费定价标准的因素可以大致分为政治因素、经济因素、文化因素、地域差异、家庭支付能力,以及当地物价水平等,但是具体各影响因素之间的关系、所占权重,以及其如何进一步影响学费标准的制定有待进一步研究。

3. 建构学费标准的动态调整公式

本研究预备通过政策梳理、问卷编制、质性访谈、公式建构、结果检验等步骤进行学费标准的动态调整公式建构。

4. 学费政策的预期构想

本研究对学费政策的预期构想如下:以国家学费政策为引领,以成本分担为主体,以家庭和国家的承担能力为两翼,以奖助贷等政策为支撑,促进我国高等教育事业的稳步发展。

（三）拟解决的关键问题

本研究拟解决以下关键问题：

（1）通过对学费政策的梳理，归纳其演进逻辑，展望未来学费政策的发展规律。

（2）分析各影响因素如何作用于学费标准的制定。

（3）建构科学合理的学费标准动态调整公式。

七、研究创新点

本文最主要的创新表现在：

其一，研究视角的创新。本研究既有对政策文本的"古"与"今"、"中"与"外"的对比研究，也有基于国内不同省份的比较研究，可以说是三管齐下，对政策文本的研究尽力做到了全覆盖。通过对学费政策的梳理研究，探究政策背后的演进逻辑，以期对学费政策有一个更加深入与全面的了解，探究合理的高等学校学费标准。以成本分担为主线，并从多个相关主体角度出发，探究各主体实际的承受能力，研究高等教育收费的科学性与合理性，通过问卷调研、数据建模，最终得到科学合理的学费标准动态调整公式。

其二，研究方法的拓宽。本研究既包含质性研究，又包含量化研究；既有理论研究，也有实证研究。目前国内外的相关文献大多致力政策本身的文本研究，或者是学费标准的数据建模，很少有系统的结合，数据建模虽然种类很多，但是往往基于很多前提假设，调研数据不足，得出的结果往往建立在复杂的数学模型之上，缺乏前期的理论基础，得出的结果标准可信度较低。本文拟以历史政策文本、学费相关主体、影响因素及其影响机制等方面为切入点，借助PMC指数模型、德尔菲法、层析分析法等科学工具，在此之上建立更为系统、全面、科学的学费标准动态调整公式，这赋予了本研究重要的现实意义。

第二章

核心概念与研究基础

一、核心概念

(一)高等教育成本

成本是经济学领域的重要概念,是商品价值的重要构成。学界不同学者对高等教育成本的概念界定有着不同的观点。美国经济学家亨利在其专著中,对什么是成本进行了较为详细的描述。亨利认为,社会中每一项活动的进行都需要耗费一定的资源,这些资源如果被投入这项活动中,便不能再被用到其他的经济活动中了,这些资源便是从事此项活动的成本。英国著名经济学家约翰·希恩则指出:"教育行业虽然有其特殊性,但是也同其他经济行业一样,需要消耗一定的社会资源,如果这些资源没有被用到教育领域,那么也是可以被用到其他领域的。"以上两种观点主要从机会成本的角度对高等教育成本加以解释。从技术角度来讲,一项特定活动的成本,可以被定义为"这项活动所耗费的所有用于最佳途径的资源"。也就是说,从本质上讲,高等教育成本是人们进行高等教育活动而耗费的所有资源的总和,这一定义虽然看似较为笼统,对高等教育成本的定义不是很具体,但具有一定的经济学意义。

从教育经济学的视角来看,教育自身也是需要投资的,该投资从本质上来看也属于一种生产性投资,因此教育投资也可以计算出其发生成本以及可能存在的未来收益。就像企业的生产、销售部门可以进行成本核算一样,教育其实也具有此种功能,著名经济学家舒尔茨认为,像其他工厂生产的产品一样,学校所生产的产品就是学历。因此,西方学者认为教育成本是消耗在教育活动上的资源价值的总和。

关于教育成本这一概念,国内一些知名学者也有着自己的理解。我国著名教育经济学家王善迈教授认为,教育成本是指在一定时期内高等学校在培养人才的实际过程中所消耗的资源。靳希斌教授认为,高等学校为了培养学生,在这个过程中所花费的全部费用即为教育成本,这其中既有直接费用,也有间接费用。

以上观点从不同方面对高等教育成本进行了阐释,虽然表述的方式不一样,但是其本质内涵基本是一致的,概括来讲,高等教育成本一般指为了完成高等教育人才培养的本质目的,国家、学校等各主体在该活动中所消耗的全部资源之和。

(二)学费

学费,从字面意思理解就是学生为了上学所缴纳的费用。那么高等教育学费,就是指高等教育接受者为了进入高等教育机构进行学习所支付的费用。《英汉教育大词典》对学费的定义如下:学费是指学生为学习而付出的费用。[①]从受教育者的角度看,学费是受教育者为了进入学校学习,对学校提供的教育服务所发生的一种购买行为,受教育者可以得到巨大的精神享受和高层次的心理满足,这种消费本身又是一项对个人身心以及技能都有很大促进作用的增进型投资,因为它后期可以增加个人拥有的人力、物力、财力的数量以及增强其经营和管理的能力。从消费层面去理解学费,是因为缴费上大学能够增加受教育者的知识满足以及心理满足;从投资角度看,是受教育者经历过高等教育,可以增加其专业技能和文化修养,提高其未来的工资收入水平。对国家和学校而言,高等教育学费是高等学校向愿意并且符合入学条件的受教育者所收取的培养费用,这里的学费不包含住宿费以及其他各种杂费。目前从国际上来看,除了极少数国家实行免费的高等教育政策,其余均会对入校学生收取一定金额的学费作为对高等教育成本的分担,唯一的不同点可能是分担比例的多少。我国高等学校学费是以成本分担理论为基础的,它是对接受高等教育的学生所收取的费用。不同时期,学费占教育成本的比重不同,因为学费标准的制定、具体的方案在各个时期也不同。

从学费的自身属性来看,高等教育的准公共产品特性要求高等教育成本应当由政府以及家庭来共同承担,而不能由某一方单独承担。其原因在于,高等

---

① 卫道治,吕达.英汉教育大词典[M].北京:人民教育出版社,2005.

学校在培养人才的过程中,花费了巨大的教育成本,单由国家、社会,或者个人中的任何一方来承担全部成本都负荷太重,不太可能,故应该使资金来源多元化,由各主体共同承担高等教育成本,履行自身应尽的义务。政府以及社会在高等教育中也需要承担相应的责任,因此公办高等学校学费只应当是高等教育成本的一部分,它不能等于成本,更加不能高于成本。[①]

不同国家由于自身文化、环境的差异,对学费的理解也有所不同。美国认为学费不单单是学生为了修完课程所缴纳的费用,该费用应该同时包含伙食费、住宿费及其他杂费,而我国则不将此类费用计入学费之中。但相同的是,目前世界范围内,绝大多数国家都把高校学生入学时收的学费当成是学生及其家庭对教育成本的一种分担,只是在具体的比例上有所差别。目前,学费是对高校教育成本的一种分担与补偿的观点,在国内学界也被普遍接受。

社会上,人们的视角不同,对学费的理解也会出现差异。有些人从培养费的角度理解学费,也有人以学生进入高等学校所发生的一切学习成本为切入点理解学费,但是,不管从何种视角,学费均与高等学校对学生的培养活动有着紧密的联系。综上所述,我们认为,高等学校学费是学生为了进入高等学校学习,其家庭向高等学校或者其他教育机构缴纳的一种费用,这种费用主要用于补偿以及分担部分高等教育成本。

(三)高等学校学费政策

高等学校学费政策是国家为了向进入高等学校学习者收取一定金额的费用,用来实现高等教育成本分担这一目的而制定的与高等学校学费相关的制度与准则。本书主要研究的高等学校学费政策是自新中国成立以来,由国务院、教育部以及其他相关部委发布的,和省、自治区、直辖市人民政府颁布和出台的,与高等教育收费相关的意见、办法、通知、决定等。

从宏观上看,高等学校学费政策的产生,与生产力的迅猛发展和社会经济转型有着直接的联系。在高等教育免费阶段,国家处于计划经济体制中,高等教育实行的是精英式的培养模式,那时候学生数量少,学校数量也少,每个大学生都是国家干部,都是稀有人才,国家有能力集中所有资源对高校在校生实行免费教育。学费政策由不收费向收费转变的转折点是1978年。这一年改革开

---

① 王善迈.论高等教育的学费[J].北京师范大学学报(人文社会科学版),2000(06):24-29.

放拉开序幕,国家经济转型并迅速发展,同时吸收国外先进的经验以及市场模式,并结合我国的实际国情,各行各业有了长足进步,进而人民生活水平有了显著的提高,与此同时,国家以及民众的思想也发生了重大变化,"双轨制"招生政策的出台,开启了高校学费政策由免费开始向收费逐步过渡的阶段。

从微观上看,学费政策是高等教育谋求自身发展这一诉求的路径选择。纵观新中国成立以来公办高等学校经费来源渠道,我们可以发现,1949—1978年,高校办学经费主要是依靠政府的财政拨款,这与当时国内的计划经济体制相匹配。但随着高等教育规模的逐渐扩大,高等教育成本也在逐年增高,免费的高等教育不但给国家财政带来了沉重负担,也使得高等学校自身由于经费不足而缺少发展的生机与活力,无法使高等教育的质量与规模满足社会的实际需求,极大地阻碍了经济的发展。从1984年开始,普通学校开始招收自费生和委培生,国家相应的政策也有了改变,各个高等学校的经费来源逐步多元化。随着1997年收费并轨的完成,公办高校教育成本由政府和全体学生共同承担,2000年高校进入大规模扩招期,高等学校数量以及高校在校生数量均明显增加,而国家的财政经费是有限的,各个高校陷入资金不足、难以快速发展的尴尬局面。高校扩招带来的固定资产等基础建设的巨额投入使学校苦不堪言,而政府又不可能为高等学校的所有支出买单,各个高校只能千方百计地自己创收,学费便是其中重要的经费来源。因此高等学校学费政策的产生与变革是非常必要的,是高等教育发展的必然选择。

(四)学费影响机制

机制一词舶来于古希腊,其最早的含义是指机器构造及其工作原理。就其本义而言,机制是与事物活动紧密相关的。根据《现代汉语大词典》的释义,机制通常情况下有五层含义,而现今"机制"的含义通常被理解成其第五层含义:泛指工作系统中各部分之间相互的作用过程及其方式。后来自然现象或者社会现象中逐渐将机制引入并应用,此时机制的含义慢慢引申为"有机体的构造、功能和相互关系;一个工作系统内部组织和运行变化的规律以及组织和部分之间相互作用的方式和过程"。再后来,经过长时间的发展演变,各不同学科领域发生了交叉融合,人们将"机制"一词引入了经济学研究的具体范畴之内,"经济机制"被描述为:一定的经济机体内各构成要素之间相互联系、相互作用、相互制约的关系及功能。目前对于机制一词较为通俗的观点是:机制是作用(效应)

产生的路径或过程,用于解释现象的产生以及任务的完成。机制目前在多个学科中被广泛引用,在社会学、心理学等领域被使用得尤为频繁,对研究这些学科起到了积极的推动作用。从认识论的角度来看,机制提供了一个解释规律性的清晰路径,对我们认识事物的本质及其内在规律也具有一定的帮助。

学费影响机制就是学费标准设定及调整系统运行中参与主体间相互作用的过程,学费标准形成的决定因素、参与约束条件、内在核心要素,以及这些条件及要素发挥影响的路径和方式。学费的设定及调整主要包含两个层面:学费标准和学费结构的设计及改进,这两方面设计的恰当性与合理性,直接影响教育公平与效率。基于以上机制的内涵分析,本文所研究的学费标准影响机制是指学费标准在具体定制或者生成的过程中,有哪些因素影响着标准的制定,以及这些因素相互之间是否存在着某种联系,这对于我们了解学费的生成机理,以及标准调整过程中应当考虑的问题等具有重要的参考和借鉴意义,进而帮助我们确定更加科学合理的学费标准,助力教育公平的进一步深化,助力高等教育事业的健康发展。

(五)成本分担

英国著名经济学家约翰·维泽(John Vaizey)于1958年第一次提出"教育成本"这一概念,并于1962年在其著作《教育经济学》一书中对教育成本的概念做了更加精准的解释说明,其明确指出了教育成本不仅仅包括学生因进入学校学习所发生的一系列直接成本,还应当包括因为学习而发生的各种间接支出。

1963年,著名经济学家舒尔茨在《教育的经济价值》中首次提到了"教育全部要素成本"(total factor costs of education)的概念。舒尔茨指出,学校的教育成本应当由以下两个方面的内容构成:一是学校为了满足在校生学习的需求,向在校生提供教育劳务所发生的一系列成本支出,这其中包含教师的工资,也包含学校为了维持自身的运转所发生的实际支出,但是与教育服务不相关的一些活动所消耗的成本则不能被计入其中,例如食堂的采购费用、运营费用,学生在校期间的奖助贷等支出。二是学生因为进入学校学习所放弃的其他收入,也就是学生的机会成本。学生进入学校学习,则意味着在这段时间内,学生的时间主要被用在了学习上,如果学生没有进入学校,而是把时间用在工作上,那么这部分时间肯定会为学生带来一定的收益,这部分收益就是学生因为进入学校学习必然损失的收入,也就是学生的机会成本。在书中,舒尔茨同时也提到了教育成本与教育经费二者之间的区别与联系：教育经费通常被看作是一个考量学校资金"收入"的统计概念，一般不从成本的角度做核算考虑；教育成本更多是从学校的"支出"方面来考虑，用于记录学校的花销金额。二者并不等同。虽然舒尔茨也没有明确定义教育成本，但是与约翰·维泽相比，舒尔茨进一步提出了机会成本的概念，明确将教育经费与教育成本区别开来，表明二者是两个不同的概念，应当认真区别对待。

科恩（Elchanan Cohn,1979和1990)在其《教育经济学》一书中指出，学校的教育成本具体应该包括两方面内容：一是直接成本，即学校由于向在校学生提供教育服务所发生的一系列成本支出和学生由于进入学校学习而直接产生的各种费用之和，如学生在上学过程中由于往返所发生的交通费、在学校由于吃住发生的生活费用，以及为了学习购买书籍所发生的书本费用等。二是间接成本，与前面舒尔茨的观点类似，是指学生由于选择接受教育而放弃工作的收入。由此看来，广义的教育成本不仅仅包括学校为了培养在校生所发生的一系列供给、人员等经费支出，也包括学生因为接受高等教育所发生的其他支出，同时还包括学生因为接受高等教育所放弃的机会成本。

成本分担理论由约翰斯通于1986年第一次提出。他指出，高等教育不应是免费教育，因为高等教育本身能够实现一定的经济收益，因此，国家、家庭和学校都应当成为高等教育成本分担的主体，为高等教育付费。[①]学生进入高等学校学习，根据受益付费原则，他们理所应当以支付学费的方式对高等学校的教育成本进行分担，高等教育成本不应当由学校或者政府全部承担。约翰斯通提出的高等教育成本分担理论，为世界各国寻求解决由于高等教育成本增高所带来的本国财政困难提供了新的思路和方法。随着全球经济增速的放缓，而高等教育总体规模又急剧扩大，发展高等教育仅仅依赖政府财政资助已经难以为继，而且高等教育不仅仅是国家和社会受益，受教育者同样受益。如果高等教育全部由国家承担，则相当于全体公民共同为高等教育买单，那么对那些根本没有机会接受高等教育的家庭来说是不公平的，所以在高等教育中引入成本分担机制就成为各个国家和地区发展高等教育的一个长期的政策。尽管社会形态和财政状况不尽相同，但高等学校以向学生收取学费的形式实现学生对高等教育成本的分担，是目前世界范围内绝大部分国家和地区发展高等教育的一致做法。

---

① 杨丽.成本分担——世界高等教育发展的趋势[J].世界教育信息,2007(04):41-43.

二、理论基础

（一）准公共产品理论

一般来讲，我们可以将产品划分为三大类，即公共产品、私人产品以及兼具二者属性的准公共产品。萨缪尔森认为，公共产品是指具有消费或使用上的非竞争性和受益上的非排他性的产品，亦称"公共财货""公共物品"。行政、国防、立法、司法等，它们是社会消费型产品，同时具有非竞争性和非排他性的特征。[1]公园、马路、博物馆等也属于典型的公共产品。准公共产品是介于公共产品与私人产品之间的产品，与二者不完全相同，但是又具有二者的部分属性。生活中常见的房屋、食品、家用电器等都具有竞争性和排他性，属私人产品范畴。

高等教育可以满足人们对知识学习以及技能提升的需求，因此从这一方面来看，高等教育具有一定的产品属性，可以把学生进入高等学校学习理解为学生向高等学校购买了服务，而这种服务就是高等学校对学生进行知识的传授，学费也就是高等学校所提供的这种教育服务的价格。

根据高等教育作为产品可能拥有的属性，我们可以发现：

第一，将高等教育作为公共产品在现实中很难实现。高等教育目前虽然已经达到普及化阶段，但是高等教育并不能满足所有人的需求。从高等教育自身来讲，清北等一流学校和高职高专虽然同属高等教育这一大类，但是在现实情况下，群众对这两大类学校的需求意愿也存在着很大的差别，换句话说，高等教育自身也存在教育层次的差别，有差别便会有竞争，所以高等教育属于完全的公共产品这一状态并不实际，也是不存在的。

第二，将高等教育完全划归为私人产品也会发现其有矛盾的地方。一方面，现实中的高等教育具有明显的竞争性，但是高等教育的这种竞争性是机会均等的，就是说大家都有机会进入高层次的学校学习，任何人都有进入清北等名校的机会，而且面对高等学校的扩招，高等学校招生名额增多，在学校的指标范围内，学生之间并不存在直接的排他性。另一方面，在我国公办高校的资金

---

[1] 吴厚德.财政学[M].广州:中山大学出版社,2003.

来源中,政府无疑是其最主要的资金来源主体,而政府的一切财政收入都来自民众,相当于高等教育的资金由民众供给,而高等教育通过培养人才促进社会经济发展,从而带来医疗、科技等方面的普遍进步,其最终成果民众都可以均等分享。由此看来,至少高等教育带来的部分益处不具有排他性,从这一层面来看,将高等教育划归至私人产品也是不具有说服力的,其与典型的私人产品的特性并不完全吻合。

第三,高等教育尚具有一定的排他性,这是目前高等教育资源不足以及内部资源分配不均衡导致的,但是未来的高等教育可能会满足民众对教育的需求,故也不能因为目前的排他性而否定高等教育的公共性。

可以看到,高等教育既不是典型的公共产品,也并非典型的私人产品,而是兼具了二者的特性,但又不完全属于二者其中之一,因此高等教育属于准公共产品。

准确地理解高等教育的产品属性,对于我们更加深入地研究高等教育事业、高等教育政策等有着十分重要的意义,也为我们挖掘政策的产生原因、生成背景、演进逻辑等工作提供了理论性指导。桑德莫在研究产品属性时也发现,社会中的大多数产品其实并非严格意义上的公共产品或私人产品,而是介于两者之间的准公共产品,虽然不属于二者之一,但却兼有二者的不同属性,唯一有差别的地方在于,这种产品是更靠近公共产品一端,还是更靠近私人产品一端。当该产品更靠近私人产品一端时,便与私人产品的供给理论更加吻合,那么国家给予的财政支持或者补贴就会越少,个人承担的部分则会相应较多;而当产品靠近公共产品一端时,其结果是刚好相反的。[①]将高等教育与准公共产品理论结合起来看,我们可以发现,目前个人虽然对高等教育承担了一定的成本,也支付了一定的费用,但高等教育的绝大部分经费仍然靠政府提供,而且高等教育的校园建设、人才引进、招生规划等一系列行为也都离不开政府的支持,高等教育应当是偏向于公共产品一端的准公共产品。

理解清楚了高等教育的产品属性,可以帮助我们在当前的经济体制下,更好地理解高等学校学费政策,也将为基于成本分担理论的高等学校学费政策的研究提供理论指导。因为高等教育是靠近公共产品一端的准公共产品,所以政府应当对高等教育的建设及发展起到绝对的主导作用,具体到学费政策时,便是政府需要多承担高等教育的主要成本,而家庭及学生要适当少承担。

---

① 李从松.中国大学贫困生研究报告[M].武汉:湖北人民出版社,2003.

然而,有一个实际的问题摆在眼前,那便是在整个高等教育成本中,政府和家庭分别承担的比例如何确定,尺度如何把握。这一点非常重要,但是很难做到精确。承担的比例合适,相当于各主体的利益都得到了很好的维护,自然可以促进高等教育的健康发展;比例划分不当,此时学费的担子必然会有一方偏沉的情况,一方的轻松是以另一方的多承担来换取的,然而任何一方的超负荷承担都只能是暂时的,不科学的承担比例会影响高等教育的公平性,因此合理地确定各主体在高等教育成本分担中所占的具体比例是非常重要的,这也是本研究接下来所要努力解决的问题之一。

(二) 人力资本理论

传统观念中一般将接受教育视为一种消费行为,原因是接受教育的过程中必然导致人力、财力等资源的巨大消耗。但是如果与同样被视为消费的衣食住行相比,接受教育显然并不是一种简单的消费行为,它是一种劳动,使人们在这种劳动过程中掌握大量的知识技能,让人具有智慧与才华,还可以实现知识储备与劳动技能的提升,进而使日后获得报酬的能力增强,可以提高人们的未来预期收入,因此接受高等教育不单单是民众的一种消费行为。从这个层面上看,接受教育更是一种投资行为,这种行为直接帮助个体通过学习获得专业文化知识,提高自身的办事能力,显著增强个体未来获得收益的能力。简言之,人力资本是体现在人身上的资本,即对人进行教育、职业培训等支出及其在接受教育时的机会成本等的总和,表现为蕴含于人身上的各种生产知识、劳动与管理技能以及健康素质的存量总和。在经济学中,探讨人力资本的影响以及由此形成的一整套理论,被称为人力资本理论。[1]

舒尔茨认为,人力资本投资作用在个体身上,会为个体带来明显的未来收益性。物力投资和人力投资都是生产性的投资,是经济增长必不可少的推动力,但是人力资本的投资更加重要。人力资本投资的方式有很多种,教育投资是人力资本投资最核心的内容。教育服务是一种提升人的劳动技能的活动,而人的劳动能力,尤其是劳动者的智慧和技能,是现代社会物质和财富创造的源泉。所以,教育尤其是高等教育,带有生产性服务的特征本质,自身也具有很高的外部经济价值,对国民经济的增长具有积极的促进作用,对社会的进步也有

---

[1] 车卉淳,周学勤.芝加哥学派与新自由主义[M].北京:经济日报出版社,2007.

积极的意义。

政府、家庭用于高等教育生产经营活动的各种投资,本质上属于非物质生产领域的生产性投资,是对人力资本的生产。社会收益和个人收益是高等教育收益性的两大主要表现特征。社会收益主要表现为:政府通过对教育投资,未来预期将会对社会经济增长起到积极的促进作用,带来明显的社会收益;个人收益主要表现为:学生通过缴费上学,即个人投资高等教育,待其从高等学校毕业以后,未来的预期收入会明显高于未接受过高等教育的学生,因此高等教育也带有明显的个人收益性。

从经济学角度来看,高等教育主要具有两种效用:收益效用和保险效用。收益效用是指,个人通过进入高等学校学习,可以掌握更多的专业知识与技能,锻炼自身的办事能力,在未来的工作中可以获得更多的回报。同时,个人通过接受高等教育所形成的专业技能、处理事情的能力等也会变成自身能力属性的一部分,在未来如果个人面临经济危机及其他变故所导致的破产时,其自身的这些素养和能力可以增加其东山再起的可能性,因此从这一角度来看,高等教育也具有明显的保险效用。高等教育对个人的影响,主要表现为提高了个人的知识技能,让个人借此得以在未来取得较高的经济收入。除此之外,高等教育还能给个人带来非货币性的其他收益,主要表现在以下几个方面:

第一,健康的身体和高质量的生活。通常情况下,个人接受过高等教育后,会拥有更多自我保护以及相关的基础医疗救治知识,从而可以帮助个人在学习以及未来的生活中更好地保护自己的身体,当有问题时也能够及时发现,进而使身体维持在较好的状态之中,可以提高个人的劳动力质量,延长个体寿命,最终获得较多的工作时间,未来收入总量也会增加。同时,受过高等教育的人更容易应对职业生涯中的困难,也更容易找到业余生活的乐趣。与未接受过高等教育的人相比,在未来的收入水平方面,接受过高等教育的人具有明显的优势,有更加充足的物质基础用于生活,更容易获得生活幸福感,享受到更高层次的生活质量。

第二,有效分配时间和管理时间的能力。个人在接受高等教育的过程中,会潜移默化地学会利用时间,提高学习效率,并且会养成按照计划进行学习或者生活的习惯,从而可以更加高效地利用自己的时间,提高自身的效率。这些技能对于学生来说,不但有利于其提高个人各方面的能力,也会在将来工作职位的提升以及薪水的增加方面起到积极的促进作用,大大提高未来的生活幸福指数。

第三,有利于教育的代际传承,助力书香门第的形成。一般来讲,父母受教育的程度越高,其子女的受教育程度也往往越高。这种代际传承通常情况下通过组建家庭、优生优育等向下一代传递,从而实现家族社会地位的巩固以及上升。美国著名社会学家布劳曾对美国社会的民众分层次进行实证研究,当问及被试人员:如果儿子的社会地位在未来可以超过他的父亲,这其中最重要的因素是什么?被试人员给出的答案中一致性程度最高的是:儿子的受教育程度。

第四,资源配置能力以及应变能力得以加强。受教育者通过进入高等学校学习,锻炼了自己学习、阅读、写作等各方面的能力,提高了自身的学习能力与办事效率,这些技能为受教育者日后在社会上取得回报打下坚实的基础。接受过高等教育的人,其面对未来环境的变化时,应对能力在一般情况下比未接受高等教育的人要强,会根据环境以及自身的变化,将已有的资源重新组合配置,以应对可能存在的风险,这种能力对于个人的生存和发展是极其重要的。个人经济活动的效果如何,也与其资源配置以及应变能力有很大的关系,而这种能力可以通过接受高等教育习得。

高等教育所带来的社会效益主要包含以下几个方面:

第一,高等教育对经济增长具有显著作用。经济增长受高等教育的积极推动,主要通过工作效果以及分配效果两个路径实现。工作效果是指个体由于进入高等学校,接受了高等教育,掌握了一定的技术技能,使自身的生产效率得到了提高,从而使其所在单位的产出增加,最终对社会的经济增长起到积极有力的推动作用。有西方学者认为,虽然国家投资高等教育的花费巨大,但是高等教育大大提高了劳动者的生产效率,在个人收益增加的同时,企业的效益也得到了提高,社会进步的同时,国家也是受益的。分配效果是指接受过高等教育的大学生,其根据身边环境的变化相应做出变化的能力较强,当遇到外部环境的变化时,相较于未接受过高等教育的个体来讲,在一般情况下,接受过高等教育的个体更能够根据变化及时做出有效的调整,增强自身的应变能力,从而增强自身对风险的抵抗能力,保障自身财富的持续增长,最终促进社会经济的稳步发展。

第二,高等教育提高了企业效益。有西方学者认为,部分地区经济增长中遇到的主要问题是物价上涨、人力成本上涨等,传统产业的投资回报率逐渐下降。在这种情况下,投资者收益率降低,也便失去了增大投资的动力,从而无法保障社会经济的持续增长。而解决这一问题的关键在于科学技术的进步。得益于高等教育,企业可以提高自身的管理水平,提高生产者的生产效率,采用更多的机械代替人工,降低企业实际的运营成本。这一切的实现,都要以高等教育的支持和保障为前提。

第三,高等教育使社会分配更加合理。从以往的发展经验来看,"大锅饭"的发展模式并不利于社会经济的增长,也是不合理的。对于能力强、贡献大的人来说,如果和低产出的人拿一样的报酬,这也是不公平的,会伤害高产出人员的工作积极性,直接影响社会经济的增长。当今社会,高学历往往代表着较高的收入水平,这可以有效地鼓励大家学习科学文化知识,提高自身的生产力,体现多劳多得的分配机制,实现社会经济发展的良性循环,所以高等教育可以使社会的资源分配更加合理。

第四,高等教育促进了不同阶层之间的代际流动。处于社会高阶层中的家庭,其子女接受的各种资源远远多于底层家庭的子女,随着时间的推移,靠占有的资源创造更多的财富,这种效应会像多米诺骨牌一般形成连锁反应,贫困人口如果没有教育作为平台,仅靠自己的劳动力,想实现不同阶层之间的代际流动几乎无望。正是高等教育的存在,给了底层的人们以最小的成本改变命运的可能,真正为处于社会底层的贫困人口或弱势群体的子女成为管理与专业人员提供了可能。

从内容上来看,人力资本理论的基本框架和核心内容包括以下几个方面:

第一,人力资本投资形式多样。一是正规学校教育。有西方学者认为,人力资本最主要的投资方式以及最重要的表现形式便是通过正规的学校教育来体现的。通过正规的学校教育,可以有效提高个人的专业知识水平和自身的技术能力,使个体将来进入劳动力市场后更加具有优势,获得更高的未来收益。二是在职培训。对于无法参加正规学校学习的个人来说,在职培训也是人力资本的重要投资形式。在职培训通常包含一般培训和专业培训两个方面的内容。一般培训是对个体传授具有普遍适用性的知识以及技能,该技能往往适用各种岗位、各种性质的工作,但也正是因为这种原因,很多企业并不愿意为员工支付这种培训费用,认为这种培训对企业生产效率的提高作用不大,但是对员工自身的收益性却较为明显,对员工进行此类培训容易"为人作嫁"。专业培训不同于一般培训的一个突出特点是,专业培训具有更强的专业性与针对性,可以就个人的岗位性质、工作内容等展开针对性的教育培训,这也更有利于个体提高今后的生产效率,从而为企业带来直接的经济收益。因此,专业培训受到大多数企业的青睐。

第二,人力资本具有显著收益性。有学者认为,社会一般民众皆符合"经济人"的基本假设,即个体的一系列行为的本质目的都是使自身的利益最大化,个人在进行任何投资之前,都会对成本以及未来的预期收益进行权衡,只有当未来的预期收益大于成本时,个体才会选择此类投资。具体到高等教育而言,人们之所以会选择接受高等教育,从宏观方面来讲是为了更好地服务人类、造福国家,从微观方面以及经济人假设的角度出发,是和个人的投资回报分不开的。与市场上其他的投资相比,人力资本投资的回报率较高,也正是这个原因,越来越多的民众愿意为子女缴纳学费,供他们进入高等学校学习。学费其实是家庭或者个人对人力资本投资的货币表现形式,也正是因为有了未来可以预见到的收益,绝大多数人才会选择接受高等教育。

总而言之,人力资本理论为更加深入理解高等学校学费政策提供了理论依据。支付学费是家庭以及个人对高等教育进行投资的一种重要形式,而个人进入高校学习后,能提高自身的专业文化素养、办事效率及时间管理能力,这对个人今后收入的增长起着至关重要的作用。高等教育带有显著的个人收益性,因此个人也应当就进入高等学校学习支付一定的学费。从宏观上看,国家和政府投资高等教育会促进经济的发展和社会的进步,具有典型的社会收益性,能够提高民众未来的生活质量,增加民众的幸福指数。从微观上看,受益支付原则作为学费收费基础的理论之一,被越来越多的家庭接受。

(三)成本分担理论

教育成本分担理论最早由约翰斯通于1986年提出,其呼吁与高等教育相关的各主体共同承担教育成本。

新中国成立初期,由于当时特殊的社会环境,高等教育规模小,高等学校在校人数少,社会各行业百废待兴,国家对高学历人才需求强烈,高等教育的全部成本由政府统揽全包。但是随着时间的推移,高等教育规模扩大,办学成本增加,政府投资高等教育的资金压力越来越大,已经渐渐不堪重负,这种局面产生的具体原因主要包括以下几点:

一是民众和政府对高等教育需求强烈。在我国,"学而优则仕"以及"知识改变命运"的思想和传统对民众的思维认知有着极大的影响,即便是不太富裕的家庭,家长也往往会有"再穷不能穷教育"的观点,只要有一丝希望,还是希望自己的孩子可以进入高等学校学习,整个社会对高等教育有着极为强烈的需求,政府也需要大量的高学历人才以发展社会经济,在二者这种强烈需求的推动下，我国高等教育的规模进一步扩大。

二是高等教育成本的逐年增加。高等教育规模的扩大使得高等学校在校生增多、高等学校占地面积增大，这就需要高等学校建设更多的教学基础设施、引进更多的优秀教师和管理人员来满足规模扩张后高校正常运转的需要，然而无论是新校区建设，还是师资的引进，都离不开大量资金的支持。

三是政府资金有限。放眼全国各行各业，科学、教育、卫生、医疗等事业发展都离不开政府的资金支持，而纵观教育领域，又分学前教育、初等教育、中等教育、高等教育等不同阶段，政府对教育下拨的资金也不可能全部用于高等教育，一边是高等教育规模的急速扩张，另一边是政府资金要顾及社会发展的方方面面，这也就形成了高等教育对资金的大量需求与政府资金有限的现实困境，在这种情况下，无论是政府还是学校，都在努力地寻找走出困境之路。

此时成本分担理论为我国高等教育的发展提供了新的方向。高等教育成本分担理论的应用，能够在一定程度上解决高等教育规模扩张和教育成本增加所带来的资金压力问题。

高等教育成本分担理论的核心主要是以下两个原则：

一是受益支付原则。意思是谁从高等教育中获益，谁便需要分担高等教育成本，因此从受益支付的角度看，各受益主体均应承担高等教育成本。高等教育并非国家单方面的事情，高等教育成本需要家庭、社会、学校等其他相关主体共同承担。因为高等教育不单单是为国家提供人才，促进国家的经济发展，民众在接受高等教育的过程中，也提高了自身的专业素养以及科学文化水平，并提升了未来预期收入，也就是说民众也从中受益，理所应当承担部分高等教育成本。

二是能力支付原则。该原则主要是强调，在具体的成本分担过程中，除了遵循受益支付原则，还应当根据不同主体的实际支付能力来对成本的分担比例做具体划分，能力大的多承担，能力小的少承担，这项原则也相当于是对受益支付原则的补充。因为如果仅仅根据受益支付原则，我们可以确定各主体都要对高等教育成本进行分担，但是该原则对不同主体的分担比例则没有具体说明，单纯依靠受益支付原则可能使成本分担陷入困境。例如个人和家庭以支付学费的形式分担高等教育成本，如果学费标准过高，超出家庭的实际支付能力，那么此时的学费标准便不具有可执行的空间，也会影响教育的公平性。因此，能力支付原则也同样重要，这两个原则相辅相成，共同支撑着成本分担理论的发展与完善。

成本分担理论中的主体包括政府、学校、家庭、学生、企业与社会。

目前世界范围内,无论是经济发达地区,还是经济欠发达地区,政府在公办高等学校的资金投入方面始终发挥着主导作用。在我国,改革开放初期,由于当时特殊的现实环境,高等教育一直承担着为国家为社会发展培养建设者的艰巨任务。随着经济体制由计划经济转型为社会主义市场经济,我国的高等教育规模逐步扩大,高校毕业生面对的就业机制也变得更加灵活,高校毕业生可以自由择业,政府始终在高等教育的发展、成长中扮演着极其重要的角色。政府在投资高等教育时,自身也能够获得巨大的社会效益和经济效益,所以政府理所应当对高等教育成本进行分担,其分担形式表现为政府对高等学校的财政经费投入。

高等学校是培养人才、传播知识、服务社会的载体,也是高等教育成本发生的场所,在高等教育成本的核算与分担中发挥着重要的作用。从学校自身的特点来看,学校不但有传道授业的基本职能,也毫无疑问地承担着一定的政治功能——促进社会的稳定、科技的进步、生产力的发展。因此,高校这种能够促进经济发展、社会进步的自身属性,决定了政府必然会大力支持并发展高等教育事业。我国的公办高校基本分为中央部属院校以及地方院校,无论是哪种类型的公办高校,从目前的情况来看,其经费来源除了学费等事业收入,其余大部分来自中央或者当地政府的财政拨付。

家庭是目前国内高等教育成本分担中的实际支付主体之一,因为从国内目前的情况来看,大学生虽然大部分已经是成年人,但还没有工资收入,家长为了学生在校期间可以更好地学习、生活,一般不会鼓励学生利用课余时间打工赚钱,因此学生在大学期间几乎没有任何收入,此时的学费仍然要靠学生的家长支付,因此家庭也是高等教育成本分担理论的重要主体,在高等教育成本分担中发挥着重要作用。

就学生而言,虽然大部分的学生在大学期间没有稳定的收入来源,但是也有部分学生以假期打工或者勤工助学等方式取得收入,从而对其接受高等教育所应支付的成本进行补偿,只是通常情况下该金额较低,但这种情况是实际存在的。另外,各高校几乎都有面向在校生的助学贷款政策,学生可以靠助学贷款支付当前的学费,以此来达到分担高等教育成本的目的,助学贷款需靠学生在将来工作以后偿还,这也就意味着学生是在预支未来收入,分担当前的高等教育成本。

就企业与社会而言,在校学生接受高等教育,学习各项专业知识,毕业后不只进入政府、事业单位,很多优秀人才也会进入各类企业工作,具备专业知识的高校毕业生可以为企业创造巨大的财富,为社会创造价值,这对于推动企业革新技术、获取利润也具有十分重要的意义,因此企业单位也是高等教育的受益方之一,也应分担高等教育成本。捐赠是社会力量对高等教育成本补偿的主要表现形式。目前在一些发达国家,社会捐赠尤其是校友捐赠,已经是高等学校获得经费支持的重要来源之一,虽然我国目前社会捐赠的整体氛围较弱,大多集中在一些知名高校的毕业生、校友身上,但是以长远的发展眼光来看,社会捐赠将是今后我国高等教育成本分担的重要形式之一。

根据约翰斯通的成本分担理论体系,有以下六种形式可以实现对高等教育的成本分担:

第一,实行初始学费,即学生进入高等学校学习时支付相应的费用。这一形式主要适用于以前未实行收费的高等学校。

第二,上涨学费。通过上涨学费让家庭以及社会承担更多的高等教育成本,从而降低政府和学校的资金压力。这一形式主要适用于以前学费标准较低的高等学校。

第三,增加住宿费和生活费。通过住宿费和生活费的收取,来增加家庭和学生承担高等教育培养成本的比例。这种情况主要适用于以前免费提供住宿、免收生活费或者收费较为低廉的高等学校。

第四,减少奖学金和助学金。这一形式实际上是降低教育成本,对于国家而言,通过减少国家对高等学校在校生奖助学金等方面的支出而达到变相降低高等教育成本的目的,从而减轻政府对高等学校教育经费投入的资金压力。

第五,增加助学贷款。国家增加助学贷款,其实质是鼓励接受高等教育的学生更多地采用预支未来收入的方式来支付当下的教育费用,其向学生收取学费的本质特性并未发生变化。

第六,减少政府补贴。这一形式能够减少政府的资金投入,降低政府在高等教育成本分担中的分担比例。

上述六种形式是各个国家实施高等教育成本分担政策时通常采用的方式,但是一个国家往往并不仅仅使用一种方式,更多的是采取组合方式进行。

有关高等教育成本分担的时间问题,约翰斯通在经过细致的研究后,提出了"过去""现在""未来"三个时间概念,用以具体解释说明高等教育成本分担中的时间问题。从政府的角度来看,"过去"主要指的是高等教育的成本其实并非从学生入学开始计算,直到学生毕业,而是应该从政府前期对高等教育投入资金,如批复计划、兴建校园等时便开始计算了。当然,高等教育前期的消耗也是最大的。"现在"主要是指当下高等学校在培养人才的过程中,会发生一系列的成本支出,而政府的财政拨款就是对当下教育成本的分担,这种状态也是高等学校在正常招收生源以后会存在并且长期持续的状态。"未来"是指政府可能面临着学生贷款未偿还或者未及时偿还而可能给自身带来的损失。从学生角度来看,这三个时间概念仍然适用,学生要用"过去"的积蓄对"现在"的高等教育进行投入,即"现在"要支付高等学校的学费。如果有助学贷款,学生还要靠"未来"的收入进行偿还,同时也要靠"未来"的收入回馈家庭或者开展自身新的生活。

在高等教育发展壮大的过程中,由于高等教育成本增加而政府财政资金有限,成本分担理论成为大部分国家共同的选择。[①]约翰斯通的成本分担理论一经提出,就得到了各国的一致认可,并很快在世界范围内传播开来,成为各国对高等教育进行收费的理论依据。

三、学费调整的现实基础

(一)物质基础:居民收入的持续增长为学费调整提供有力支撑

政府和各高校在进行学费标准调整时,最需要充分考虑的便是居民家庭的经济承受能力。学费标准调整过小,对政府和学校资金压力的缓解作用不明显;学费标准的单次调整幅度过大或者累计调整金额过高,将对部分家庭学生的求学产生直接的不良作用。根据舒尔茨的人力资本理论,接受高等教育将使学生今后的收入显著提高。但是,如果学费标准过高,使得部分家庭当下根本无法承担,其怎么可能有余力关心今后的收入?过高的学费标准将大大降低经济条件相对较差家庭的子女接受高等教育的机会,在一定程度上阻碍经济条件较差的学生通过接受高等教育实现阶层跃迁的可能,使得"知识改变命运"对部分家庭来说变成一句空话,从而进一步加重整个社会的阶层固化,大大降低社会阶层原本应有的良性流动。过高的学费标准剥夺了部分经济条件较差家庭

---

① 刘俊学,王小兵.高等教育服务市场论[M].长沙:中南大学出版社,2004.

的子女接受高等教育的基本权利,显然是与教育公平的初衷相悖的。到底何种学费标准才算是过高的呢?或者通俗地讲,在以后的学费标准的调整过程中,何种学费标准会让大多数家庭觉得学费能够承担?而何种学费标准又会让大多数的家庭觉得太贵而无法承担呢?这要与人均GDP以及家庭人均可支配收入相比较,如果学费在涨,但是居民收入增长得更多,那么大多数家庭便有更充足的资金支持子女接受高等教育,学费便是能够承担的,反之,如果居民收入维持原状态或者有所减少,而学费标准却一直在增长,也就是家庭收入水平的增长速度赶不上学费上涨的速度,那么此时的学费无疑是比较贵的,甚至是无法承担的,学费标准是不是过高的根结在于居民的收入,只有居民收入涨上去了,学费调整才有了得以实现的物质基础。

回顾以往,从1997年起,上学缴费的基本政策在全国范围内几乎实现了全覆盖,通过查阅相关的资料可以发现,1997年以来,我国的人均GDP和居民可支配收入均保持着持续增长(见表2-1),人均GDP由1997年的6481元增长到2021年的80976元,年平均增长率达11.60%。居民人均可支配收入由1997年的3070元增长到2021年的35128元,年平均增长率达11.18%。人均GDP和居民人均可支配收入水平的持续增长,大大提高了家庭的实际支付能力,进一步为我国公办高校学费标准的调整提供了坚实的物质基础。

表2-1 人均GDP与居民人均可支配收入统计　　　　　　　　单位:元

年份	人均GDP	增长率	居民人均可支配收入	增长率
1997	6481	—	3070	—
1998	6860	5.85%	3254	5.99%
1999	7229	5.38%	3485	7.10%
2000	7942	9.86%	3721	6.77%
2001	8717	9.76%	4070	9.38%
2002	9506	9.05%	4532	11.35%
2003	10666	12.20%	5007	10.48%
2004	12487	17.07%	5661	13.06%
2005	14368	15.06%	6385	12.79%
2006	16738	16.49%	7229	13.22%
2007	20494	22.44%	8584	18.74%
2008	24100	17.60%	9957	15.99%

续表

年份	人均GDP	增长率	居民人均可支配收入	增长率
2009	26 180	8.63%	10 977	10.24%
2010	30 808	17.68%	12 520	14.06%
2011	36 277	17.75%	14 551	16.22%
2012	39 771	9.63%	16 510	13.46%
2013	43 497	9.37%	18 311	10.91%
2014	46 912	7.85%	20 167	10.14%
2015	49 922	6.42%	21 966	8.92%
2016	53 783	7.73%	23 821	8.44%
2017	59 592	10.80%	25 974	9.04%
2018	65 534	9.97%	28 228	8.68%
2019	70 078	6.93%	30 733	8.87%
2020	71 828	2.50%	32 189	4.74%
2021	80 976	12.74%	35 128	9.13%

注：表中数据由1998—2022年国家统计年鉴整理得来。本书所涉及的全国性统计数据，均未包括香港、澳门和台湾数据，后文不再特别说明。

（二）内在动力：高校招生规模的逐年扩大使学校培养成本激增

从2000年开始，我国公办高等学校发展进入了规模扩张阶段，各个高校开始逐步新开招生专业、增加招生人数，到2019年，我国高等教育的毛入学率突破50%，高等学校在校生人数高达4002万人。按照著名教育社会学家马丁·特罗关于高等教育发展的三阶段理论，我国已经进入高等教育普及化阶段，成为世界高等教育当之无愧的超级大国。高等教育不属于义务教育，一方面，高等教育在为进入高等学校学习的受教育者提供教育服务时，受教育者需要支付学费以分担高等教育成本，可以变相地理解为高等教育的产品是高校所提供的教育服务，而学生用学费来购买这种服务，与现在的企业有相似之处。但另一方面，从高等教育的自身特性来看，人才培养和服务社会均是其基本职能，其首要任务是培养人才，进而促进社会进步，最终顺利实现中华民族的伟大复兴，这就要求各个高校的运作不能像企业的经营那样以营利为目的。假定高校以其提供的教育服务为产品，学生缴纳的学费为其接受高等教育需要支付给学校的费用,那么学费也便是各个高校销售自己的教育服务取得的收入。

从经济学视角来看,任何企业的供给都是指在当时企业所处的特定时期,基于市场价格的因素考虑,企业愿意生产的产品数量。通常情况下,供给曲线的典型特征是向右上方倾斜,之所以呈现这种特征,简单来说有两个原因:第一,当一件产品价格上涨时,会有更多的企业愿意生产该产品,导致市场中该产品的供给数量增加;第二,当很多企业都参与此产品的生产时,市场逐步接近饱和,该产品的边际收益逐渐减少,而边际成本增加,需要更高的单位收益来补偿生产成本。高等学校对于在校大学生提供的教育服务也可以看成是一种类似于企业面向市场提供的产品,因此高等教育产品同样存在边际成本递增的现象,高等教育产品的供给曲线同样也是向右上方倾斜的。随着各高校招生规模逐年扩大,高等教育提供的"教育服务"产品增加,供给的价格弹性下降,供给曲线变得越来越陡峭。从经济学理论出发,对于一般企业来说,最佳产量是由产品的边际成本和边际收益决定的,所以其供给曲线实际是边际成本曲线向上倾斜的部分。

高等学校作为非营利性的事业单位,收支平衡是其生存和发展的必要前提条件,如果收入小于支出,这种状态肯定是无法长期持续的。对于高等学校而言,高等学校提供的最佳教育服务量,也就是培养的学生人数要大于其实现效益最大化时的在校生人数,这也是与当下国情相吻合的,但是在这种情况下会出现一个突出问题,那便是由于学生人数增多,高等学校的学生培养成本增大,从而导致学校的收支平衡出现困难。这种现实情况就促使各高校寻求教育成本分担。

(三)外部驱动:国际高校高标准学费的借鉴与本国财政支持力度的相对减少

我国高等教育起步晚、起点低,在前进的过程中免不了经历一番坎坷。西方发达国家的高等教育相对于我国来说,整个教育体系更加完善,政策保障更加充分,因此通过对国外先进经验的学习,可以对我国的高等教育发展起到一定的借鉴作用,作为今后高等教育发展的政策参照。以高等教育经费为例,与西方发达国家相比,我国高等学校面临着经费严重不足的困境。

从国家的教育经费投入和高等学校的平均学费水平来看,对于OECD《教育概览2019》相关数据的整理发现,2016年美国高校生均教育投入为30 165美元,本科在校生平均学费为8804美元,英国高校的生均教育投入为23 771美元,本科在校生平均学费为11 866美元。笔者整理《中国教育经费统计年鉴2017》的相关数据发现,2016年我国普通高等学校的生均教育投入为7648美元(换算),本科在校生平均学费经过购买力平价指数换算约为1849美元(换算)。由此可以看出,我国的高等教育投入和学费平均水平均远远低于美英等国。

经费投入不是影响高等学校生存和发展的唯一因素,但不可否认的是,经费是影响高等学校生存和发展的重要因素之一。众所周知,高等教育是一个耗资巨大、见效慢、周期长的公共事业,民众以及社会对高等教育提供高质量人才有着强烈的现实诉求,但是高质量往往也和高投入呈现一定的正相关性,高校教学环境的改善、优秀教师的引进、专业设备的添置等等,无一不需要大量经费作保障。现阶段我国高等教育仍然落后于英美等发达国家的原因可能是多方面的,但是教育投入严重不足无疑是其中的原因之一,也正是通过这种比较,可以让我们发现彼此存在的差异,通过学习对方的先进经验来弥补自身的不足,国外较高的经费投入也对国内的高等教育经费改革起到了一定的积极促进作用。

目前,根据我国的实际情况,由市场的供给和需求决定的均衡价格只是理论价格,而高等教育也并不完全是市场经济下的产物,根据供需关系研究高等教育的价格显然是不合适的。现阶段的高等教育价格直接表现为学生进入高等学校学习缴纳的学费,在学校不以营利为目的的前提条件下,学校的财政拨款与事业收入部分应当大致等于学校的培养成本,通过分析高等学校不同年度接受政府给予的财政拨款(高等学校教育经费总量)以及生均拨款金额(生均教育经费),也可以对学费标准的变化趋势窥得一斑,具体如表2-2所示。

表2-2 高等学校教育经费总量与生均教育经费一览表

序号	年份	高等学校教育经费总量/万元	生均教育经费/元
1	2002	14 743.12	15 119.56
2	2003	18 026.53	14 962.77
3	2004	21 172.62	14 928.92
4	2005	24 221.01	15 025.47
5	2006	26 960.51	15 332.80
6	2007	36 182.62	15 493.48
7	2008	42 389.52	17 256.89

续表

序号	年份	高等学校教育经费总量/万元	生均教育经费/元
8	2009	46 533.16	18 149.52
9	2010	53 383.78	19 952.96
10	2011	66 533.46	24 040.83
11	2012	75 916.87	26 106.61
12	2013	77 426.53	25 434.44
13	2014	80 265.87	26 230.01
14	2015	88 426.79	28 991.70
15	2016	93 968.51	29 991.48
16	2017	104 644.08	32 915.06
17	2018	116 564.71	35 537.53
18	2019	130 108.26	37 794.36
19	2020	134 767.64	36 670.40

注：表中数据由《中国教育经费统计年鉴》(2003—2021年)整理而来。

伴随着我国进入高等教育普及化阶段，高等教育的办学规模逐渐扩大，招生人数也逐渐增多，从表2-2中可以直观地看到，在这种发展态势之下，我国高等学校教育经费的总量逐年增多。2002年至2020年，高等学校教育经费总量从14 743.12万元，增长到134 767.64万元，增长了814.11%，可以说增量巨大，因此单单就高等学校教育经费总量而言，经费逐年增长，应该可以支撑高等教育的发展需求。但是，实际情况到底是不是这样呢？从表2-2中的生均教育经费我们可以看出，2002年至2020年，由于高等学校招生人数激增，虽然高等学校教育经费总量增长了8倍多，但是平均到每一个学生头上的教育经费仅仅由15 119.56元增长至36 670.40元，仅仅增长了142.54%。有人也许会说，生均教育经费增量虽然不大，但是并没有减少，因此无论从上面的高等学校教育经费总量或者生均教育经费两者中的任何一个指标来看，应该说高等学校教育的资金是越来越充足的，又如何会说财政投入相对减少呢？这里忽视了货币的时间价值以及市场规律中存在的通货膨胀等问题，如果单从绝对金额的增多考虑，而不考虑货币的实际购买力变化，这样的分析结果显然是不符合实际情况的。举个简单的例子，如果十几年间居民收入增长了一倍，但是如果代表主要生活必需品的物价水平没有发生明显的波动，那么可以说居民收入增加了，但是如果在这期间,物价上涨了三倍,那么居民收入其实是缩水的,因为收入的增加赶不上物价的上涨,放至生均教育经费也是一样的道理。这期间居民人均消费支出与商品房平均单价的变化情况如表2-3所示。

表2-3 居民人均消费支出与商品房平均单价一览表

序号	年份	居民人均消费支出/元	商品房平均单价/元
1	2002	3548	2250
2	2003	3889	2359
3	2004	4395	2778
4	2005	5035	3167
5	2006	5634	3366
6	2007	6592	3863
7	2008	7548	3800
8	2009	8377	4681
9	2010	9378	5032
10	2011	10 820	5357
11	2012	12 054	5790
12	2013	13 220	6237
13	2014	14 491	6324
14	2015	15 712	6793
15	2016	17 111	7476
16	2017	18 322	7892
17	2018	19 853	8726
18	2019	21 559	9310
19	2020	21 210	9860

注:表中数据由国家统计局官方网站统计整理而来。

从表2-3中我们可以很直观地看到,2002年至2020年,我国居民人均消费支出从3548元增长至21 210元,增幅为497.80%。商品房属于家庭不动产,在个人以及家庭的消费支出中占据极其重要的地位,房产是一个大的蓄水池,也是一个牵涉面较广的产业,其与建筑、钢材、水泥、道路、商业、社区、教育等都有着千丝万缕的联系。因此,将商品房价格的变化作为物价水平变化的参考具有一定的实践指导意义。我国在这近20年的时间内,商品房平均单价由2250元每平方米，涨至9860元每平方米，增幅为338.22%，这只是全国平均水平，如果是一、二线城市，增幅可达500%以上，而我国的高等学校大部分位于大中城市，其办学成本的增长将会更加明显。

然而，2002年至2020年，年生均培养成本却只增长了142.54%，跟不上居民人均可支配收入的增长幅度，也未能与此期间的居民人均消费支出的上涨相匹配，变相地说明了国家在高等学校培养学生的过程中，花费在每一个学生身上的钱变少了。

从国外发达国家的发展经验来看，高质量的教育往往与高成本的投入呈正相关。我国学费十余年来基本呈现小规模上涨趋势，相当一部分学校收取的学费维持在"原地踏步"的状态，国家在经费的分配上对各个高校并不相同，除了部分"双一流"等国家重点扶持的高校，其他高等学校在这种拨款不足而学费又无法弥补经费欠缺的情况下，只能维持低消耗、低产出的"冬眠式"生存，严重影响了高等学校正常的人才培养，也间接导致了大部分普通高校的学生毕业后，因就业优势不明显、专业能力不突出陷入"毕业即失业"的窘迫境地，因此，要提高学校的人才培养质量，在增加财政拨款的同时，应当随着时间的推移以及经济社会的发展情况，对高等学校学费标准做出及时有效的调整。学费作为教育事业收入的重要组成部分，能够弥补高校办学成本的不足，助力高等教育事业的稳步推进。

第三章

我国高等学校学费政策的历史发展及其成就

高等学校学费政策是我国教育政策的重要组成部分,对于我国高等教育事业的发展有着非常重要的意义,高等学校学费政策的制定,直接影响我国高质量人才的培养,直接关系到我国高等教育事业的稳步推进。

通过对不同时期高等教育学费政策的研究,站在现有的角度回顾,尽管不同时期的学费政策具有一定的局限性或者片面性,但是都反映了当时我国高等教育事业整体发展的目标与最强烈的需求。如新中国成立初期的免费上大学的学费政策,虽然加重了国家的财政负担,在一定程度上不利于教育公平的体现,但却是国家在饱受列强欺辱后,意识到了落后就要挨打,希望通过教育兴国的真实写照,反映了当时国家对高精尖人才的强烈需求。后来全国各个高校开始逐渐招收自费生和委培生,这一政策的实施,虽然增大了学校的管理难度,也在一定程度上损害了教育公平,但是这一学费政策却为缓解当时高校经费普遍不足的窘境做出了贡献,从不同角度来看,这些政策在当时的特定环境下,有其存在的科学性及合理性。

回顾以往,自新中国成立以来,我国公办高校学费政策从免费到缴费上学,经历了不断的发展、更替,以实际作用支持着我国高等教育事业的平稳发展,也尽力在平衡各主体之间的切身利益,满足社会以及民众对高等教育协调发展的要求。总的来说,不同政策在不同的历史阶段,展现出了的不同特点和功能,虽然这些政策在当时有缺陷,但是通过对这些政策的回顾、研究,有助于我们认识新中国成立以来高等教育学费政策的历史流变,同时也有利于了解这一政策背后的社会环境及制定这一政策的原因,对总结我国高等学校学费政策实施的经验与不足有着至关重要的意义。通过对不同时期高等学校学费政策的研究,归纳我国学费政策自有的演进逻辑,可以管窥我国高等学校学费政策的发展规律,不但有助于理解当前的高等教育学费政策,也为国家今后制定学费政策提供了一定的思路,具有一定的借鉴作用。

本研究对我国高等学校学费政策发展历史的研究,主要关注三方面内容:一是梳理新中国成立以来我国公办高校学费政策的政策文本,对其进行整理,将学费政策按重要的时间节点进行归纳总结,这样可以帮助我们更好地理解学费政策,进一步深挖该学费政策在当时存在的深层次原因;二是通过前面对政策历史流变的归纳,在此基础上探索政策变迁的内在逻辑,探寻政策变化的规律,希望为国家今后制定高校学费政策提供政策借鉴;三是对我国现有高等教育学费政策进行总结,发现现有政策的成绩,这样做能够对学费政策有一个更加清楚的认知,在看到不足的同时,也要看到政策的优点,这样才有利于我们取其精华,为高等教育事业的不断发展做出贡献。

一、我国高等学校学费政策的历史流变

通过对相关文献资料的梳理发现,我国学者对高等学校学费政策发展历史的研究,长期以来主要集中在政策的制定上,对于政策的历史意义、所处环境以及政策的实施效果等方面的研究较少。

新中国成立初期可以说是百废待兴,人们对经济发展以及高质量的生活有着殷切的向往,当时由于社会物质生活水平较低,国家实行免费高等教育政策。随着改革开放的实施和深化,国民经济有了极大的发展,人们的思想也从根本上发生了变化,此时人们不但有了对高等教育支付学费的物质基础,也逐渐从思想上接受了上学需要缴费这一观念,但是关于收多少学费合适,至今仍然在摸索之中。

从我国公办高校学费政策本身来看,政策目标和政策主要内容存在变化过快与自相矛盾的情况。换言之,由于政府和学校在早期政策制定的过程中,并没有过多地考虑到政策的实施以及实施效果,而在实施的过程中,又受外界阻力以及舆论影响,不得不对部分政策进行临时调整。

尤其明显的是,当一项政策颁布实施以后,由于特殊的社会原因,短时间内又出台新的政策对现有政策进行修订或者更替,变化之快使实施者和政策对象不知所措。例如,我国规定学费应该是以成本分担为理论依据和计算基础的,其标准应当随着当期的年生均培养成本的变化而发生变化。从1997年高等教育全面收费开始,至2000年,学费增幅明显快于居民收入水平的提高,到后面由于家庭负担太重而引起了社会的普遍不满,政府又急忙于2000年和2007年下达限涨令。

高等学校学费政策在制定和实施过程中遇到的这些问题,恰恰也反映出我国高等教育事业发展的艰难探索之路,我国高等教育政策也在慢慢地由不稳定走向稳定、由不成熟走向成熟,这其中有一系列的宝贵经验,值得我们认真地研究挖掘。

回顾以往,我国高等学校学费政策历经坎坷,在摸索中曲折前进,由于不同时期社会环境不同,政府对高等教育应承担的主要任务的界定也会有所差异,因此学费政策在不同时期内容有所变化,这是因为高等教育仍然以国家的经费投入为发展基础。

本研究以新中国成立以来高等学校学费政策的相关文本为基础研究资料,借助政策中重大的历史事件为节点,将我国公办高校学费政策划分为以下不同的四个阶段:免学费加发放助学金阶段(1949—1977年),免费向收费过渡阶段(1978—1997年),激进的全面收费阶段(1998—2007年),学费标准持续探索阶段(2008年至今)。由此,使我们对政策有基本的认知和了解,将为今后更加深入的研究做好准备工作。

(一)管窥初探:免学费加发放助学金阶段(1949—1977年)

新中国成立之初,社会各项事业百废待兴,国家经济实力羸弱,高等教育几乎处于从头开始的状态,但同时国家又希望高等教育尽快为社会主义建设培养高技术水平人才。在此种社会背景之下,国家兴办高等教育,努力为社会的发展提供具有专业知识的高精尖人才,虽然当时高等学校数量少、规模小,但是也在尽自己最大的能力,有计划、有步骤地完成人才培养任务。

新中国成立初期的高等教育具有很明显的政治导向性,概括地说,其主要任务就是国家发展需要哪方面的人才,高等教育便为国家培养哪方面的人才,此时高等学校的招生方案、培养目标、专业设置等完全在我国计划经济体制的约束内,国家在此时集中全国的优势资源,大力发展高等教育,努力为各行业培养急需的专业技术人才。从学生的就业来看,也与现在的自主择业大不相同,由于国家对高等教育统揽全包,故学生毕业后由国家分配工作。因此无论是从高等学校的招生,还是学生未来的就业来看,国家对高等教育具有明显的垄断性,在此情况下,无论是高校还是学生,其自身发展的自主选择性较弱。此时我国实行的是计划经济体制,在此体制下,高等教育才得以实行免费加发放助学金的基本制度,学生在上学期间不仅不需要缴纳任何费用,还可以领取国家资助的人民助学金。

当时社会经济条件较艰苦,大多数民众的生活尚处在温饱的边缘,国家的财政情况可以说也是相当的困难,义务教育在当时都还未普及,国家却花巨资发展高等教育事业,不但对入学的大学生免收一切学费,还发放一定的生活补助,国家对高等教育的重视程度可见一斑。此时进入高等学校的学生,国家不但"包吃住",毕业后还会为其安排就业,等于学生从入学的那一刻起,所有的衣食住行都由国家保障,这充分地显示出在当时的情况下,国家对高等教育的重视,对专业人才的渴望,对发展经济的强烈诉求,因此这种免费加发放助学金的高等教育政策是与当时的基本国情相适应的。

1950年,华北人民政府出台的《华北区国立高等学校学生人民助学金发放办法的通知》明确提出为高等学校在校生发放助学金;1952年7月8日,政务院印发《关于调整全国高等学校及中等学校学生人民助学金的通知》,规定自1952年9月起,全国高等学校和中等学校学生的公费制一律改为人民助学金制,人民助学金须一律按照新规定的标准执行。该通知还做了进一步的补充说明:关于助学金的等级,要确保不同地区、相同类型的高等学校在校生应当享受相同金额的助学金,不允许有特殊化,要做到一碗水端平。1952年7月23日,教育部发布了《关于调整各级各类学校教职工工资及学生人民助学金标准的通知》,具体规定了人民助学金制度实施的基本原则、发放标准、评定方法和评定程序,并要求全国各高等学校、中等学校及工农初等学校学生的人民助学金一律按照新标准执行。政府对高等学校的助学金做出了明确的规定:人民助学金须列入学校的经费计划之内,并且实行专款专用,不得截留、挪用。同时规定普通高等学校在校生的助学金为每人每月12万元,师范院校本科生的助学金为每人每月14万元,专科生每人每月16万元,在职干部升入高等学校学习的,也享受助学金政策,每人每月为32万元。(注:当时人民币币值为旧制单位,1955年3月实施币制改革,以1万元旧币折合新币1元。)该文件的颁布,标志着我国高等教育人民助学金制度的正式确立,从此,人民助学金制度在我国高等教育发展史上发挥了重要的作用,它使许多家境贫寒的工农子弟获得了接受高等教育的机会,为他们日后成为国家的栋梁之材奠定了基础。

1955年8月,高等教育部发出了《关于执行全国高等学校(不包括高等师范学校)一般学生人民助学金实施办法的指示》,将以前实行的一般学生全体发给人民助学金的制度,改为根据学生不同的家庭经济情况部分发给人民助学金的制度。同时还明确指出:对于家庭情况较为富裕,能够实现自给自足者,学校不再对其发放助学金;能够对于自己在校期间的花销承担半数或者1/3伙食费者,学校对其发放所缺部分,以供其完成学业;对于完全无能力承担在校期间伙食费的,学校全额发放生活补助。如有其他特殊情况需要学校资助时,也可以向学校发出申请。①

由于各地经济水平以及政策执行的差异,导致各地政府在实施人民助学金制度时,标准发生了变化。1960年1月,国务院批转教育部《关于改进工人、农民、干部、学生和研究生人民助学金标准问题的报告》,在报告中,国家进一步对助学金的范围和标准做出了调整,要求各地政府和高校自1960年2月起,对干部大学生、参加劳动在3年以上的农民大学生以及工龄在3年以上的工人大学生发放人民助学金时,其标准要比一般学生高。

1964年,国家提高了人民助学金资助标准,扩大了资助比例。同年,因全国经济发展状况有所好转,教育部对高等教育人民助学金制度再次进行了调整。从1964年4月份起,凡全部享受人民助学金的高等学校学生和半自费学生,其伙食费补助每人每月增加3元;自该年5月份起,高等学校在校生的助学金享受比例由1955年规定的70%提高到75%。如果再加上师范类院校、民族院校,此时我国高等学校在校生的助学金资助比例已经达到80%左右,国家对高等教育有着大力度的资金支持。

1966年到1976年,即"文化大革命"期间,高等教育遭到了毁灭性打击,原有的高等教育招生考试制度被废除,针对在校生的人民助学金制度也曾经一度中断。其中,1966年至1969年高等学校停止招生,在校学生在没有分配工作之前,仍然执行原来的人民助学金制度。从1970年开始,少数高等学校招收以推荐取代考试方式入学的工人、贫下中农和人民解放军战士,截至1972年,全国几乎所有高校都以这种方式招收新生。1966年到1976年,在革命根据地、解放区实行的高等学校学生学习用品供给制度和免费制度又恢复了,原有的人民助学金制度的正常实施和发展遭受挫折。

1977年,高等教育入学考试制度恢复,高等学校助学金制度也重新被提了出来。1977年12月,教育部等部门下发了《关于普通高等学校、中等专业学校和技工学校学生实行人民助学金制度的办法》,在该办法中,对于该年国家各层

---

① 何东昌.中华人民共和国重要教育文献(1949—1975)[G].海口:海南出版社,1998:501.

次学校的招生计划以及新生入学以后的待遇进行了解释说明。1979年8月,教育部对高等教育人民助学金再次进行调整,规定固定连续工龄满5年的国家职工考入大学,将一律实行职工人民助学金,不再享受原工资;一般学生实行人民助学金制度,除高等师范院校、体育院校、民族院校学生全部享受人民助学金外,其他学生按75%比例发放。①

20世纪50年代至80年代初,也就是新中国成立后的30余年时间里,中国高等教育学费制度实行"免学费加发放助学金"模式,是由于当时国家整体物价水平偏低,助学金基本能够保障大学生在校期间的学习、生活开销,使其能够安心在校学习。免学费加发放人民助学金的高等教育模式,不仅为新中国培养了大批紧需型、专业型人才,将他们投入我国社会主义初期阶段的建设中,促进了社会经济的发展,而且也使高等教育与社会发展和进步实现同频共振。

分析新中国成立初期的高等学校学费政策,笔者发现其形成主要受两方面因素影响:

一是在计划经济体制下,国家希望高等教育尽快培养出各种专业人才投身社会主义建设,统包分配政策无疑能在最大程度上优化人才配置。

二是新中国成立初期,由于特殊的历史背景、环境,我国各级各类教育政策的制定深受苏联的影响,高等教育相关政策亦是如此。在高校学费政策方面,苏联实行的正是"免学费加发放助学金"的形式,因而这一举措是符合当时我国基本国情的。

当时的高等教育作为国家意志的单向执行工具,缺少基于自身内发规律和外部社会结构的主动变革意识和能力。②随着时间的推移,学生培养成本逐年增高,国家教育经费总量匮乏,高等学校生均经费不达标等问题已经成为我国高等教育事业发展的桎梏。③

(二)雏形初现:免费向收费过渡阶段(1978—1997年)

1978年,党的十一届三中全会隆重召开,全国政治、经济、文化、教育等各方

---

① 刘华.我国高校助学金制度的产生与变迁研究[D].成都:四川师范大学,2009.
② 祁占勇,杜越.新中国70年高等教育层次结构变革的回顾与反思[J].复旦教育论坛,2020,18(03):74-82.
③ 张晓玲.我国公立高校学费改革研究[M].武汉:武汉大学出版社,2013.

面的发展迎来了新局面。这一时期,在高等教育领域,民众非常渴望有机会进入高校学习,以此来提高自身的整体素质,进而改变自己的命运。与此同时,国家迫切需要更多的知识分子投身社会主义建设,此时社会对高级知识分子的需求量激增。随着改革开放的进一步发展,我国高等教育规模逐渐扩大,在校生人数逐年提升。高等教育规模的扩张导致教育经费需求快速增长,而同期我国预算内教育经费仅占国内生产总值的2.3%,大大低于世界发达国家的8%,也低于第三世界国家4%的标准。[1]教育经费总量严重不足限制了高校人才培养的步伐,加之随着科学技术的迅猛发展,电子信息技术被引进大学的课堂,引起了大学课堂的革命性变革,提高了课堂教学的效果和效率,但是也导致高等教育人才培养成本的不断攀升,高等教育事业的快速发展与教育财政供给不足之间的矛盾日益严重。

在这种矛盾下,为了缓解办学经费不足的窘迫局面,同时也为了满足人民群众上大学的愿望,部分高等学校开始尝试招收自费上学的学生。1978年,我国部分普通高校出现了"收费走读,不包分配"的大学生,这也是我国自费生最早期的形式。1980年,国家根据当时社会对自费接受高等教育需求强烈的实际情况,也为了缓解高等教育办学经费不足的现实困难,鼓励一些高校在完成统招指标的情况下,根据自身的实际负担能力招收一定数量的自费生。高校从自身来讲也对经费来源的多样性有着极其强烈的诉求,加上政府又从宏观政策上给予了支持,在这种情况下,许多高校随即开始招收走读的自费生,也许是出于对政策的谨慎性态度,高校在这一时期招收的自费生数量并不多,这些学生和正常的高等学校在校生一样学习,但区别是走读上学并且毕业后自行择业。

1980年,上海市"24所高等学校试行招收收费走读生三千多人。入学条件和普通高校新生一样,是在一般高校录取之后,作为第三批择优录取……学生一律走读。生活费、医疗费自理。毕业后不包分配,择优推荐"[2]。位于武汉市的武汉大学等14所高等学校和6所分校举办自费走读班,开设34个社会急需的专业,招收自费走读生。哈尔滨工业大学、黑龙江大学等10所高校在计划外录取了286名自费走读生,黑龙江省高校招收自费生体制开始实施。

自费生的存在,虽然确实对高等教育经费不足起到了一定的缓解作用,但是由于其和统招生一样在校内学习,所以无形中也必然会挤占统招生的学习资

---

[1] 包海芹.高等教育学费制度变迁研究[J].清华大学教育研究,2008(02):70-76.
[2] 杨德广.从上海试行收费走读制的情况看高等教育的改革[J].高教战线,1983(02):4-6.

源,在某种程度上对统招生产生影响。同样的招生名额,由于统招生不但不需要向学校缴纳任何费用,学校还需要承担其在校期间的生活成本,而招收自费生,学校却可以实实在在地收到其所缴纳的学费、培训费等一系列费用,也正是出于这种原因,部分高校开始削减其统招生的招生指标,将其留给自费生,以弥补学校办学经费的不足。自费生挤占统招生的名额,从一定程度上使得部分优秀的生源无法进入高等学校学习,而家庭情况较好、学习相对较差的学生却顺利进入了高等学校,这一行为严重地影响了教育公平,也正是在这种情形下,1981年召开的全国高校招生工作会议再次强调:无论是招收自费生,抑或是举办培训班,招收这些生源的前提是高等学校必须在保证完成国家招生计划的前提下进行,绝不允许自费生等生源挤占国家统招指标。高等学校招收自费生等生源所带来的一系列矛盾,成为后期高等学校学费政策改革的催化剂。

为了进一步充实高等学校的办学经费,促进高等教育事业的健康发展,也为了高校可以培育更多具有专业能力的高学历人才,1984年6月24日,教育部、国家计委、财政部共同制定了《高等学校接受委托培养学生的试行办法》,该办法明确指出,各高等学校在保证并且完成国家招生指标计划的前提下,可以招收委托培养学生来充分利用学校的办学资源,开辟高等学校经费来源的新途径,用以弥补自身的办学成本,委托培养学生的培训费由委托单位支付。委托单位可以按以下标准将费用拨付给承担委托培养学生任务的学校:工科、医药、艺术院校本专科学生每人每年1000元至1300元;农林、理科(含师范院校理科)、体育科类本专科学生每人每年900元至1200元;文科(含师范院校文科)、财经、政法科类本专科学生每人每年700元至1000元。

1985年5月27日,《中共中央关于教育体制改革的决定》颁布。该决定明确指出高等学校承担着培养人才以及发展科技的重要任务,为了顺利实现高等教育的这些目标,国家开始考虑改革大学的招生计划与毕业生分配问题,改变过去国家对高等学校在校生进行统一招生的办法,鼓励高等学校在国家的招生计划之外,招收一定数量的"用人单位委托培养学生"和"国家计划之外的自费生",这两大类学生不仅是国家高等教育招生指标的重要补充,也是未来社会中高学历人才的储备力量,可以为经济社会的发展起到积极有力的推动作用。委托培养学生的学费一般由其委托单位向学校缴纳,学生毕业后仍然回原单位工作。自费生学费需要自行承担,毕业后自行择业。

两个文件出台后,从法律上确定了我国高等教育招收自费生和委培生的合法性。从此,全国各地高校在保证国家招生计划指令数的情况下,广招自费生和委培生，并且这两种生源的数量有逐渐增多的趋势。自费生和委培生的增加不但弥补了高校教育经费总量的不足，还增加了高校毕业生的供给量，一举两得。

1989年，国务院批转国家教委《关于改革高等学校毕业生分配制度的报告》。这在我国公办高校学费政策演进历史中具有极其重要的意义，标志着我国高等教育对学生收费上学的开始，无论是公费生，还是自费生、单位委托培养学生，都要缴费上学。

1989年8月22日，国家教委、国家物价局和财政部联合发布《关于普通高等学校收取学杂费和住宿费的规定》，该规定指出，从1989年起，各高等学校对于新入学的普通本科以及专科生收取学杂费以及住宿费。学杂费的标准，一般地区以每学年100元为宜，经济特区和广东、上海等地的高等学校可以适当调高，但也要注意到老百姓的承受能力，防止过高。住宿费一般在每学年20元左右，不同地区的高等学校可以根据自己的实际住宿条件适当调整其住宿费标准。当年全国绝大部分高校的学费标准在每学年100—200元之间，住宿费在每学年30—60元之间。1989年7月，北京市高等教育局下发了《关于对普通高等学校学生收取学杂费的通知》，通知规定应根据当前群众的收入水平和承受能力收取学杂费，标准为每生每学年200元。学生需要在校住宿的，根据学校要求缴纳住宿费。

1990年7月，国家教委等部门联合颁布了《普通高等学校招收自费生的暂行规定》，该规定提出国家将自费生纳入招生计划，自费生毕业后，由其自谋职业。关于自费生的收费标准，国家规定其与统招生的实际费用相比，原则上不高于统招生的实际费用，但也不能低于统招生实际费用的80%。自费生在校内住宿，须按规定向学校缴纳住宿费，自费生医疗费用由本人自理。以上关于自费生招生的举措，充分说明了在当时特定的历史环境中，政府亟须为高等教育经费不足的困境找到出路，自费生和委培生的招收，标志着我国高等教育招生"双轨制"的到来，是我国高等教育事业谋求走出经费不足这一困境的大胆尝试，也正是由此开始，国家逐渐转变思维观念，将高等教育由政府统揽全包变为由社会民众适当承担教育成本，至此，学费政策开始由"学费全免"向"学生承担部分培养成本"过渡。

随着我国社会经济的发展，经济体制改革的深入，深化高等教育体制改革也被提上了日程。1993年2月，《中国教育改革和发展纲要》明确指出改革高校招生以及就业制度。这标志着我国完全放弃了实施40余年的高等教育免费入学制度,高等教育成本分担渐渐拉开了帷幕。1993年8月,东南大学和上海外国语学院(1994年,学校正式更名为上海外国语大学)作为第一批国家高等学校招生并轨改革的试点学校开始实施招生并轨。招生并轨,是指将原有的统招生与自费生、委培生等生源在高考录取时进行合并,不再按照以前分别录取、分别计价的模式进行,而是实行所有学生统一录取分数线、统一收费标准的做法。两所高校在当年的新生中不再区分"统招生""自费生""委培生"等,所有学生按专业区分,相同专业采用相同的录取分数线以及相同的学费标准。当年,上海外国语学院收费标准为每人每学年学费2400元,学杂费600元。改革试点推出后,该政策得到了大多数学生家长的拥护。1993年,上海外国语学院招收新生650人,比1992年招生人数略有增加,该校当年的文科、理科新生录取分数线依次分别排在上海市第一批次本科录取的第二位、第三位。生源质量并没有受到并轨招生的影响,招生改革取得了较好的效果。

1994年7月出台的《国务院关于〈中国教育改革和发展纲要〉的实施意见》中要求1997年全国大多数高等学校按新学制运作。同年,全国有40余所高校参加招生并轨改革试点。该年我国经济比较发达的广东省有7所高校进行招生并轨改革试点,其中不仅有部属高校,还有省属高校。1996年7月1日,国家计委等部门联合发出了《关于1996年普通高等学校收取学费有关问题的通知》,对艺术类院校的收费标准做出了明确规定:艺术类院校根据专业的不同可以设置每个学年2640元、4000元、6000元三个不同档次进行收费。

截至1996年,全国范围内半数以上的高等学校都参加了招生并轨试点改革,从成果来看,广东省内高校最先完成招生并轨工作,比国家原本要求的提前了一年。到1997年,几乎所有高校均完成了招生并轨改革,所有学生进入高等学校学习均需要缴纳学费,学生之间不再分"统招生""自费生""委培生",所有学生按照同一学校、同一专业实行相同的收费标准,由此,我国高等教育全面收费的帷幕正式拉开。

(三)拔苗助长:激进的全面收费阶段(1998—2007年)

在我国古代,"学而优则仕"的观念深入人心,长期以来,人们都坚信"知识改变命运",认为教育不但能给自身带来未来的可观收入,也会给家族带来荣誉,所以民众对教育历来十分重视。即便是不太富裕的家庭,家长也通常会有

"再穷不能穷教育"的想法,只要孩子有机会进入高等学校学习,有很多家长公开表示,为了孩子的教育就是举债也在所不惜。

在这一时期,我国社会经济正处于高速发展阶段,各行各业均需要大量的优秀人才,民众对于高等教育的热情也确实从一定程度上对我国高等教育事业的发展产生了积极的推动作用。

从1997年开始,国内各高等学校学费的来源仅有对统招生的收费,因不再有定向委培生和自费生,统招生学费几乎成了各高校除财政拨款资金来源外的唯一收入。但学费标准的制定是一个复杂的过程,一般情况下,政府是高等教育学费政策的决策主体,社会公众是学费政策的接受者[①],也就是说,学生和家庭只能被动接受已经制定出来的学费标准。

国家和学校都希望通过收取更多的学费来弥补教育经费来源单一和总量不足的情况,因而各级各类高校便逐渐调高了收费标准,我国高等学校学费进入了快速增长时期。全国普通高校年均学费1998年为3200元,1999年为3500元,1999年为4500元。[②]通过对《中国统计年鉴》及《中国教育经费统计年鉴》进行整理可以发现,1998年我国城镇居民人均可支配收入为5425元,2004年城镇居民人均可支配收入为9422元,增长率为73.67%;1998年农村居民人均纯收入为2160元,2004年农村居民人均纯收入为2936元,增长率为35.9%,而同时期我国学费标准由3200元增长至6000元,增长率高达87.5%。我们可以直观地看出,1998年到2004年,我国高等学校学费标准的增长速度远远高于我国城镇以及农村居民的人均可支配收入和纯收入的增长水平。通过查阅相关资料发现,2000年清华大学本科生学费就上涨到每学年4800元,比1999年增加了1600元,增幅较大。事实上,从整体上来看,1998—2007年,全国各地公办高等学校学杂费(见表3-1)、居民人均可支配收入(见表3-2)[③]都有较大幅度的提高,其中学杂费的增幅更加明显。

---

① 查显友,丁守海.高等教育公平与学费政策选择[J].清华大学教育研究,2012,33(01):103-108.
② 方凡泉.中国高等教育成本分担的政策选择[J].高教探索,2003(03):11-15+3.
③ 限于篇幅,且考虑到农村居民人均可支配收入与城镇居民人均可支配收入具有趋势上的一致性,本书仅选取城镇居民人均可支配收入进行具体分析。

表3-1 各省、自治区、直辖市高校学杂费(1998—2007年)　　单位:元

地区	年份									
	1998	1999	2000	2001	2002	2003	2004	2005	2006	2007
北京	2652	4301	6771	6607	7226	10 153	8904	9246	9714	13 210
天津	3395	4657	5048	5167	4776	4403	4964	5737	5683	6831
河北	2492	4125	5578	4267	4811	5233	5074	5229	5172	5634
山西	1431	3186	4244	3492	4785	4323	4255	4163	4065	3774
内蒙古	1775	2986	4450	3402	4225	4230	3871	4661	4634	5057
辽宁	2249	3796	5264	5534	5314	6259	6106	6636	6155	7868
吉林	1980	3328	4924	4735	4297	4552	4436	4403	4694	6594
黑龙江	2948	5861	7440	5596	5656	5997	7256	6706	6386	7078
上海	2885	3705	5649	5374	7313	7263	8694	10 565	10 007	13 482
江苏	2693	4657	4983	4150	4463	4817	4902	4989	4566	6348
浙江	2421	4011	5226	5030	5130	5827	6397	6632	6877	9548
安徽	2143	3773	5098	3621	3850	3852	5077	4269	4184	4778
福建	2372	2948	5825	4361	4762	4740	5327	4891	4728	7032
江西	2121	3402	4440	3993	4997	4975	4388	4539	4684	6550
山东	2299	3718	5274	3889	4308	4336	4685	4754	4401	5343
河南	2355	3707	4847	3297	3746	3891	3954	3991	4025	5054
湖北	2937	5223	5981	4100	4337	4832	5223	5918	5598	6351
湖南	3065	5000	6261	4829	5101	5703	5317	5193	5072	7066
广东	3644	5423	6971	5604	5613	6145	6563	6846	6883	8298
广西	2465	3388	5298	4088	4219	3501	4041	4223	4361	5508
海南	2883	3899	5032	3451	4003	5099	5122	5185	5012	6223
重庆	3084	4015	5527	4236	5449	5339	4835	5329	5743	7196
四川	1945	3253	5617	4808	4997	5348	4967	4697	4675	5917
贵州	1544	2762	3462	3258	4236	4307	3978	4219	4573	4958

续表

地区	年份									
	1998	1999	2000	2001	2002	2003	2004	2005	2006	2007
云南	1271	1677	2827	2752	3514	3835	4068	4876	4690	6377
西藏	255	255	1823	1610	2416	2802	1923	3155	2713	2933
陕西	1932	3222	4880	4387	4648	4684	4753	5172	5206	7440
甘肃	2169	3459	5563	3775	4483	4700	4230	4782	4227	4834
青海	1297	2385	3848	4220	4677	3994	3733	5391	4382	4307
宁夏	2282	2697	5017	2771	3357	3536	3491	4158	3976	4860
新疆	2674	4349	7088	5020	4753	4733	4545	4846	4191	5409

注：表中数据根据1999—2008年《中国教育经费统计年鉴》及《中国统计年鉴》相关数据整理得出。

虽然自改革开放以来，我国经济有了长足的进步，人民生活水平也有了显著的提高，但是不得不承认的是，我国仍然处于社会主义初级阶段，民众生活水平相比西方发达国家仍然较低。从国内来看，西部与东部、南方与北方的经济发展差异仍然明显，部分偏远地区的民众仍然过着在温饱线徘徊的生活，而几千元的学费，加上在校期间必然会存在的生活费，对于贫困家庭来说简直就是天文数字，即便是其父母省吃俭用，再加上原有的积蓄，也很难供应一名大学生上大学。有些学生被迫放弃进入高等学校求学的机会而外出务工，使国家的优秀人才白白流失，也有些学生虽然勉强进入高等学校学习，但是其入校后即成为该校的困难学生……由高校收取学杂费所带来的一系列问题日益凸显。

受通货膨胀及货币时间价值等诸多因素的影响，高等学校学杂费的增长数额并不能完全体现高等学校学杂费总量在该时间内的相对升降情况，因此对学杂费与城镇居民人均可支配收入的比值进行统计分析，使得出的结论更加具有公允性以及合理性。

原因有两点：其一，高等学校学杂费的来源一定被包含在人均可支配收入中，选择人均可支配收入这一指标会使结果更有说服力；其二，选择学杂费与人均可支配收入的比值变化情况来分析，不但能直观得到二者的比值及其变化趋势，还可以进一步判断其变化趋势是否合理。

表 3-2 各省、自治区、直辖市城镇居民人均可支配收入（1998—2007年）

单位：元

地区	1998	1999	2000	2001	2002	2003	2004	2005	2006	2007
北京	8471.98	9182.76	10349.69	11577.78	12643.92	13882.62	15637.84	17652.95	19977.52	21988.71
天津	7110.54	7649.83	8140.50	8958.7	9337.56	10312.91	11467.16	12638.55	14283.09	16357.35
河北	5084.64	5365.03	5661.16	5984.82	6679.68	7239.06	7951.31	9107.09	10304.56	11690.47
山西	4098.73	4342.61	4724.11	5391.05	6234.36	7005.03	7902.86	8913.91	10027.7	11564.95
内蒙古	4353.02	4770.53	5129.05	5535.89	6051.00	7012.90	8122.99	9136.79	10357.99	12377.84
辽宁	4617.24	4898.61	5357.79	5797.01	6524.52	7240.58	8007.56	9107.55	10369.61	12300.39
吉林	4206.64	4480.01	4810.00	5340.46	6260.16	7005.17	7840.61	8690.62	9775.07	11285.52
黑龙江	4268.5	4595.14	4912.88	5425.87	6100.56	6678.90	7470.71	8272.51	9182.31	10245.28
上海	8773.1	10931.64	11718.01	12883.46	13249.8	14867.49	16682.82	18645.03	20667.91	23622.73
江苏	6017.85	6538.2	6800.23	7375.1	8177.64	9262.46	10481.93	12318.57	14084.26	16378.01
浙江	7836.76	8427.95	9279.16	10464.67	11715.6	13179.53	14546.38	16293.77	18265.1	20573.82
安徽	4770.47	5064.6	5293.55	5668.8	6032.4	6778.03	7511.43	8470.68	9771.05	11473.58
福建	6485.63	6859.81	7432.26	8313.08	9189.36	9999.54	11175.37	12321.31	13753.28	15506.05
江西	4251.42	4720.58	5103.58	5506.02	6335.64	6901.42	7559.64	8619.66	9551.12	11451.69
山东	5380.08	5808.96	6489.97	7101.08	7614.36	8399.91	9437.80	10744.79	12192.24	14264.7
河南	4219.42	4532.36	4766.26	5267.42	6245.4	6926.12	7704.90	8667.97	9810.26	11477.05
湖北	4826.36	5212.82	5524.54	5855.98	6788.52	7321.98	8022.75	8785.94	9802.65	11485.8

续表

地区	年份									
	1998	1999	2000	2001	2002	2003	2004	2005	2006	2007
湖南	5434.26	5815.37	6218.73	6780.56	6958.56	7674.20	8617.48	9523.97	10 504.67	12 293.54
广东	8839.68	9125.92	9761.57	10 415.19	11 137.2	12 380.43	13 627.65	14 769.94	16 015.58	17 699.3
广西	5412.24	5619.64	5834.43	6665.73	7315.32	7785.04	8689.99	9286.7	9898.75	12 200.44
海南	4852.87	5338.31	5358.32	5838.84	6822.72	7259.25	7735.78	8123.94	9395.13	10 996.87
重庆	5466.57	5895.97	6275.98	6721.09	7238.04	8093.67	9220.96	10 243.46	11 569.74	12 590.78
四川	5127.08	5477.89	5894.27	6360.47	6610.8	7041.87	7709.87	8385.96	9350.11	11 098.28
贵州	4565.39	4934.02	5122.21	5451.91	5944.08	6569.23	7322.05	8151.13	9116.61	10 678.4
云南	6042.78	6178.68	6324.64	6797.71	7240.56	7643.57	8870.88	9265.9	10 069.89	11 496.11
西藏	—	6908.67	7426.32	7869.16	8079.12	8765.45	9106.07	9431.18	8941.08	11 130.93
陕西	4220.24	4654.06	5124.24	5483.73	6330.84	6806.35	7492.47	8272.02	9267.7	10 763.34
甘肃	4009.61	4475.23	4916.25	5382.91	6151.44	6657.24	7376.74	8086.82	8920.59	10 012.34
青海	4240.13	4703.44	5169.96	5853.72	6170.52	6745.32	7319.67	8057.85	9000.35	10 276.06
宁夏	4112.41	4472.91	4912.40	5544.17	6067.44	6530.48	7217.87	8093.64	9177.26	10 859.33
新疆	5000.79	5319.76	5644.86	6395.04	6899.64	7173.54	7503.42	7990.15	8871.27	10 313.44

注：表中数据由1999—2008年《中国统计年鉴》整理得出。

由于我国省份众多,对单独某一省份的高等学校学杂费与该省份城镇居民人均可支配收入的比值情况进行分析的说服性较弱,因此本研究将我国划分为东部、中部、西部①三个不同地区,分别比较不同地区学杂费与该地区城镇居民人均可支配收入比值的变化情况,从而观察其变化趋势。根据《中国统计年鉴》及《中国教育经费统计年鉴》的相关数据资料分析计算,可以得出不同地区学杂费占我国该地区城镇居民人均可支配收入的比值变化情况,如图3-1所示。

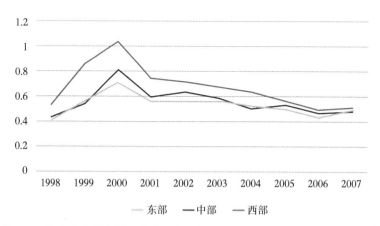

图 3-1　学杂费占城镇居民人均可支配收入比值变化情况(1998—2007年)②

经过统计整理分析发现,1998年到2000年,不同地区高等学校学杂费与城镇居民人均可支配收入的比值急速攀升,到2000年达到峰值。城镇居民人均可支配收入虽也在稳步增长,但学杂费增幅更大,增速更加明显,其中,以西部地区为例,2000年学杂费与城镇居民人均可支配收入比值甚至超过了100%。此时的学费对于普通老百姓来说,是一笔非常巨大的开支,相当一部分家庭无力承担如此高昂的费用,也正是因为如此,民众对此时的高等学校学费政策合理性的质疑也比较强烈。

关于当时民众对我国公办高等学校学费标准满意度的问题,中国社会调查事务所(SSIC)做了相关的调研统计,结果显示:对于我国普通高校2000年的收

---

① 将我国划分为东部、中部、西部三个地区的时间始于1986年,由全国人大六届四次会议通过的"七五"计划正式公布。截至目前,东部地区包括北京、天津、河北、辽宁、上海、江苏、浙江、福建、山东、广东和海南等11个省(直辖市);中部地区包括山西、内蒙古、吉林、黑龙江、安徽、江西、河南、湖北、湖南、广西等10个省(自治区);西部地区包括重庆、四川、贵州、云南、西藏、陕西、甘肃、青海、宁夏、新疆等10个省(自治区、直辖市)。

② 此图根据1999—2008年《中国教育经费统计年鉴》及《中国统计年鉴》数据整理计算得出。

费标准,只有很少数的被调查者认为当下的学费标准是合理的,该人数仅占全部被调查人数的15%左右,超过一半的被调查者表示当下的学费标准过高,严重超出了普通家庭的实际承受能力,该学费标准是不合理的,也是难以接受的,这一比例高达58%。①该调查也发现,被调查对象认为学费是高还是低的主要参考依据是居民家庭收入水平与实际支付承受能力。学费的上涨对于经济较为发达地区的影响略小,但是对于大部分农村家庭和城镇普通居民家庭来说是一个沉重的负担,过高的学费标准使很多家庭根本无力承担。高等学校学费标准增幅过大、增速过快,使很多家庭负担沉重,学费问题引起了社会各界的广泛关注和强烈反响。②

为了解决学费标准增长过快带来的问题,平息社会舆论,国家在2000年颁布了相关的政策,限制学费过快增长。随着国家经济的持续增长以及人民群众收入水平的显著提高,辅之以宏观政策作为学费调整的约束力量,大部分学校停止了上调学费标准,各个地区学杂费与城镇居民家庭人均可支配收入的比值也从2000年的峰值逐渐回落,2006年到达谷底。虽然是最小值,以经济最发达的东部地区为例,学杂费与城镇居民人均可支配收入的比值仍然超过0.4,这充分说明了相较于当时的城镇居民人均可支配收入而言,学杂费仍然是普通家庭相当大的一类支出。

一方面国家限制学费的上涨,另一方面国家于2000年实行高校扩招政策,自此以后,各高校大量兴建新校区,学校负债压力巨大,加之物价上涨,学生培养成本提高,在此情况下,各地高校均有调整学费收费标准的现实需求。事实上,部分地区高校迫于自身发展的现实压力,对经费的多元化来源有着极其强烈的现实诉求,通过巧立名目,变相地对在校大学生进行"多收费"。

2005年,教育部等部门下发了《关于做好2005年高等学校收费工作有关问题的通知》,该通知明确要求各高校稳定目前的收费标准,不得随意调整,同时强调,各高校除目前国家规定的收费项目,不得以任何理由、任何形式新增收费项目,对高等学校在校生进行变相收费。即便如此,基于经济水平的增长以及学生培养成本的提高等现状,高校自身发展同教育经费不足的矛盾日益突出,各高校均希望调高学费标准。2006年,各地区高等学校的学杂费占城镇居民人均可支配收入的比重均有再次"抬头"之势。2007年《国务院关于建立健全普通

---

① 章达友.人均可支配收入是制定高校收费标准的主要依据[J].教育与经济,2000(04):25-27.
② 蓝秀华.中国高等教育收费制度变迁研究[M].青岛:中国海洋大学出版社,2012.

本科高校、高等职业学校和中等职业学校家庭经济困难学生资助政策体系的意见》提出,除国家另有规定外,今后五年各级各类学校的学费、住宿费标准不得高于2006年秋季相关标准。进一步严格收费立项、标准审批管理工作,规范学校收费行为,坚决制止乱收费。加大对服务性收费和代收费的监督力度,切实减轻学生及家长负担。绝不允许一边加大助学力度,一边擅自提高收费标准、擅自设立收费项目。要对教育收费实行严格的"收支两条线"管理,规范支出管理。学费标准由此进入了相对平稳期。

(四)前路漫漫:学费标准持续探索阶段(2008年至今)

自从2007年国家"学费限涨令"出台,对高等教育收费标准限值后,只有极小部分高校的相关专业因为特殊原因进行了一些微调,绝大部分高校的收费标准基本没有发生变化。5年后,随着"学费限涨令"的到期,全国各级各类公办高等学校在学费标准的制定上出现了路径分歧。

一方面,一些高校由于扩建新校区负债严重,加之货币的时间价值以及国家教育经费整体投入不足等因素,为了维持学校正常运转,在上级财政拨款定额的情况下,又不得不重新考虑通过增加学费收入以缓解经济压力。另一方面,2013年,随着国家关于稳定学校收费标准政策到期,全国范围内有多所高等学校纷纷调高了学费标准,也有一些高校暗中观察社会对学费标准调整的反应,随时准备加入学费标准调整的大军。

2013年8月,湖南省出台相关规定,对于高等学校的学费标准进行了调整:将"211工程"高校的文、史、哲等专业由于专业不同而执行的4000元/年、5000元/年、5300元/年的学费标准统一按5300元/年收取,不再对以上专业区别收费。非"211工程"类高等学校,学费标准也都进行了调整,调整的金额在700—2000元/年不等,其中增幅最大的是医药类专业,学费标准从原来的5500元/年上调至7500元/年,增幅高达36.4%。

2014年3月,江苏省也进行了高等学校学费标准的调整工作,其有关部门宣布,该年秋季开始执行新的学费标准,调整后的高校本科生平均学费为5487.5元/年,高校专科生的平均学费为5075元/年,涨幅分别为16.4%、17.2%。

2014年6月,宁夏宣布对其高等学校的学费标准进行调整,在新的学费标准中,按专业的不同进行分别调整,文史类专业的学费标准由每生每学年2600

元上调至4000元,理工农类专业的学费标准由每生每学年2800元上调至4400元,医学类专业的学费标准由每生每学年3000元上调至5300元,艺术类专业的学费标准由每生每学年6500元调整到8000元。文史类、理工农类、医学类等专业学费标准的平均涨幅均超过了50%。

2016年6月,广东省发展改革委等部门颁布了《关于调整公办普通高校学费的通知》,明确规定本科类高等院校的学费标准将上涨约20.2%,高职类院校学费标准将上涨约16.7%,其中有博士点(具有博士学位授予权的学科或专业)的高等学校对学费标准拥有额外10%的上浮权力。

此阶段部分学校学费标准呈现上涨的趋势,其原因主要有以下两点:

第一,政策放开以及支持。1998年,《高等教育法》将高校对其在校生收取学费给予了法律保障。1999年,《关于深化教育改革全面推进素质教育的决定》明确规定,在非义务教育阶段,要适当增加学费在培养成本中的比例,逐步建立符合社会主义市场经济体制以及政府公共财政体制的财政教育拨款政策和成本分担机制。由此可见,高等学校可以按其培养成本的一定比例收取学费,这也给了学校对学费的自主定价权。随着2007年《国务院关于建立健全普通本科高校、高等职业学校和中等职业学校家庭经济困难学生资助政策体系的意见》规定的5年限涨令到期,在政策供给方面,国家已经对高等学校的学费调整解除了束缚。

第二,学校办学成本激增。2000年高等学校招生规模扩大,直接导致学校在土地、新校区建设、师资引进、配套设施等方面的巨额支出,高等学校急需大量资金填补当下的经济缺口,而年生均培养成本的增高、政府高等教育财政经费投入不足等原因,使得各高等学校不得不将学费标准提高,以解决当下的燃眉之急。

部分地区由于经济发展水平不高等因素,也为了避免激化社会矛盾,对学费标准只进行了微调或者几乎没有调整。笔者通过对各地区各学校招生简章进行查阅发现,部分高校2007年后学费标准几乎维持在原有水平,以主要学科专业的学费为例,从2008—2019年,清华大学学费标准一直维持在每生每学年5000元,首都经贸大学维持在每生每学年5500元,天津财经大学维持在每生每学年4400元,河南应用技术职业学院维持在每生每学年3300元;桂林理工大学2008—2017年维持在每生每学年7000元,2018年至今维持在每生每学年7500元,学费增幅较小。

二、我国公办高等学校学费政策的演进逻辑

新中国成立以来,我国公办高等学校学费政策经历了免学费加发放助学金、免费向收费过渡、激进的全面收费,以及学费标准持续探索等不同时期。我国高等学校学费政策经历了借鉴、确立、调整和变革等不同阶段。一般来说,教育政策的分析模式可以概括为四种取向:动力取向分析模式、目的取向分析模式、过程取向分析模式和政策话语取向分析模式。[①]借助这四种政策分析模式,可以较为准确地发现我国高等学校学费政策背后蕴含的演进逻辑。

(一)以成本分担为要义的动力取向

从世界范围内来看,自二战以后,各个国家对发展本国经济都有着极为强烈的诉求,也正是在这种背景下,各国都把发展科学技术放在首位,而高等学校作为科学家的摇篮,对于人才培养以及科技进步有着至关重要的作用,各国也争相发展高等教育。西方国家尤为明显的变化是,大学由专为上流社会培养优秀后代的机构,逐步走进了普通民众的生活中,成为全社会人才供给的加油站,培育出了大量的优秀人才。

20世纪60年代以后,由于看到了高等教育具有明显的个人回报性,许多商人纷纷投资高等教育领域,高等教育在世界范围内展现出了前所未有的良好发展态势。20世纪70年代的石油危机直接导致了全球经济的衰退,各个国家的教育投入锐减,政府对于高等教育财政投入的资金压力越来越大,而反观高等教育自身,其办学规模不断壮大,此时高等教育旺盛的资金需求与政府财政投入不足的矛盾在许多国家出现,并且逐渐出现政府无力负担高等教育的征兆。目前,世界范围内的任何一个国家,不论其经济如何发达,都不可能将高等教育规定为义务教育,国家也没有如此大的财力对其进行保障。为了解决高等教育投入与政府财力有限之间的矛盾,各国学者将成本分担理论当作重要课题进行了深入研究。

从国内来看,我国高等学校的在校生逐年增多、办学规模日益扩大,目前高

---

① 阮成武.我国义务教育均衡发展政策的演进逻辑与未来走向[J].教育研究,2013,34(07):37-45.

等教育已经完成了由大众化到普及化的转变,高等学校总在校生数量已突破4000万人大关,放眼全世界,任何一个国家都不可能单纯由政府来支撑规模如此巨大的高等教育的发展,因此要完善高等学校教育经费的多元化筹措机制,呼吁社会各界普遍参与到高等教育的发展之中,共同承担高等教育成本,为我国高等教育事业的发展贡献出自己的力量。

教育是培养人并使人社会化的活动,是劳动力再生产的重要组成部分,任何一个社会都存在着对劳动力的最低要求,这是国家应当承担的责任;同时,高等教育可以为个人带来预期的收益,根据受益付费原则,家庭和个人也应该承担部分培养成本。从国家的角度出发,其最根本的动力还是希望通过收取学费来使各主体共同分担教育成本,减少政府自身的财政负担,这样国家才有足够的资金投入其他急需建设的领域。

一般来讲,根据成本分担理论,国家、学校和家庭及学生是高等教育成本的共同分担者。高等学校学费政策的演进虽然有其特有的范式,但是学费政策归根结底就是国家希望通过收取学费来缓解政府财政资金的压力,其改革的直接动因就是教育经费的严重短缺。[①]

回顾以往,我国以成本分担为要义的高等学校学费政策演进主要可以分为以下三个阶段:

一是成本分担萌芽阶段(1978—1988年)。1978年改革开放拉开序幕,全国各行各业的发展迎来了新的春天,国家以及人民群众的思想也发生了很大改变。以高等教育为例,一方面,此时我国严重缺少投身祖国现代化建设的专业技术人才,而人才的短缺制约着我国经济的快速发展。另一方面,随着新技术新设备的引进,大学课堂也发生了一系列的变化,新事物的应用确实从一定程度上提高了课堂教学效果和效率,但是也相应地导致了高等教育人才培养成本的不断攀升,教育事业的快速发展与教育财政经费供给不足的矛盾日益突出。同时受制于国家计划经济体制,高校总体办学规模不大,毕业生数量满足不了社会的需求。

借助改革开放的契机,国家根据当时社会的迫切需求,开始在部分高等学校招收自费生和委培生,这部分学生实行的是"收费走读、不包分配"的基本政策,这样一来,既满足了社会发展对人才的需求,同时从国家和学校的角度来

[①] 王善迈,赵婧.教育经费投入体制的改革与展望——纪念改革开放40周年[J].教育研究,2018,39(08):4-10.

看,这部分学生缴纳的学费可以用来直接弥补高等教育办学经费的不足,这一举措一定程度上解决了我国高等教育经费严重短缺的问题。但是随着时间的推移,"双轨制"招生的弊端也逐渐凸显:首先,学校由于经费的短缺,更愿意把名额放在招收自费生和委培生上,以此来缓解自身的资金压力,使得高等学校计划内招生名额减少,直接导致了部分家庭情况较差而个人学习成绩较好的学生失去进入大学学习的机会;其次,自费生和委培生相当于花钱进入高等学校学习,一般来说基础相对较差、个人能力参差不齐,这给学校日后统一的教学以及管理工作带来了巨大的困难;最后,"双轨制"招生造成了"分不够、钱来凑"的局面,严重地影响了教育公平,使得很多人滋生了走捷径的不良想法,更加不利于高等教育事业的公平、公正。总体来看,"双轨制"招生对于特定时期内国家经济以及高等教育事业的发展,起到了积极有力的推进作用。但是随着时间的推移,其招生存在教学难、管理难、有损教育公平等问题,使得高等学校教育教学质量难以保证,国家不得不考虑其他的办法来解决这一难题。

二是成本分担过渡阶段(1989—1997年)。随着"双轨制"招生制度的深入推进,越来越多的高校开始招收自费生和委培生,运行数年之后,政府发现虽然这一举措减轻了高校的资金压力,但其产生的弊端呈现越来越严重的趋势,政府亟须一种新的模式来帮助高等教育走出当时所处的艰难困境。恰巧1986年美国著名经济学家、纽约大学校长约翰斯通提出了成本分担理论,世界上很多国家逐渐接受并实行高等教育的成本分担政策。在我国国内,政府通过对国外高等学校成本分担理论的借鉴,结合我国的具体国情,从有利于国内高等教育健康、可持续发展的角度出发,逐渐明确高等教育成本需要由国家、家庭、学校以及社会共同分担的想法,而不是单纯地依靠政府或者单纯地依靠学生缴纳学费。1989年,国务院批转国家教委《关于改革高等学校毕业生分配制度的报告》,标志着在我国,无论是公费生,还是自费生、单位委托培养学生,都要缴费上学。1993年8月,国家开始在东南大学和上海外国语学院进行招生并轨改革试点。所谓招生并轨,就是取消在高校招生中区分公费生、委培生和自费生,并分别划定录取分数线,实行不同收费标准的办法,改为所有学生按统一录取标准和收费标准入学,不再分公费生、自费生和委培生。1997年,国家完成"双轨制"招生并轨工作,高等学校学费成本分担的过渡阶段落下帷幕。

三是成本分担完全时期(1998年至今)。1998年,《中华人民共和国高等教育法》的施行为高等学校学生入学缴纳学费提供了法律依据。自此,以全体学生为共同成本承担主体的学费政策,正式走上历史的舞台。

（二）以公平效率博弈为原则的目标取向

新中国成立以来，我国高等学校学费政策的目标取向突出表现为不同时期公平效率间的不断博弈。高等学校学费政策的制定凸显了公平和效率的矛盾性，要效率就要鼓励竞争、承认差别，这样公平会受到伤害[①]；而要公平就要顾及社会的方方面面，效率就很难保障。回顾我国高等学校学费政策的发展历程可知，在社会发展的不同时期，国家制定高等学校学费政策所呈现出的侧重点也不一样，这大致可以分为以下三个不同阶段。

一是"公平主导"原则阶段（1949—1977年）。在新中国成立后的很长一段时间，我国高等学校所需的全部费用由国家财政负担，实行大学生免学费的基本政策，不仅如此，还给大学生发放人民助学金，用于补贴大学生学习期间的部分生活开支，这在保证考上大学的学生享有均等入学机会的同时，还保证了这些学生所在的家庭不会"因学返贫"。生活费是除学费以外，大学生的另一笔巨大开销，它直接增加了贫困家庭的经济负担。为了减少学生的后顾之忧，国家为在校大学生发放助学金，让其安心学习，家庭和学生的负担确实减轻了，但经费的重担全部落在了政府身上。

之所以如此，原因很多：除了与当时实行的计划经济体制有关，也由于当时的高等教育带有浓厚的政治服务性，各个高校培养出来的大学生，也就是当时的国家干部，是要进入国家单位工作的，国家也就理所应当地承担大学生培养的全部费用，因此也就出现了政府包揽教育资金的情况；另外，新中国成立前，我国经历了长期的战乱，普通家庭处在一穷二白的艰难境地，绝大多数国民在此时连基本的温饱都成问题，更不用谈供子女进入城市接受高等教育了。而当时国家各行各业百废待兴，急需大批专业技术人才投身社会主义建设，在这种情况下，国家实行免费的高等学校学费政策，这与当时的国情是相吻合的，也是特定历史条件下的产物。在这一时期，高等教育无疑是侧重于普通民众入学机会的公平性，使每个入学者不受其家庭条件好坏的影响，都能有接受并完成高等教育的机会。

但随着时间推移，高等教育经费不足的问题愈发凸显，国家对于人才的强烈需求，促使高等教育办学规模逐步扩大，由此也带来了教育成本的急剧上升，

---

① 闵维方.当前中国教育经济学研究面临的若干重大问题[J].教育与经济,2013(01):3-8.

从而使政府在高等教育上的支出越来越大,担子也越来越重,甚至逐渐呈现出无力承担高等教育全部成本的态势。在经费总量不足的情况下,缺乏财力支撑的各个高校不得已只能维持一种低效率、低产出的运行状态,这成了我国高等教育事业健康发展的巨大阻力。

二是"效率主导"原则阶段(1978—1997年)。新中国成立以来,国家基于对高等教育培养人才的迫切需要,又考虑到当时民众经济条件普遍较为困难的情况,为了保证贫困家庭的子女都有接受高等教育的机会,从而实行"免学费加发放助学金"的高等学校学费政策,然而,高校经费皆来自政府[1],这种不让任何一个学生因贫困上不起大学的情况看似公平,却大大加重了政府的负担,而政府的全部收入其实还是来自公民,等于是全体公民为高等教育买单,对于根本没有机会接受高等教育的家庭来说,这种负担反而又是不公平的。

另外,改革开放以后,经济建设是这一时期社会发展的中心任务,高等教育使得政府长期负担较重,政府亟须为减轻高等教育带来的资金压力找到新的解决方法,在这种目标导向下,各高等学校逐渐开始招收"收费走读、不包分配"的自费生和委培生,把对自费生和委培生收取的学杂费用于助力我国高等教育事业健康持续发展,效率优先成为改革开放乃至今后一段时间国家高等教育发展的价值定位[2],此举确实为高等学校增加经费来源提供了新思路,大大减轻了政府的财政负担,提高了高等教育的资金使用效率。

1984年6月24日,教育部、国家计委、财政部共同制定了《高等学校接受委托培养学生的试行办法》。其中明确指出,高等学校在保证完成国家下达的指令性招生计划的前提下,可以招收市场调节的委托培养学生,发挥高等学校的办学潜力,开辟高校经费新来源。1985年,《中共中央关于教育体制改革的决定》从政策层面对"双轨制"招生给予了肯定。但随着政策的逐步推进与落实,"双轨制"招生的劣势也逐渐凸显。1989年,国家教委、国家物价局、财政部联合发布《关于普通高校收取学杂费和住宿费的规定》。效率主导下的学费天平开始往公平方向倾斜,直到1997年国家完成过渡,结束"双轨制"招生。"双轨制"招生是特定时期的政策产物,但该政策只能解决一时的问题,不具备长远性。

---

[1] 张旸,张雪.改革开放40年来我国高等教育供给的变迁逻辑与展望[J].复旦教育论坛,2018,16(05):16-22.

[2] 陈鹏,李威.中国西部高等教育百年变迁的逻辑进路与审思[J].高等教育研究,2019,40(04):41-48.

三是"兼顾公平效率"原则阶段(1998年至今)。1998年,《高等教育法》从法律层面对高校学生上学需要缴费的学费政策给予肯定,高校学生培养实行"谁受益谁买单"的成本分担原则。在不同的时期,公平的内涵和意义是不一样的[①],高等教育成本分担阶段的公平相较于免收学费阶段的公平来说,是一种更高维度、更有质量的公平,亦是国家兼顾公平和效率的政策体现,是以我国经济水平的提高、人民物质生活的丰富为底层基础来实现的上层建构。

(三)以政策工具为保障的过程取向

政策工具是政府为了解决特定的社会公共问题、完成其预期的政治目标,在具体部署和实施政策过程中所使用的实际方法和手段。[②]政府通过政策工具,将其资金、权威等资源运用到政策过程中,从而对个人和组织的行为施加影响。[③]政策实施的过程保障是指通过细则和要求来使政策得以贯彻落实,是对政策执行或实施过程中各种变量及它们之间相互关系的认识和控制。[④]高等教育学费政策工具是国家相关教育行政部门为促进我国高等教育事业健康、高效发展而采取的一系列控制手段。

根据英格拉姆与施耐德提出的五个政策工具视角,分析新中国成立以来的高等学校学费政策工具,笔者发现其突出表现为权威工具与激励工具。

权威工具是政府为达成目标使用的最直接、最有效的政策技术,最突出的表现为国家的法律保障和行政干预等方式,其背后保障是国家的强制执行力,其实现路径是政府通过法律、规章等政策导向手段,直接向家庭、学校施加影响。

从国内来看,公办高校的经费绝大部分来自政府,学校的人事任免也依据相关政府部门的决议执行,这也就决定着政府对高等学校有着绝对的控制权,政府对于高等学校的招生数量、学费标准、课程设置等等一系列问题都有着明确的规定,任何一项决议能够得以有效的实施,其背后必然要有相应的强制手

---

① 劳凯声.对高等教育收费和公平问题的思考[J].教育发展研究,2008(07):1-9.
② 迈克尔·豪利特,M.拉米什.公共政策研究:政策循环与政策子系统[M].庞诗,等.北京:生活·读书·新知三联书店,2006.
③ 侯华伟,林小英.教育政策工具类型与政府的选择[J].教育学术月刊,2010(04):3-6+14.
④ 祁占勇,李莹.改革开放40年来我国高等教育政策的演进逻辑与理性选择[J].高等教育研究,2018,39(04):16-22.

段作为保障。权威工具一直被政府用来解决特定的问题,在高等教育事业的发展中,具体到学费标准的调整而言,政府运用其行政命令的工具性,直接参与高等学校的学费调整。

回顾以往,政府通过高等教育立法以及其他法律法规来规定以及调整高等学校学费标准,凸显了国家运用政策工具对高等学校的控制。在高等学校学费标准的制定上,虽然不同的主体有不同的呼声,但政府制定的政策始终主导着我国高等教育事业的变革。我国高等教育虽然经历了免收学费、招收部分委培生和自费生的"双轨制"、并轨后全体学生缴学费的成本分担阶段,在这一过程中有经济发展和社会进步所必需的调整和变革,但学费政策的最终落实靠的是国家法律的权威性。

激励就是激发鼓励的意思,与权威工具的强制性不同,激励工具可以理解为是一种鼓励性措施,它可以通过某些刺激激发人的内在动力,调动人的积极性。组织行为学中的激励主要是指激发人的动机,使人有一股内在的动力,朝着自己所希望的目标前进。激励也是调动积极性的一个过程,与权威工具不同,权威工具主要是要求产生某种组织行为,并对那些没有遵从政策的组织或者个人实施相应的惩罚措施,激励工具则是主要通过相关刺激,来鼓励组织或者个人达到政策制定者的预期。

激励工具主要通过资金等物质载体来实现。在高等教育学费政策语境下,激励工具是通过相关学费激励政策来实现的。

一方面,新中国成立初期的学费政策是免费加发放助学金,这意味着学生步入高等学校的大门后,从此衣食无忧,入学后国家为其解决生活困难、毕业后为其解决工作问题,在当时人民物质生活水平整体较低的情况下,这无疑是"知识改变命运"最真实的写照。随着国家经济以及社会的不断发展、高等学校学费政策的进一步完善,高等教育成本分担政策有了良好的落实环境,全体学生开始共同承担教育培养成本。考虑到高校收取学费可能使部分贫困家庭难以负担,国家和高校也出台了不同程度的学费减免政策和奖助学金政策,对还不足以解决实际困难的学生,国家和高校还有绿色通道和学费生源地贷款等政策。学费相关政策的多元化从多方面保障了学生的求学机会,也避免了部分家庭"因学返贫"、学生"因贫辍学"等情况。

另一方面,收费本身也是一种激励工具,收费对学生来说就相当于为自己所得到的服务付出成本,这可以激励学生努力学习;对于高等教育内的组织来说,收费可以带来"消费者响应"效应,通过收费使组织更加关注客户个体(学生)的需求。如果不收费,公共资金将会使个体或者组织只对政府负责,而忽视其他相关者的利益。

(四)以民生话语向多元化话语转变的话语取向

话语分析是隶属语言学的基础理论,同时又是一种对被试对象的研究方法。它在理论框架和研究方法上都受到了理论语言学、结构主义语言学等语言学分支的影响。话语分析还从社会学、人类学、认知科学等学科吸收了许多有益的理论和方法,是一门交叉学科。教育是国家意识形态的重要组成部分,教育政策话语是一个有关主体的政策话语被生产和制造的过程,教育政策话语实践是教育政策行为的重要形式,抽象的教育政策话语通过文本明确地展示出来,这也是由教育政策的特质决定的。所以分析教育政策的话语内涵是理解教育政策文本的重要手段。话语和文本构成了教育政策行为的主要特征。

教育政策作为一种制度文化,它的制定和执行离不开话语,话语是教育政策的重要外在表现形式,抽象的教育政策理念有很多具体表现形式,比如领导人讲话、文件、通告、法律政策等,教育政策的制定是一个教育政策话语被生产和制造的过程。教育政策的制定也是由不同的环节、阶段或程序相互连接而成的。美国学者莱斯特与斯图尔特描述的政策循环过程包括政府面临的议题、议程设定、政策制定、政策执行、政策评估、政策修正、政策终结、新议题出现。教育政策文本是议题议程的最终实物表现形式,政策的形成过程实质上是不同群体的话语表达、展示和争论的过程,理解话语背后的利益诉求,能够更好地理解教育政策本身变化的动因,话语作为一种新的研究视角出现在不同学科的研究中。

回顾以往,新中国成立以来,我国公办高校学费政策文本的话语取向由与人民生活密切相关的民生话语,逐渐转变为以促进学生全面发展为目的的多元化话语体系。新中国成立初期,在计划经济体制下,高等教育具有很强烈的政治色彩,其目的是为国家培养建设社会主义的专业化人才,高校毕业生由国家负责分配工作,毕业后自然而然地成为国家干部,同时考虑到当时普通民众经济条件较差,无力负担高等教育的学费,为了让高校学生无后顾之忧,安心学习,国家实行免费加发放助学金的学费政策,但受制于当时国家薄弱的经济条件,人民助学金一开始并不是以现金的形式发放的。1949年,《学生人民助学金暂行条例》规定以发放口粮的形式将小米等粮食作为助学金发放给学生。1952

年,《关于调整全国各级各类学校教职员工工资及学生人民助学金标准的通知》规定,学校定期编制预决算、实行专款专用,高等学校(高等师范除外)学生助学金每人每月12元等。相较于之前偏民生的话语表达,经济话语逐渐融入高等学校学费政策话语体系,使高等教育学费政策的文本表述更加专业和严谨。1955年,《全国高等学校(不包括高等师范学校)一般学生人民助学金实施办法》中规定,人民助学金主要针对来自家庭经济较困难且无力承担伙食费的学生,对于家庭情况较好的学生,不发放人民助学金。此时的高等教育学费政策话语所处的背景是计划经济体制之下,国家经济基础较差,人民物质生活水平较低,社会各行各业百废待兴,其政策文本的表达较为朴实,更贴近生活,但其弊端是由于在政策执行过程中缺乏统一的标准,致使政策执行力度减弱,削弱了政策原本的价值意义,这也在一定层面说明了我国学费政策在话语体系方面还需要进一步强化政策用语。

1994年《关于进一步做好学校收费工作的通知》规定,学校收费项目和标准的确定,不得层层下放,不得超越权限自立收费项目和提高收费标准等。2007年《国务院关于建立健全普通本科高校、高等职业学校和中等职业学校家庭经济困难学生资助政策体系的意见》提出,除国家另有规定之外,今后五年各级各类高等学校的学费、住宿费标准不得超过2006年秋季标准。此时的政策话语以权利与责任对学费政策进行表述,国家开始更多关注学费政策的政治话语表达。高等教育学费政策话语由开始较为单一的民生话语,逐步融入了经济话语、政治话语等不同表现形式,这表明了我国高等学校学费政策在逐渐成长,其内容在逐渐丰富和完善,其表达形式也更加科学、多样。

三、我国公办高等学校学费政策的成绩

通过对新中国高等学校学费政策的梳理,不难发现最初我国的高等教育实行免收学费的基本政策,后来逐渐过渡到象征性的低收费,最后演变为各主体共同承担高等教育成本,也就是学生为其进入高等学校学习支付学费。这是我国高等教育成本分担理论的萌芽与开端,也是我国高等学校学费政策逐步成长并且完善的必经阶段,这种发展以及变化从历史发展趋势看,是必然的结果。对不同时期我国公办高校学费政策所处的社会环境及必要的配套设施加以认真研究,是了解政策本身的基础,也是为今后更加深入的研究做必要的准备。

尽管高等学校学费政策在探索前进的道路中,艰辛又曲折,走过不少弯路,但这一路走来,我们也应当看到政策本身所取得的一些成绩,这对我们总结宝贵经验、吸取教训有着重要意义,更有利于我们继续保持优点、改正缺点,更好地助力我国高等教育事业的健康发展。

高等学校学费政策取得的成绩主要表现在以下几个方面。

(一)多元化高校资金来源

公办高校学费政策的本质要义是成本分担。随着时间的推移,高等教育成本由新中国成立初期的政府统揽全包,逐渐演变为国家、社会、家庭、学校等不同主体共同承担。公办高校学费政策最直接、最突出的作用便是为高等教育的发展拓宽资金来源的渠道,为我国高等教育事业的健康发展注入源源不断的生命力。

回顾以往,我国高等教育由精英化,中间经历大众化,如今进入普及化阶段。高等教育的发展历来备受各级政府的重视,自20世纪80年代末开始,我国高等学校在校生增多、高等教育规模增大,政府虽然对高等教育的投入也在增加,但是与高校所需资金相差较大,且与西方发达国家相比,我国的高等教育办学经费仍然明显不足,相当一部分高等学校维持低速、低效的运行状态。因此,高等教育要发展,仅仅靠政府的力量是不够的。

高等学校学费政策要求除了政府以外,其他与高等教育相关的主体如家庭、社会等共同承担高等教育成本,学费政策本身从根源上缓解了政府对教育投入的资金压力,在一定程度上也增强了其他相关主体对高等教育事业的关注度,为高等教育的持续健康发展提供了多元化的资金来源。

(二)提高政府经费的使用效率

我国高等学校学费政策的基本依据是成本分担理论,国家以及学校在制定学费标准的时候,是以年生均培养成本为核算基础的。随着学费政策的发展与完善,政府、学校、社会以及家庭会越来越多地关注学校的年生均培养成本,也会促使社会力量更多地关注高等教育的资源利用效率、教育教学等过程中是否存在各种问题等等,从而借助社会力量形成对高等教育事业的有效监督。同样,学校作为成本核算的主体之一,也会因此更加注重资金的使用效率,从高校自身的角度来看,其会更多关注二级学院的经费划拨以及各种经费的使用效率问题,注意经费资源的合理配置,促进学校自身的稳定、持续发展。

由此来看,高等学校学费政策的实施,会提高社会各界对高等教育以及高等教育经费问题的关注程度,监督高等学校的各种财政资金的使用情况,提高高等学校的资金使用效率。

(三)提高受教育者的学习效率

学生上学缴费,最直接的便是增大家庭的经济压力。出于"经济人"的假设,家庭以及学生在承担高等教育成本的同时,也会考虑接受高等教育能学到多少知识,对于个人的综合能力提升有多大的帮助,目前对学生进入高等学校学习所支付的成本在未来是否可以带来更好的收益等问题。而学生一旦通过缴费进入高等学校学习,成本的付出会使其更加珍惜在校的学习时光,从而促使个体努力学习,以期未来回报家庭,为社会多做贡献。

从另一个角度来看,政府不再对学生进行经济上和就业上的兜底,学生将面临更大的就业压力,促使他们重视学业,提升自身的能力和素质,从而更好地适应社会,因此,高等学校学费政策引致的经济和就业压力对提高受教育者的学习效率具有十分重要的积极意义。

(四)促进教育公平的实现

教育公平是我国发展教育事业最重要的基本原则之一,也是我国高等教育一直努力的发展方向。新中国成立之初,高等教育完全由政府买单,学生上学免交学费,还可以领取助学金,这与当时我国处于计划经济时期的具体国情是有紧密联系的,虽然这种培养模式为国家建设供给了大量人才,但是这种政府全揽的高等教育,依然存在着很大的弊端。

第一,高等教育是一个需要大量资金投入的行业,从校园建设、师资的引进到设备的购置,无一不需要大量的资金支持,国家要保证高等教育的快速发展,离不开对高等教育的大量投入,在政府资金一定的情况下,这必然是以牺牲社会其他行业的发展为代价的。

第二,高等教育的受益方并非只有政府,因此高等教育全部由政府买单的做法也是不合理的。根据人力资本理论可以明显地看出,个人通过接受高等教育,未来会显著提高自身的收益水平,因此高等教育只由政府承担成本是不公平的。

第三,免费的高等教育看似公平,其实恰好相反。政府的一切收入来自人民,如果高等教育全部由政府买单,则变相地由全体人民共同承担高等教育成本,对于那些根本没有机会接受高等教育的贫困家庭来说,免费的高等教育意味着他们还要为他人接受高等教育付费,这显然是不公平的。学费政策改变了国家独自承担高等教育成本的现状,使高等教育的成本由各相关主体共同承担,减轻了政府的资金压力,也保障了高等学校充足的经费来源,是实现教育公平的必然选择,也是我国高等教育事业发展的必由之路。

综上所述,在国内,高等教育虽然对政府来说有政治属性,即高等教育可以促进社会经济的发展、改善民众的收入水平等,但不可否认的是,高等教育对个人的发展也起到了积极的促进作用,学生通过在高等学校的学习,其自身专业知识水平显著提高,未来收益能力明显增强,根据受益支付原则,高等教育成本全部由政府承担显然是不合理的。

公办高校学费政策的实施,从根本上缓解了我国高等教育经费来源单一、体量较小的现实困难,也提高了社会力量对高等教育事业的关注程度,促进高等学校合理分配资源,提高资源利用效率,促进教育公平的顺利实现。所以,高等学校学费政策的出现,顺应了我国经济社会发展规律,必将促进我国高等教育事业的健康可持续发展。

第四章

公办高等学校学费政策现实困境及成因

前文借助文献研究法,梳理了新中国成立以来我国公办高校学费政策,这对于了解政策历程、发现政策演变逻辑有着重要的作用,从而能更好地帮助我们理解政策、学习政策、认知政策。本章在前一章对政策文本研究的基础上,选取样本政策,借助PMC指数模型对学费政策进行更加细致与深入的量化研究,这对于发现政策存在的问题以及探究问题背后的原因有着十分重要的意义,也是对学费政策研究的进一步升华。

一、PMC指数模型下学费政策现状分析

公办高等学校学费政策是我国教育政策的重要构成部分,其目标取向直接关系到国家、高校以及各个家庭的根本利益。通过对政策文本的挖掘与分析,借助PMC指数模型设置10个一级变量和33个二级变量,对7项学费政策文本进行量化研究,根据PMC指数和PMC曲面图对我国7项学费政策进行量化评价。

(一)PMC指数模型及其应用

PMC指数模型是Ruiz Estrada等[①]基于Omnia Mobilis的研究观点提出的一种针对政策文本进行建模分析的量化模型,其强调各事物间都是相互关联的,

---

① Ruiz Estrada MA, Yap SF, Nagaraj S.Beyond the Ceteris Paribus Assumption:Modeling Demandand Supply Assuming Omnia Mobilis[J]. International Journal of Economics Research,2018,2(05):185-194.

任何一个相关变量对政策文本分析结果的影响都不应当被忽视或者放大。因此在对选取的政策文本进行深入研究时,二级变量的选取应当尽可能涵盖政策文本的各个方面,同时各变量的权重应该是相同的。基于PMC指数模型的政策文本评价法已经在国际上得到越来越多学者的认可,成为一种先进的政策文本量化评价法。①

1. 政策筛选

为了保证数据的真实性与有效性,本研究从北大法宝、各行政机关官方网站的近110份政策文本中挑选出7项富有代表性的学费相关政策,如表4-1所示。

表4-1 待评价学费政策汇总

编号	政策名称	发文字号	发布日期
P1	高等学校收费管理暂行办法	教财〔1996〕101号	1996年12月16日
P2	教育部、国家发展和改革委员会、财政部关于进一步规范高校收费管理若干问题的通知	教财〔2006〕2号	2006年5月12日
P3	河南省发展和改革委员会、河南省财政厅、河南省教育厅关于调整公办普通高校学费标准的通知	豫发改收费〔2020〕456号	2020年6月12日
P4	陕西省发展和改革委员会、陕西省财政厅、陕西省教育厅关于调整公办高等学校学费标准的通知	陕发改价格〔2021〕784号	2021年6月10日
P5	广东省发展改革委、广东省教育厅、广东省财政厅关于调整公办普通高等学校学费的通知	粤发改价格〔2016〕367号	2016年6月16日
P6	浙江省物价局、浙江省财政厅、浙江省教育厅关于规范和调整公办普通高校学费的通知	浙价费〔2014〕240号	2014年10月30日
P7	辽宁省发展改革委、辽宁省财政厅、辽宁省教育厅关于调整我省公办普通高校本科学费政策的通知	辽发改收费〔2021〕78号	2021年3月15日

注:表中数据来源于北大法宝、各级行政机关官方网站等。

---

① 张永安,周怡园.新能源汽车补贴政策工具挖掘及量化评价[J].中国人口资源与环境,2017,27(10):188-197.

2. 变量分类与参数

本研究需要借助文本挖掘工具ROSTCM6软件,对从我国公办高校学费政策文本中抽取的7项样本政策进行加工处理。步骤如下:第一,对7项样本学费政策文本进行分词;第二,将分词后该文档的词频进行统计整理,对高频词的统计,同时借助德尔菲法;第三,借助ROSTCM6工具生成学费政策高频词社会网络图谱(见图4-1)。结果显示:高校、学费、调整、标准、执行、管理、发展、财政等词在文本中出现的频率较高,由此可将它们视为达成目标的关键因子。从图4-1以及政策文本中可以总结得出:高校和学生是学费政策的主要载体,调整标准并进行学费的管理是路径,最终发展教育事业是本质目的。

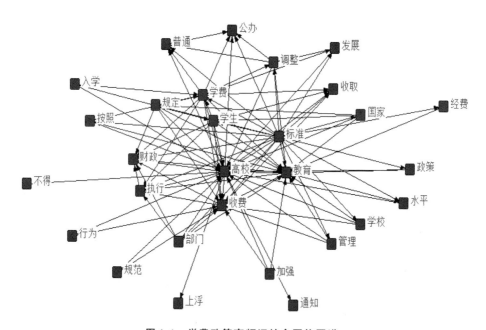

图4-1 学费政策高频词社会网络图谱

根据图谱中我国公办高校学费政策的高频词,参照Estrada[1]、张永安等[2]关于PMC指数模型政策评价指标的具体设定方式,加之运用德尔菲法进行广泛

---

[1] Ruiz Estrada MA. Policy modeling:Definition, classification and evaluation[J].Journal of Policy Modeling,2011,33(4):523-536.

[2] 张永安,郄海拓.国务院创新政策量化评价——基于PMC指数模型[J].科技进步与对策,2017(17):127-136.

的意见征集,将学费政策特点与PMC指数模型相结合,将影响因素的具体指标共设置一级变量10个、二级变量33个,如表4-2所示。

表4-2 高校学费政策量化评价变量设置

一级变量编号及名称	二级变量编号及名称			来源或依据
X1 政策性质	X1:1 建议 X1:4 描述	X1:2 引导	X1:3 预测	依据张永安的文章(2017)
X2 政策效力	X2:1 长期	X2:2 中期	X2:3 短期	依据张永安的文章(2018)
X3 政策级别	X3:1 国家级	X3:2 省级	X3:3 其他地方级	依据张永安的文章(2015)
X4 政策重点	X4:1 教育 X4:4 财政	X4:2 收费 X4:5 保障	X4:3 标准	依据学费政策高频词社会网络图谱
X5 政策功能	X5:1 发展	X5:2 规范	X5:3 管理	依据学费政策高频词社会网络图谱
X6 政策评价	X6:1 依据充分 X6:4 方案科学	X6:2 目标明确 X6:5 符合实情	X6:3 内容翔实	依据张永安的文章(2017)
X7 政策视角	X7:1 宏观	X7:2 微观		依据周海炜的文章(2020)
X8 政策措施	X8:1 加强 X8:4 规定	X8:2 执行 X8:5 监督	X8:3 调整	依据学费政策高频词社会网络图谱
X9 政策受众	X9:1 校内机构	X9:2 学生	X9:3 政府相关单位	依据学费政策高频词社会网络图谱
X10 政策公开				

其中,政策性质X1表示从建议、引导、预测、描述等4个方面来衡量政策是否具有该功能。政策效力X2根据政策持续时间的不同,具体将样本政策分为长期(5年及以上)、中期(3—5年)和短期(3年及以下)三种。政策级别X3将政策文本按国家级、省级和其他地方级三个等级来进行划分。政策重点X4在于判断样本政策是否涵盖教育、收费、标准、财政、保障等内容。政策功能X5将样

本政策的目的划分为发展、规范、管理等3个维度。政策评价X6从5个方面展开对样本政策的研究,即依据充分、目标明确、内容翔实、方案科学、符合实情。政策视角X7将样本政策分为宏观与微观两种视角。政策措施X8从5个方面展开,即加强、执行、调整、规定、监督。政策受众X9表示政策受用对象,学费政策的受众通常包括各级校内机构、学生、政府相关单位,因此将政策受众划分为高等学校校内机构、学生、政府相关单位等3个方面。政策公开X10从政策文本的公开性对样本政策进行考察,该一级变量下不设置二级变量。

除了各变量的选取,PMC指数模型的建立同样需要参数的设定。本研究关于参数的具体假设如下:(1)政策文本存在与之相匹配的二级变量,则此二级变量设定为1;(2)政策文本不存在与之匹配的二级变量,则设定为0;(3)各二级变量彼此独立且同等重要。

3. 构建多投入产出表

借助10个一级变量以及33个二级变量,建立多投入产出表,如表4-3所示。

表4-3 多投入产出表

X1			X2		
X1:1	X1:2	X1:3	X2:1	X2:2	X2:3
X1:4					
X3			X4		
X3:1	X3:2	X3:3	X4:1	X4:2	X4:3
			X4:4	X4:5	
X5			X6		
X5:1	X5:1	X5:3	X6:1	X6:2	X6:3
			X6:4	X6:5	
X7			X8		
X7:1	X7:2		X8:1	X8:2	X8:3
			X8:4	X8:5	
X9			X10		
X9:1	X9:2	X9:3			

4. PMC指数的计算

PMC指数的具体计算方法以及计算步骤如下:(1)将与样本政策相关的10

个一级变量以及33个二级变量置于多投入产出表中;(2)借助式(a)、式(b)计算各二级变量;(3)根据式(c)对各主要变量进行计算;(4)借助式(d)计算各样本政策最终的PMC指数得分。最后将PMC指数分为四个档次:10－8分表示政策优秀;7.99－7分表示政策良好;6.99－6分表示可接受;5.99－0分表示政策不良。各政策的PMC指数见表4-4。

表4-4 各政策的PMC指数

样本政策	P1	P2	P3	P4	P5	P6	P7
X1 政策性质	1	1	1	1	1	1	1
X2 政策效力	0.33	0.33	0.33	0.33	0.33	0.33	0.33
X3 政策级别	0.33	0.33	0.33	0.33	0.33	0.33	0.33
X4 政策重点	0.6	1	0.8	0.6	0.8	1	1
X5 政策功能	0.33	1	1	1	1	0.66	0.66
X6 政策评价	0.4	1	0.8	0.8	0.6	0.8	0.8
X7 政策视角	0.5	0.5	0.5	0.5	0.5	0.5	0.5
X8 政策措施	0.6	1	0.8	0.8	0.6	0.6	0.8
X9 政策受众	1	1	1	1	1	1	1
X10 政策公开	1	1	1	1	1	1	1
TOTAL	6.09	8.16	7.56	7.36	7.16	7.22	7.42
政策等级	可接受	优秀	良好	良好	良好	良好	良好
排名	7	1	2	4	6	5	3

$$X \sim N[0,1] \quad (a)$$

$$X = \{XR:[0,1]\} \quad (b)$$

$$Xt = \sum_{j=1}^{n} \frac{Xtj}{T(Xtj)}, t=1,2,3,4,\cdots,10 \ (t\text{为一级变量},j\text{为二级变量}) \quad (c)$$

$$\begin{aligned}
PMC = [&X1(\sum_{i=1}^{4}\frac{X1i}{4}) + X2(\sum_{j=1}^{3}\frac{X2j}{3}) + X3(\sum_{k=1}^{3}\frac{X3k}{3}) + X4(\sum_{l=1}^{5}\frac{X4l}{5}) \\
&+ X5(\sum_{m=1}^{3}\frac{X5m}{3}) + X6(\sum_{n=1}^{5}\frac{X6n}{5}) + X7(\sum_{p=1}^{2}\frac{X7p}{2}) + X8(\sum_{q=1}^{5}\frac{X8q}{5}) \\
&+ X9(\sum_{r=1}^{3}\frac{X9r}{3}) + X10]
\end{aligned} \quad (d)$$

5. 建立PMC曲面图

PMC曲面图是对PMC指数进行更深一步的加工处理,达到将政策的结果可视化的目的,以便能够更加直观地呈现样本政策的优缺点。由于X10无二级变量,出于矩阵对称性的考虑,剔除X10。将样本政策的PMC指数具体代入曲面矩阵中,如表4-5所示。

表4-5 各项政策的PMC曲面矩阵

$$P1 = \begin{matrix} 1 & 0.33 & 0.33 \\ 0.6 & 0.33 & 0.4 \\ 0.5 & 0.6 & 1 \end{matrix} \quad P2 = \begin{matrix} 1 & 0.33 & 0.33 \\ 1 & 1 & 1 \\ 0.5 & 1 & 1 \end{matrix} \quad P3 = \begin{matrix} 1 & 0.33 & 0.33 \\ 0.8 & 1 & 0.8 \\ 0.5 & 0.8 & 1 \end{matrix}$$

$$P4 = \begin{matrix} 1 & 0.33 & 0.33 \\ 0.6 & 1 & 0.8 \\ 0.5 & 0.8 & 1 \end{matrix} \quad P5 = \begin{matrix} 1 & 0.33 & 0.33 \\ 0.8 & 1 & 0.6 \\ 0.5 & 0.6 & 1 \end{matrix} \quad P6 = \begin{matrix} 1 & 0.33 & 0.33 \\ 1 & 0.66 & 0.8 \\ 0.5 & 0.6 & 1 \end{matrix}$$

$$P7 = \begin{matrix} 1 & 0.33 & 0.33 \\ 1 & 0.66 & 0.8 \\ 0.5 & 0.8 & 1 \end{matrix}$$

受篇幅限制,仅列出三项政策文本的PMC曲面图,分别代表了排名第一、第四、第七的PMC曲面图,见图4-2、图4-3、图4-4。

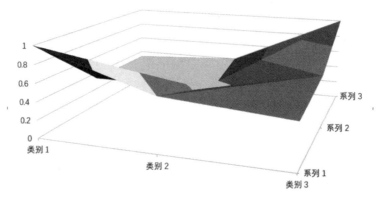

图4-2 P2的PMC曲面图

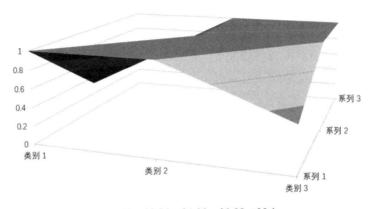

图 4-3 P4 的 PMC 曲面图

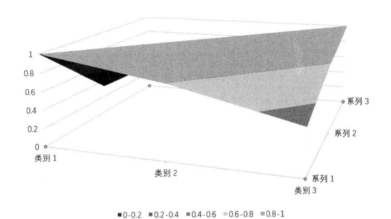

图 4-4 P1 的 PMC 曲面图

（二）学费政策评价结果分析

从各政策的 PMC 指数结果看，7 项样本高校学费政策中 1 项优秀，5 项良好，1 项可接受，无不良政策文本。1 项优秀政策是国家级政策，表明国家在此项政策的顶层设计中起到积极作用；5 项良好政策是地方政府级政策，表明各地方政府在政策的制定中能够紧跟中央步伐，并且结合自身的实际情况制定出高水平的高等学校学费政策；1 项可接受政策为国家级政策，此政策由于颁布时间较早，与现行的各地方政策相比优势不明显，应根据时代的发展对相关政策做出及时的调整。整体来看，7 项政策 PMC 指数平均值为 7.28，处于良好水平，表明国家各职能部门以及地方政府在公办高校学费政策的制定上考虑周全，计划详尽且一致性程度较高,具有很好的可执行性,也从侧面说明了地方学费政策正在积极贯彻落实国家引导的政策方向。国家政策与地方政策相辅相成,共同助力我国高等教育事业的健康发展。

从横向来看,X1政策性质均值为1,说明学费政策在建议、引导、预测、描述等方面发挥的作用明显且能做到全覆盖。X2政策效力均值为0.33,说明高校学费政策内容包含的发展目标欠完善,在时限内的具体规划不够细致,没有统筹兼顾。X3政策级别均值为0.33,显示出政策由国家机关或者地方机构单独发布,缺乏联动耦合。X4政策重点均值为0.83,说明学费政策制定的重点突出,具有政策引导性较强的本质特征。X5政策功能均值为0.81,说明学费政策在发展、规范、管理等方面作用明显,具有较好的政策预期。X6政策评价均值为0.74,说明学费政策制定的依据较充分、方案相对科学、规划比较合情。X7政策视角均值为0.5,说明学费政策制定的政策视角较为单一,缺乏对宏观视角与微观视角的统筹把握。X8政策措施的均值为0.74,说明学费政策措施多维且相对高效。X9政策受众均值为1,说明学费政策覆盖面广,政策适用对象全面。

从纵向来看,结合PMC立体曲面图进行具体分析得到如下结果:P1的PMC指数为6.09,排名第七,政策等级为可接受。其中,X4政策重点、X5政策功能、X6政策评价、X8政策措施得分均低于各政策该相应维度的平均值,分析其原因发现,该政策虽然涉及学费标准但却没有具体规定,也缺乏相应的政策保障,其规划以及管理的功能弱化,指出学费标准不得超过年生均培养成本25%的学费上限却缺乏充分的论证,合理性以及科学性有待考证,在其他方面该政策高于或等于相应维度的平均值。总体看P1主要考虑长期规划,作为全国学费政策的引导性文件,具有宏观指导性,但由于颁布时间较早,与现行政策文本相比劣势明显。

P2的PMC指数为8.16,排名第一,政策等级为优秀。其各项政策维度指标皆等于或者大于平均值,但与完美的政策相比仍然存在不足。从X2政策效力来看,该政策过于注重短期内相关政策目的的达成,缺乏相应的长期规划与目标路径;从X7政策视角来看,文本又过于强调宏观视角,虽然政策的出台是为了规范高校收费,但是对于如何规范、如何执行的规定较为空泛,缺乏具体的执行标准,可操作性不足。

P3的PMC指数为7.56,排名第二,政策等级为良好。X4政策重点得分低于均值,这与政策发布目的相关,P3的出台,目的是通过提高学费来缓解高等教育经费不足的问题,因此政策重点落在了收多少、如何保障收费过程顺利,忽视了收费工作的本质目的是缓解国家财政的压力,标准虽然具体,但在是否能兼顾家庭以及学生的实际支付能力等方面缺乏合理性依据。这表明未来在政策制定过程中,若要针对政策内容进行全面的布局筹划,除了突出政策的目的,更要明晰政策制定的原因,同时充分利用调研数据与高校及政府的公开数据,使学费标准更加具有公信力。

P4的PMC指数为7.36,排名第四,政策等级为良好。其中,X4政策重点得分较低,该政策颁布的目的是调整学费标准,目标较为宏观,但保障却相对单维且不具体,这直接导致X4得分较低。

P5的PMC指数为7.16,排名第六,政策等级为良好。在X6政策评价方面,政策文本中谈及学费标准调整的底线为困难承受水平,有宏观指导,但是其依据不够充分,方案也有待进一步明确。X8政策措施较少且内容较为单一,缺乏具体的指导意见以及措施。

P6的PMC指数为7.22,排名第五,政策等级为良好。X5政策功能不突出,虽然提及政策的发展、管理等问题,但却未提及相应的规范及其助力,政策功能还有待完善。X8政策措施存在的问题与P5类似。

P7的PMC指数为7.42,排名第三,政策等级为良好。其问题主要在于X5政策功能不突出,X8政策措施有待加强,X6政策评价待完善。

二、学费政策的现实困境

高等教育政策是政策主体在综合各方利益的基础上,为了解决特定高等教育问题、实现特定高等教育目标所规定的行动依据和准则。[①]对于现有教育政策的评价,是按一定评价标准,对教育政策的过程和内容在事实判断的基础上做出价值判断。[②]这对于研究新的政策方案,调控政策执行资源,决定政策持续、修正或终结等方面具有十分重要的意义。[③]高等教育事业的稳步推进、人民

---

① 祁占勇,李莹.改革开放40年我国高等教育政策的演进逻辑与理性选择[J].高等教育研究,2018,39(04):16-22.
② 祁型雨.论教育政策的价值及其评价标准[J].教育科学,2003(02):7-10.
③ 孙绵涛.教育政策学[M].北京:中国人民大学出版社,2010.

群众对高等教育事业的满意度等有赖于合理的高等学校学费政策体系,不同时期高等学校学费政策有其特殊性,在强调政策工具性及以政策目标为导向的社会背景下,高等学校学费政策在目的、主体、标准、结果等方面容易偏离原本预期,致使政策未能发挥其规范和引导作用,进而造成重视眼前利益而忽视高等教育事业的长期发展,以至于由异化的高等学校学费政策得出高等教育事业虚假繁荣,以及家庭、学生满意之泡沫。

(一) 政策目标过分追求时效与绩效

我国高等学校学费政策目标的异化主要表现为以下两点:

一是以时效为目标的学费政策。高等学校学费政策的核心目标应当是在最大限度发挥资源效用的同时,促进国家、家庭、学校等不同主体的共同发展,不应当因为某种原因而出现"一边倒"的情况。新中国成立之初,高等学校学费政策以"免费加发放助学金"的形式呈现,此时并没有严格意义上的学费政策,1952年政务院下发的《关于调整全国高等学校及中等学校学生人民助学金的通知》规定了国家对大学生实行"统揽全包"的基本政策,从大的社会环境看,当时国家的各种方针政策皆效仿苏联的做法,在"免费才是社会主义""学习苏联就是学习先进"等思维定式影响下,学费政策的目的也发生了偏差。虽然免费上大学的学费政策与新中国当时所处的环境有着直接关系,但看似免费的高等教育学费实则是由全体公民共同买单。从长远看这种学费政策并不利于教育公平的实现,也在一定程度上影响着我国高等教育事业的健康发展。

二是以绩效为目标的学费政策。随着免费上大学基本学费政策的推行,加之我国高等教育规模的逐年扩大,政府的担子越来越重,改革开放使得国民的思想发生了巨大的变化,"不管白猫黑猫,能捉老鼠的就是好猫",这种思想放在我国高等教育领域便是"能缓解高等教育经费不足的学费政策就是好的学费政策"。在这种目标导向之下,1984年教育部等部门制定《高等学校接受委托培养学生的试行办法》,对"自费生"和"委培生"的招收给予政策支持。从效果来看,该政策确实提高了高等教育资源的使用效率,高等教育的收益显著提高,但招生质量的参差不齐以及"双轨制"招生带来的学校管理难度增大,直接导致高等教育培养质量下降。此时的学费政策为了迎合短期的利益需求而忽视了高等教育应当健康、持续发展的长期目标。在上学收费合法化的背景下,由于教育经费不足,加之高校招生规模的扩大、新校区的筹建等原因,各高校不得不纷纷调高学费标准来弥补自身经费的不足,然而这一行为却给不少家庭造成了沉重的经济负担。实证研究表明,2000年学费达到当年人均GNP的59.9%,在2001年学费猛涨之后,全国平均有60%的城镇居民和72.54%的农村居民支付不起当年的高等学校学费和生活费,学费负担已经对国民造成了较大的压力。[①]

(二)政策制定过程中民众话语权薄弱

通常情况下,高等教育成本由国家、学校、家庭及学生共同承担,因而以上主体都应该参与学费政策的制定。由于政策本身是一种价值判断,那么它必然面临着不同主体间不同价值诉求的现实矛盾,然而各相关利益主体在政策制定过程中的话语权并不对等。

一方面,公办高等学校的人、财、物几乎全部来自政府,政府和学校在某种意义上来说属于利益共同体。学费政策的制定虽然是由学校提供相关的基础数据,但是真正的审批权由政府掌握。由于国家建设的各行各业都需要政府财政支持,从政府自身的角度出发,总是希望有一个相对较低的教育成本来缓解自身的财政压力。在培养成本一定的情况下,政府承担的少,无疑就需要家庭和学生多分担高等教育成本,而家庭和学生则希望以较低的学费接受较高质量的高等教育。由于各主体话语权不对等,家庭和学生的实际诉求很难被完全采纳。

另一方面,在政策的反馈评价方面,从内部评价来看,自我评价由政府主导,政府在评价过程中拥有绝对的话语权。政府委托评价基本是自上而下的行政委托代理方式,存在委托人和代理人之间权责不对等、信息不对称、政策目标不一致等弊端,从而影响教育政策评价的效能[②],以至于在后面的评价中出于某种利益的考虑,导致评价结果的片面性与局限性,主观随意性突出[③],容易夸大优点、忽视缺点、隐瞒不足。从外部评价来看,第三方机构虽然处于中立的地位,但其受政府及学校在评价经费、评价资料等方面的控制,加之第三方机构往往不是政策的直接受益人,有时会产生评价不是为了政策本身,而是为了委托人的预期结果的实际情况。家庭、学生以及社会团体自发的评价,其初衷虽然

---

① 吴伟,洪林.我国居民高等教育支付能力及学费政策研究[J].高校教育管理,2010,4(06):92-96.
② 邓旭,赵刚.我国教育政策评价的实践模式及改进路径[J].国家教育行政学院学报,2013(08):66-70.
③ 张继平.高等教育评估政策评价的五大难题[J].学术论坛,2011,34(09):203-206.

最为客观,能够反映民众的真实诉求,但受到资料、经费等限制,其结果缺乏权威性,很难得到应有的重视,更难以被行政部门采纳。

(三)政策内容中学费标准模糊

《高等教育法》第五十四条规定,"高等学校的学生应当按照国家规定缴纳学费"。这表明我国目前实行的是高等教育上学缴费的基本政策,为高等教育收取学费提供了法律依据。然而,学费政策从内容上来看,依然有两个难题亟须解决。

其一,关于培养成本的核算问题。我国目前高等学校学费标准是由各个高校根据年生均培养成本来核算的,虽然国家发展改革委2005年发布的《高等学校教育培养成本监审办法(试行)》对高校教育培养成本进行了界定,但是对于部分经费支出,目前还没有权威口径进行统一。这就使得不同学校在计算各自的培养成本时,具有很大的自主空间,进而导致最终结果具有很强的随意性,致使学费标准的制定缺少科学的理论依据。

其二,关于培养成本的分担比例问题。国家虽然规定了学费标准不得超过年生均培养成本的25%,但是并未给出具体标准,这就使得学校在制定学费标准时,有了很大的浮动空间。有的学校按最高标准也就是年生均培养成本的25%执行,还有一部分学校根据自身的实际情况,自行设定分担比例,进一步增大了不同学校间学费标准实际收取金额的差异,不利于实现教育公平。因此确定科学合理的成本分担比例也是亟须解决的重要问题。

(四)政策结果公信力不足

高等学校学费政策的效应既要面对国家成本—效益等复杂显性指标的直接影响,又要顾及人才培养、高等教育事业发展、民众满意度等隐性指标的间接作用,多种复杂因素的存在,使得高等学校学费政策公信力不足。[1]在行政权力的影响下,无论是内部评价还是外部评价,其结果无论是科研发现还是政策建议,当与行政部门的预期相吻合时,才最有可能使该结果服务于政策的制定,但这实际上与政策本身应有的结果可能关系不大,进而造成无效的项目得以实施,而有效的项目却被弱化与搁置,最终使政策丧失公信力。加之现有学费政

---

[1] 朱剑.学术研究谁人评说[N].光明日报,2010-08-17(11).

策评价机制不完善,在评审的过程中,无论是专家的选取、评审机构的抉择,还是民众参评人的确定,甚至评价程序的安排、结果的公布,都要由相关主管部门负责具体实施,由此产生的评价结果的客观性、公正性难免会受到质疑。从民众的角度出发,政策的透明度不高以及其自身在政策制定和评价过程中缺位,使得一旦出现不利于其诉求的政策结果,他们便会通过舆论向政府施压。尽管上涨学费需要相关部门对于学费调整进行解释说明,政府和学校也一再说明或者举证调整学费的合理性以及必要性,但学校年生均培养成本不公开、学费支出使用明细不公开、参与主体之间话语权不对等等原因,使得民众对学费政策的公信力充满疑问。纵观1990—2003年学费变化的统计,可得出:年生均学杂费占居民年收入的比重由12.8%(农民纯收入)、4.10%(职工平均工资)上升到173.98%(农民纯收入)、32.49%(职工平均工资)。[①]沉重的经济负担引起了社会各界的强烈反响,当舆情过于激烈时,政府出于社会安定等多方面的考虑,只能暂时搁置新政策的实施。以高等学校学费政策为例,尽管每次学费标准的调整都会有一系列的调研会、座谈会、听证会,但仍然出现了政策需要涨、民众不愿涨、政府不敢涨的现实困境。2007年的限涨令便是这一结果的产物,以至于多个省份出现了高校学费十几年"原地踏步"的现象。学费政策公信力不足直接影响民众的满意度以及政策本身的存续与更替。

三、学费政策困境潜因分析

美国著名政策分析专家威廉·邓恩认为,评价一项政策的中心内容是对政策的有用性或者价值进行判断,主要目的是确定一项政策和计划的价值或者社会功效。[②]评价高等学校学费政策的价值应当建立在相关信息和资料的基础上。哈德罗·拉斯韦尔较早提出了政策过程分析理论,他在政策的分析中将其模型划分为七个阶段(见表4-6),奠定了政策分析的基调。借助拉斯韦尔模型,并结合学费政策本身的特殊性,笔者发现其困境的诱因主要包含立法、目标、评价等三个方面。

---

① 杨运强.改革开放后我国高等教育机会均等问题研究[D].上海:华东师范大学,2006.
② (美)威廉·N.邓恩.公共政策分析导论[M].2版.北京:中国人民大学出版社,2002.

表 4-6　拉斯韦尔模型

过程环节	分析内容/功能
情报	政策问题决策信息的搜集、分类、加工和处理
建议	政策建议和备选方案的形成与提出
法规	政策方案的通过、发布规定
行使	由谁来裁定违规与否
运用	政策方案的运用和执行
评估	政策运行过程、效果
终止	政策变更的原因和变更方案

（一）立法缺位：缺乏执行依据

回顾以往，我国的学费政策由最初的国家统揽全包，逐步过渡为由全体学生共同承担，道路漫长且曲折。在现实中，学费政策在不同地区间、同一地区不同学校间差异过大，其中一个重要的原因是立法的缺失。一方面，虽然《高等教育法》赋予了高等学校向全体学生收取学费的合法权益，将学费缴纳纳入国家的法律保障范围之内，但是关于学费收取标准问题，《高等教育法》并未提及，只有《高等学校收费管理暂行办法》规定学费标准不高于年生均培养成本的25%，但是标准也只有上限，没有下限。在实际的执行过程中，学费标准的浮动空间过大，使很多学校难以准确制定科学合理的学费标准。加之关于年生均培养成本，各学校对于应当计入成本的具体项目的理解不同，使学费标准更加难以精准计算。另一方面，相关评价的法律法规缺失。目前我国还没有一部关于高等学校学费政策评价的法律法规，这使得学费政策缺乏一个科学的评判标准，对于现行的政策是否合理、是否需要更替，缺乏权威评价。缺乏相关法律对第三方评价机构进行追责，之所以出现一些第三方机构拿钱办事的局面，也是由于现阶段法律中没有对第三方评价的权责约束，使得第三方评价机构犯错成本较低；缺乏专门的学费政策评价组织机构对政府评价、机构评价、社会评价进行统领协调，导致公众评价由于资料的缺乏很难做到全面细致，缺乏权威性，更难以被行政部门采纳。

（二）执行偏离：目标结果错位

高等学校学费政策最初的理念与目标相对简单，仅仅被视为一种对高等教育事业发展中有关学费标准影响资源配置的评价手段。随着我国高等教育事业的稳步发展,高等教育规模的逐渐扩大、组织结构的丰富、管理功能的完善以及外部社会政治文化的变革,学费政策的功能体系不断外延,涉及的领域不断扩展,其涵盖范围已经远远超出初始时的目标定位。

高等学校学费政策呈现出健康发展、多元演进的态势,集中表现在以下两个维度:一是政策范畴由单一的资金使用收益向包含人才培养、学校发展、教育进步等多方面延伸,政策目标由单一导向逐渐转变为多元导向。二是政策主体由最初的政府,逐渐演变为政府、学校、家庭及学生、社会机构,参与主体逐渐多元,学费政策的内涵日渐充盈。

学费政策的发展对高等教育事业的壮大起到了积极的推进作用,但在实际操作中也出现了目标与结果错位的尴尬局面。从政策效果来看,政策范畴多元化也导致政策目标多元化,一方面,多元化目标会不可避免地使政策预期结果分散、目标不聚焦等问题突出,容易出现"所有问题都想抓,但都没能抓住"的尴尬局面;另一方面,高等学校学费政策的很多长期目标如人才培养、学校发展等问题,在短期内难以量化,政策的效果需要很长时间才能显现,反观与政策相关的投入—产出—效益等可量化的指标,这些指标更容易测量,也更能使某些官员大力推行的相关政策在短期内显得硕果累累,其上级部门也较容易用可量化的指标作为评价与考核下级部门干部人员的标准,久而久之,政策目标的理论与实践结果发生错位。[①]从政策主体来看,即便对同一个政策文本,不同主体派生的利益诉求、角色定位以及偏好回应也有所不同。不同利益主体极易从自身的潜在需求出发,试图将政策目标导向最有利于自身发展的方向。最终使得同一政策在不同利益主体间的执行标准大相径庭,进而使得政策本身失去其预期的应有职能。

(三)评价薄弱:体系有待加强

一般来讲,完善的学费政策评价至少包含三个方面的影响因素:评价组织的严格程度,评价主体与教育政策制定及执行主体之间的关系,以及评价路径。[②]现行评价体系的不完善具体表现为以下三个方面:

---

① 张蓉.中国普通高校学费政策评估研究[D].西安:西北大学,2009.
② 孙绵涛.教育政策分析:理论与实务[M].重庆:重庆大学出版社,2011.

第一,评价组织有待加强。目前国家尚无专门的学费政策评价机构,在具体的政策评价过程中,信息的收集、材料的加工处理、结果的反馈上报多由临时组调人员完成,相比西方以及日本等发达国家弊端明显。第三方机构的评价由于经费以及资料皆来自政府,难免存在评价结果的倾向性。

第二,评价过程中监督不足。立法的缺失直接导致评价主体、评价过程、评价方式缺乏相应的理论依据与技术指导。缺乏法律约束,会使可能存在的违法成本大大降低,在这种现实困境下,由于外部评价中独立评价以及公众评价还不成熟,以政府为主导的内部评价占据重要地位,其评价影响以及评价效力远远超过外部评价。民众缺乏相应的路径反映自己的现实诉求,难以保障自身的合法权益。政府负责组织实施学费政策评价的相关事宜,虽然这样便于政府了解真实情况,加之政府本身拥有评价所需要的基本材料,方便其根据结果及时调整当下以及未来的高等学校学费政策,但这种"自己评价自己"的模式严重缺乏监督,容易造成避重就轻、只讲优点、隐瞒缺点的结果。外部评价中的第三方评价,由于其资料、资金皆来源于政府,其评价结果往往带有一定的倾向性,加之没有相应的规章制度对第三方评价机构的权责进行规定,极易造成第三方机构拿钱办事的失衡局面。

第三,评价路径待拓宽。虽然构建多元化评价主体架构可以拓宽评价路径,使评价结果的公信力大大增加,这一点在理论层面没有太大异议,但是在实践过程中却显得很困难。

回顾以往,可以清楚地发现:学费标准问题是最为突出也最为尖锐的矛盾点。那么,如何调整学费才能平衡政府、学校、社会以及家庭的利益分配,使其能达到一种最优的组合便显得特别重要与迫切了。这也是本研究希望重点解决的问题。

第五章

基于成本分担的高校学费影响因素指标体系建构

百年大计,教育为本,尤其在我国,"学而优则仕"的观点自古便深入民心。现如今,子女能够考入理想的大学,毕业后能够有一份好的工作仍然是无数家庭的梦想。高等学校学费政策涉及国家、学校以及家庭利益的调节,这必然要牵扯众多家庭的切身利益,随着我国高等教育进入普及化阶段,学费政策更是受到社会各界的高度关注。学费标准作为高校学费政策的核心问题,其制定的科学性与合理性直接影响着国家与家庭之间的利益分配,也决定着我国高等教育事业的健康以及可持续发展。公共领域的价格机制定价方法很多,而学费定价作为一种特殊的公共定价,其在标准的制定上有一定的复杂性与特殊性,学费标准的制定受政治、经济、地域、文化、消费等诸多因素的影响,这些因素共同作用于学费标准的制定。

教育成本分担理论下,学费是受教育者个人对教育成本的一种分担与补偿,教育成本就是学费定价的计量基础。教育成本作为学费定价的基本依据,从逻辑上讲,是因为教育成本反映了一定质量下国家通过高等教育对接受高等教育的学生所付出的资源总和,由于高等教育将来可以为个人带来显著的收益,由家庭以及学生负担部分教育成本合情合理。教育成本与学费之间存在正相关性,教育成本的增加会引起学费的上涨,教育成本与学费的这种关系是符合马克思劳动价值论与经典经济学价格形成基本理论的。

在实际的操作中,虽然国家规定了学费标准以各高等学校年生均培养成本的25%为上限,但由于各级各地的学校生均教育培养成本统计口径的差异性,学费涨幅不一、增速过快或过慢的情况时有发生。理想的学费标准并不是一成不变的,而是能在法规允许的范围内根据地方、专业、学校层次不同制定差异化的标准,是一种围绕着各高等学校生均教育培养成本这一中轴线上下波动的标准,是一种有效调节各主体间利益分配,从而实现各相关主体利益最大化的标准。然而对于年生均培养成本的具体核算方式,目前从国际范围内来看,还没有哪一所高校或哪一个国家的年生均培养成本是完全"标准"的,当然这主要是由于统计口径的差异,目前学术界还没能达成共识。学费的高低首先与教育成本有关,同时,也有多种因素直接或间接地对学费定价产生影响,由于时间以及研究精力有限,本文主要是从成本分担的角度研究影响学费标准制定的影响因素,以及各因素在学费调整的过程中发挥作用的权重,从而为国家以及学校对学费标准的调整起到一定的借鉴作用。

一、成本分担

成本分担最早由约翰斯通提出,从目前世界范围内来看,没有任何一个国家将高等教育列为义务教育,发展高等教育需要大量的人力、物力以及财力,任何国家想要实现高等教育全部由政府负担都是相当困难的,另外根据谁受益谁付费的原则,作为享受高等教育收益的政府、家庭、学生和社会公众,应共同承担高等教育的成本。一方面,国家的进步离不开人才的培养,有了高等教育为国家源源不断地提供优秀人才,国家的发展才能有长足的动力,国家的各个管理岗位、科技岗位同样离不开高等教育人才;另一方面,政府和社会公众可以受益于高等教育的"溢出效应",如推动经济发展、提高公民素质、降低犯罪率等,因此政府明显是高等教育的受益者,理应分担部分高等教育成本。根据人力资本理论,学生可以通过对高等教育的投资提升自己今后在生活以及工作中的竞争力并最终从中受益,学历和收入从某种程度上来讲存在正相关性,这些收益不但表现为高收入,也可能是获得一些非物质方面的收益。例如当下的博士身份不仅仅代表着高学历,更是一种社会身份的象征,这也使得家族成员可以因此获得相当的荣誉感,作为孩子的家长,也可以获得相当可观的个人收益,即可以从他们孩子的高等教育成功中获得满足感和荣誉感,所以从这个角度来看,家庭和学生也应该承担部分高等教育成本。

目前的实际情况是,虽然实行高等教育成本分担政策改变了原来高等教育由政府统揽全包的基本模式,将家庭和社会也拉进高等教育成本分担的主体之中,但是目前学界对于高等教育的成本分担也确实存在争议。支持的一方认为,高等教育的受益方并非只有政府,学生及家庭也会从中受益,根据受益付费原则,学生及家长理所应当分担部分高等教育成本,这样不但可以提高高等教育投入的经费总额,还可以减轻政府的财政压力,使政府有能力对其他行业投入更多的资金,促进社会的全面发展。[①]反对的一方认为,高等教育成本分担是政府的一种政治意愿,会使部分贫困家庭的子女失去入学的机会,引起教育不公平的现象。另外关于成本分担的具体比例,国家暂行的是不高于学生平均培养成本的25%,但是25%是否合理,在学界仍然有较大争议。不可否认的是,目前高等教育的成本分担政策正在世界范围内推行并逐步实施,该政策可能未必是完美的,但是其存在也说明了它确实有一定的合理性。

二、公办高校学费标准影响因素指标体系建构

指标一词多出现于统计学的相关研究中,被认为是一种衡量目标的中立参数表达,反映自然与社会现象在规模、程度、比例、结构及其关系等方面的数据特征。公办高校学费问题关乎教育公平,也关乎老百姓的切身利益,而学费问题近年来饱受社会各界的争议,最根本的原因便是没有科学合理的学费标准公式,而公式的制定,重中之重便是影响因素指标的确定,以及各个指标作用于学费标准的机制。公办高校学费标准影响因素指标是构建公办高校学费标准动态调整公式的重要组成部分,是公式模型建构的准备条件和基本构成。

本研究遵循指标构建的基本原则、程序和方法,基于指标建构的基本价值立场,通过对已有研究的梳理以及自行设计的公办高校学费标准影响因素的相关问卷调研,分别从理论层面与实践层面初步筛选公办高校学费标准影响因素指标,运用德尔菲法进一步对影响因素进行加工以及细化,得到不同维度下公办高校学费标准的影响因素。

(一)构建原则

公办高校学费标准影响因素指标体系的构建主要包含构建原则以及构建方法两个方面,本研究将从这两个方面来对指标体系构建进行诠释。所谓的构建原则是指在构建公办高校学费标准影响因素指标体系的过程中应当遵循的

---

① European Commission. National student fee and support systems 2011/12. Education, Audiovisual and Culture Executive Agency, 2012:4-5.

基本规范和行为要求,该原则贯穿整个指标体系构建的全过程,主要包括理论与实践相结合原则、科学性与可行性相结合原则、整体性与针对性相结合原则、主观性与客观性相结合原则。

1. 理论与实践相结合原则

对于一切事物的认知与学习,理论与实践相结合应当是一个行之有效的基本原则,只有理论没有实践,便是纸上谈兵,所谈的理论也如无源之水、无根之木,是虚幻缥缈的空中楼阁;而只有实践没有理论指导,便如同在浩瀚的海洋中没有航行路线随波逐流的一叶孤舟,不知道何时才能到达胜利的彼岸。因此,理论与实践相结合原则是解决一切问题的最本质、最有效的原则。本研究以约翰斯通成本分担理论为依据,预计将公办高校学费标准影响因素的一级指标体系确立为"国家、学校、地方(政府)、家庭"四个维度,在构建二级指标体系时,秉承二级指标是其上级指标的具体细化,二级指标紧紧围绕一级指标的同时又是一级指标深层次的本质问题。因此,理论借鉴与实践操作相结合的方式,是构建公办高校学费标准影响因素指标体系的重要原则依据。

2. 科学性与可行性相结合原则

科学性原则突出强调的是选取指标的方法要科学,回归到本研究就是指影响因素可以充分并且较为全面地反映出其如何影响我国公办高校学费标准制定。学费问题不单单是涉及学校以及家庭的经济问题,更是一个复杂的社会问题。要平衡好各主体之间的切身利益,就要使学费标准的设定以及调整建立在科学、公正的基础上,否则很可能出现一边倒的情况,没有科学方法为指导的研究活动也将没有任何实际意义。

可行性原则突出强调在指标体系的构建过程中,除了考虑科学性,对于影响学费标准的所有因素,要学会有的放矢,在可行性的基础上抓住主要问题,只有这样才能凸显该指标体系构建和研究的理论意义和现实价值。

3. 整体性与针对性相结合原则

在构建公办高校学费标准影响因素指标体系过程中要做到统筹兼顾、整体覆盖,追求全面性、系统性,避免"木桶效应"中所说的短板存在,并进一步影响本研究最终的指标结果;同时又要具有针对思维,虽然同为影响因素,但是不同影响因素作用于学费标准的程度必然不尽相同,虽然在一级指标的设置上,要考虑影响因素的全面性,应做到全覆盖,但是二级指标的设计应该重点突出、详略得当。其一,在整体性层面,尽可能地完善指标体系,使指标体系能够全面地反映影响学费标准制定的各个方面。本研究以成本分担为主要理论基础,也需要在该基础之上进行必要的调整,以确保影响因素的一级指标既能够有充分的理论依据,又能从整体上对可能影响学费定价标准的因素全覆盖。其二,在针对性层面,各二级或者二级以下指标的设置应当根据实际情况,有所侧重,对于学费标准影响较大的方面多设置因素指标,对于影响性较小的方面酌情少设或者不设,突出学费标准影响因素的重点内容及目标主导。

4. 主观性与客观性相结合原则

无论是对文献的梳理研究,还是对问卷的设计、调研、资料整理,均需要保证指标获得的客观性,这样才能最大限度地保证数据的真实性,才能达到最终指标的有效性。在本研究中,为了避免主观性可能给指标体系带来的影响,在指标体系的构建过程中始终尽可能地站在客观公正的角度对前期的一些工作进行处理,以期能更客观、科学地反映公办高校学费标准影响因素的多维指标。例如:在问卷的发放、数据的统计过程中,均秉持随机性、客观性的原则,不对被试对象事先做过多的区分与细化,对问题数据进行如实的统计、整理。

但是在实际操作过程中发现,如果完全客观地统计,又会给调研活动带来许多的实际困难,比如:由于被试对象在生活环境、学历层次、思维认知等方面存在差异性,加之生活中同一事物可以由不同的词汇来表达,而软件在统计时,只能合并完全相同的词汇,并不能做到将同义词、近义词合并。如:"高校学费""大学学费""高等教育学费"指代的是同一对象,如果不进行人为整理,那么统计的结果虽然客观,但是在接下来的因素设置时,如若将所有的近义词统统罗列,这样就会造成大量近义词的区别统计,使结果的准确性大打折扣,因此在客观统计的同时,还需要进行必要的主观干预,对影响因素目标词汇进行整合、删减。

由此可以看出,主观性与客观性相结合是构建公办高校学费标准影响因素指标体系的必须遵循的原则。

(二)影响因素

影响因素是学费标准制定的度量尺,学费标准的制定应当在考虑各影响因素的基础之上,同时兼顾高校、政府、社会、受教育者个人及家庭等多方主体的利益。因此各影响因素的确定,在学费标准的制定过程中起着至关重要的作用。

本研究主要通过以下步骤进行我国公办高校学费标准影响因素的确定:

第一,在理论层面,通过阅读大量文献、书籍以及其他资料,了解目前学界关于学费标准影响因素的研究概况,并对已有研究成果中的学费标准影响因素进行统计、整理与归类,以期从已有研究成果的理论层面归纳总结各个学者关于学费标准影响因素的研究。

第二,在实践层面,通过自行设计问卷,并且借助问卷星软件,对学费标准影响因素进行调研,充分了解不同成本分担主体对学费标准可能存在的影响因素,并进一步进行统计分析,从实践角度得出我国公办高等学校学费标准影响因素。

第三,对于理论与实践层面的影响因素进行整理、归纳、调整、删减、合并前两步中得出的影响因素,使其更具有科学性与可行性,并以得出的影响因素为基础,设计德尔菲法专家咨询问卷。

第四,预计通过三轮德尔菲法问卷调研,对影响因素进行专家评议,统计分析每一轮德尔菲访谈专家的意见,以此为基础对影响因素进行整理,最终确定影响因素的维度以及数量,使影响因素的确定更加具有公信力与说服力。

第五,通过层次分析法,对于从上一步德尔菲法调研中得出的不同维度的影响因素进行权重确定,并通过一致性检验来判断该方法的科学性与正确性。

学费标准影响因素指标构建思路图如图5-1所示。

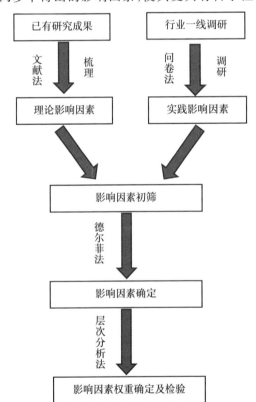

图5-1 学费标准影响因素指标构建思路图

1. 基于文献法的影响因素初筛

从国内已有研究成果中整理出最初的公办高校学费标准影响因素指标,是本文进行影响因素指标初筛的基本起点。

本研究首先梳理国内关于公办高校"学费标准""学费定价""定价模型"等的研究成果,直击公办高校学费标准的核心影响因素,并从中提取理论指标。本研究遵循前文所说的具体指标遴选原则,从已有研究成果中梳理公办高校学费标准影响因素指标,力图实现如下研究预期:

第一,直接将相关研究成果提出的影响因素指标全部计入。即凡是以公办高校学费标准影响因素为主题进行研究的,无论理论研究还是实证分析,其中所提出的影响因素指标、要素等均直接计入本文的指标统计。

第二,间接相关研究成果只选影响因素相关指标计入。如许多论文从教育收费、教育成本、学费模型等方面为切入点进行研究,凡是在行文中关于学费表述时与影响因素相关联的,这些影响因素均计入本文的指标统计。

第三,影响高校财务、教育事业收入、财政拨款等方面的因素不计入。若是在文献的梳理中,发现研究成果是关于高校财政拨款、教育事业收入或者高校财务收入等方面的影响因素,均不计入本文的指标统计。高校的学费虽然是教育事业收入的重要组成部分,但是反过来教育事业收入的影响因素未必会直接影响学费标准的制定,或者对学费标准制定仅有很小的影响。同理,学校财务和财政拨款的研究虽然也可能涉及学费标准,但是这些并不是学费标准的重要影响因素,因此这些因素指标均不计入。

通过文献整理,从已有研究中得到最初的影响因素指标,是进行指标体系或框架研究的基本起点。[①]本研究对相关已有文献的研究成果进行梳理,总结、归纳已有研究中关于公办高校学费标准的影响因素(见表5-1),以此作为文献法的理论起点,并由此提取公办高校学费标准影响因素的理论指标。

表 5-1 已有研究中关于学费标准影响因素的统计

研究者(时间)	研究对象	使用名称	学费标准影响因素
王善迈(2000)	公办高校学费	标准依据	教育成本、居民承受能力、资助保障

---

① 叶托,胡税根.政府购买社会服务的绩效评估指标体系研究——基于德尔菲法和层次分析法的应用[J].广东行政学院学报,2015,27(02):5-13+45.

续表

研究者(时间)	研究对象	使用名称	学费标准影响因素
袁连生(2010)	公办高校学费	学费定价	地区差异、院校差异、专业差异
伍海泉(2010)	公办高校学费	学费定价	生均成本、财政投入、支付能力
陆根书(1999)	公办高校学费	影响因素	专业差异、院校差异、地区差异、财政供给
岳园等(2012)	公办高校学费	学费定价	院校差异、专业差异、地区差异、学生人数、高等教育培养成本
王莹(2013)	公办高校学费	影响因素	院校差异、专业差异、家庭支付能力、当地物价水平
肖剑(2019)	公办高校学费	学费调整	居民生活水平、高等教育成本
陈晓芳等(2018)	公办高校学费	收费差异	院校差异、地区差异、经济差异、专业差异、收入差异、支付能力差异
王培石(2020)	公办高校学费	学费调整	院校差异、地区差异、专业差异、财政投入、经济水平
晏成步(2017)	公办高校学费	学费定价	院校差异、地区差异、专业差异、国家经济水平、财政投入、家庭支付能力
苟斐斐(2019)	公办高校学费	学费定价	地区差异、专业差异、院校差异、学科差异、招生人数、培养成本
毕春春(2009)	公办高校学费	影响因素	教育投入、居民承受能力、地区经济差异、生均培养成本、资助差异
吴洁演等(2019)	公办高校学费	学费定价	人均GDP、居民可支配收入、教育成本、教育供给、家庭收入
叶仁玉等(2009)	公办高校学费	影响因素	办学性质、地区经济、家庭承受、生均拨款、培养成本
张亚茹(2019)	公办高校学费	学费定价	家庭承受、教育投入、社会捐赠

从已有的文献研究中筛选、整理得到学费标准的影响因素共计22个,如图5-2所示。

国家经济	财政投入	院校差异	专业差异	地区差异
当地物价	当地经济	人均GDP	可支配收入	家庭收入
学科差异	资助保障	教育供给	家庭支付能力	个人承受能力
地区经济	教育投入	招生人数	办学定位	培养成本
生均拨款	社会捐赠			

图 5-2　学费标准影响因素初筛

2. 基于问卷调查法的影响因素初筛

本研究借助问卷星专业在线调查平台,通过发放开放式调查问卷"我国公办高校学费标准影响因素调查问卷(意见征集稿)",采用简单随机抽样法进行数据采集。随着高等教育普及化的到来,学费问题对各个家庭来说几乎都不陌生,因此该问卷面向家长、学生、教师、政府工作人员、企业员工等发放,本问卷除收集调查对象基本信息外,仅包含一个调查题目:"请列举您认为对我国公办高校学费标准的制定存在重大影响的因素有哪些?"本研究借助问卷星平台发放问卷500份,回收问卷477份,有效问卷470份,基本情况如表5-2所示。

表 5-2　问卷基本情况

(1) 性别

选项	小计	比例
男	241	51.28%
女	229	48.72%
本题有效填写人次	470	

(2) 年龄

选项	小计	比例
18岁以下	11	2.34%
18~30	162	34.47%
31~40	183	38.94%
41~50	61	12.98%
51~60	39	8.30%
60以上	14	2.98%
本题有效填写人次	470	

续表

(3) 职业

选项	小计	比例
专业人士(如教师、会计师、律师、建筑师、医护人员、记者等)	121	25.74%
服务人员(餐饮服务、司机、销售等)	38	8.09%
自由职业者(如作家、艺术家、摄影师、导游等)	47	10.00%
工人(如工厂工人、建筑工人、城市环卫工人等)	16	3.40%
公司职员	30	6.38%
事业单位人员/公务员/政府工作人员	54	11.49%
学生	138	29.36%
农民	19	4.04%
失业、无业人员	5	1.06%
其他	2	0.43%
本题有效填写人次	470	

(4) 学历

选项	小计	比例
硕士研究生及以上	79	16.81%
本科	215	45.74%
大专	155	32.98%
高中阶段及以下	21	4.47%
本题有效填写人次	470	

(5) 政治面貌

选项	小计	比例
中共党员(预备党员)	291	61.91%
共青团员	13	2.77%
民主党派	4	0.85%
群众	161	34.26%
其他	1	0.21%
本题有效填写人次	470	

续表

（6）户口性质

选项	小计	比例
农业户口	205	43.62%
非农业户口	265	56.38%
本题有效填写人次	470	

（1）研究对象。

本次问卷调查样本总量为470人，其中男性241人，女性229人，性别比例适中；年龄以18—40岁阶段为主，占比达73.40%；职业以专业人士和学生居多，占比为55.11%；学历层次以本科、大专为主，占比78.72%；样本性别、年龄、职业、学历等构成基本接近于学费主体的正常分布趋势的总体构成，说明样本具有较好的代表性。

（2）研究结果。

本研究对回收的470份有效问卷进行统计分析，利用问卷星在线统计功能生成词云，这能在一定程度上反映被调查人员心目中学费标准影响因素词汇的提名频率，人为删减掉出现频率较低的指标，如图5-3所示。

图5-3　学费标准影响因素指标词云

从问卷调研中筛选得到学费标准的影响因素有以下20个指标，如图5-4所示。

专业	教学	经济	政策	就业率
师资	教育	居民收入	质量	发展
国家	教学质量	所在地	地区	成本
市场	软硬件	设施	建设	收入水平

图 5-4　问卷星学费标准影响因素

(3) 优化已有成果及一线调研的学费标准影响因素指标,遵循以下原则:

第一,将相同、相近词义的指标进行合并,同时为了研究具有针对性,将部分上位指标合并进入下位指标。如将近义词"高等教育成本""教育成本"并入"培养成本",将"支付能力"并入"家庭支付能力",将"教学""教育""质量"并入"教育质量"等。

第二,将抽象的上位概念用可量化、可评价的下位指标来代替,避免因为上位概念过于宏观而导致下位指标缺乏针对性,以至于使上位概念失去其应当发挥的作用。如"国家"一词在调研中主要指国家的经济情况以及国家对高等教育的财政支持,但是"国家"一词太过宏观,而且对国家的哪些方面对高等学校学费标准存在影响也表述不准确,因此,用"国家经济"以及"教育投入"来具体代替"国家"一词。"经济"一词同样也较为宏观,虽然是为了突出经济形势对高等学校学费标准的影响,但是"经济"可以分为国家经济以及地方经济,由于前面出现了"国家经济",因此在这里"经济"一词由"地方经济"来代替。

第三,删除指示不清的指标。如"建设"一词到底是反映的学科建设,还是学校硬件等校园建设,指向性不清楚,因此将其删除。学科建设是"教育质量"的一部分,由其代替,而校园等方面的建设与"软硬件""设施"一起并入"学校建设"。

综上,我国公办高校学费标准影响因素的指标主要来自已有研究成果梳理的22项理论指标,以及行业一线调研征集的20项实践指标,由于指标均借助软件统计,加之被试对象对同一词义有着不同的词语表达,因此本研究直接将两组影响因素进行整理,形成公办高校学费标准影响因素,如图5-5所示。

国家经济	教育投入	就业率	学生发展	专业差异	地方经济
当地物价	家庭收入	人均GDP	可支配收入	资助保障	个人承受能力
招生人数	办学定位	教育质量	当地政策		
培养成本	市场	学校建设	社会捐赠		

图 5-5　公办高校学费标准影响因素

3. 影响因素深挖——德尔菲法

德尔菲法(Delphi Method)又叫专家咨询法。该方法最早于20世纪40年代由美国兰德公司的赫尔姆(Olaf Helmer)和达尔克(Norman Dalkey)提出。该方法以匿名的形式发表意见，各专家相互之间不联系也不知晓彼此，仅与本项目的研究人员沟通、联系与讨论，大致需要经历2~3轮的反复磋商，在这中间由研究人员对每一轮得出的资料进行整理和修改，最终得到一致性高、可靠性高的研究结论。由于德尔菲法的所有专家组成员并不直接见面，可以很好地消除同一问题受学术权威影响的困境，所以得到的结果较为客观公正，可信度较高，目前德尔菲法已经在世界范围内多个领域得到广泛应用。

(1) 研究目标。

本研究对公办高校学费标准影响因素的4个一级指标20个二级指标面向教育经济领域、高校财务部门、政府财务部门等权威专家进行重要性评定，经过多轮反复探讨、整理，删除、补充、优化部分指标，最终遴选出专家心目中较为公认的、最关键、最核心的高校学费影响因素指标，进而为我国公办高校学费标准的调整奠定基础。

(2) 研究内容。

① 依据公办高校学费标准影响因素的4个一级指标和20个二级指标，编制"我国公办高校学费标准影响因素研究"专家征询表。

② 运用德尔菲法实施多轮次专家征询，修订、完善并最终确定高校学费标准的影响因素。

(3) 研究对象。

①构成。专家组由教育经济学专家、政府财政部门专家和高校财务专家三部分构成，分别为高校教育经济领域教学研究人员、财政厅(局)专家以及高校财务部门的主要负责人，针对高校学费政策的涉及领域，力争实现专家的多层次、全类型广覆盖。

②人数。虽然一般情况下，调研专家的人数越多、问卷的发放量越大，得到的结果越具有普遍代表性和公允性，但是由于人力、物力的局限性，理想状态很难实现，对于德尔菲法，一般认为征询专家人数应为15~50人[①]。综合考虑聘请

---

① 柯惠新,黄京华.调查研究中的统计分析法[M].北京:北京广播学院出版社,1996:351.

专家的难度、费用、时间以及中途退出等各方面因素,本研究初步遴选了37名专家接受意见征询。

③遴选标准。各位专家应对我国公办高校学费标准影响因素的研究具有一定兴趣,愿意支持本研究,并且是高校教育经济学知名学者或者高校、政府财政部门的权威专家,能就我国公办高校学费标准影响因素的相关研究发表建设性意见,有意愿全程参与并完成多轮征询,且符合以下条件之一:

第一,高校教育经济学相关专业专家应具有10年以上高校教育经济学、教育财政学专业教学、研究或管理经验,正高级职称,具有博士学位。

第二,高校财务部门专家应具有10年以上财务管理经验,为高校财务部门业务领导或具体经办人,具有硕士及以上学位。

第三,政府财政部门专家应具有10年以上财务工作经验,为从事与学费工作紧密相关的非税收入工作的具体负责人员或者为其所在处室主要领导,副处级以上职务或科级具体经办人员。

④研究工具。自行编制"我国公办高校学费标准影响因素研究"调查问卷(见附录1),"我国公办高校学费标准影响因素研究"专家预访谈提纲(见附录2),以及"我国公办高校学费标准影响因素研究"专家征询表(见附录3~5)。

⑤研究方法。

德尔菲法研究过程如图5-6所示。

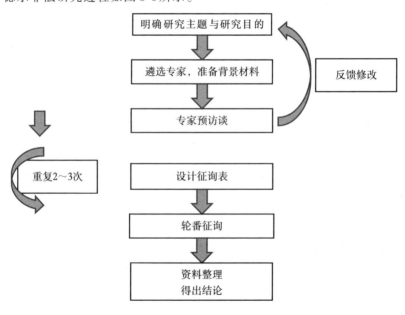

图5-6 德尔菲法研究过程

第一,明确研究主题与研究目的。对基于我国公办高校学费政策以及学费标准影响因素的相关文献进行细致的梳理,并结合"我国公办高校学费标准影响因素研究"调查问卷的统计数据,初步形成关于我国公办高校学费标准影响因素的基本构想,为后续的专家征询、相关论证做准备。

第二,根据研究问题,确立标准并遴选专家。专家主要有高校教育经济研究方向知名学者、财政厅(局)相关部门主要负责人或者具体经办人、高校财务处主要负责人或者具体经办人等。

第三,专家预访谈。本研究根据整理、归纳的已有相关研究结论,并结合"我国公办高校学费标准影响因素研究"调查问卷的统计结果,形成我国公办高校学费标准影响因素的初步理论指标和模型构想,设计"我国公办高校学费标准影响因素研究"专家预访谈提纲,征询5名权威专家对20个指标的产生过程以及指标层次、结构、数量的合理性和科学性的意见,并就本研究后续工作的开展咨询专家意见。

第四,设计征询表。对5位预访谈权威专家的意见和建议进行收集整理、归纳概括,根据此前初构的包含一级指标和二级指标的公办高校学费影响因素的研究内容,设计第一轮专家征询表(附录3)。专家征询表主要包括以下内容要素:a.指导语:介绍研究的目的、主要内容及填表的要求。b.受访者基本信息:包括就职单位、教(工)龄、学历、职称。c.五级评分项目。包括一级指标、二级指标重要性程度评价,每个指标都根据李克特(Likert)五级计分法分为"不重要、不太重要、一般重要、比较重要、非常重要"五个等级,分别赋予1~5分。每一级指标后面都设有修改意见栏,专家可以填写对指标的修改意见。d.专家判断依据及对问卷内容的熟悉程度。判断依据包括经验、理论、文献和直觉4个选项;熟悉程度从"非常熟悉"到"不熟悉"分为六个层次。

第五,轮番征询专家意见。专家咨询共进行三轮。每一轮次都结合专家的修改意见,进行指标筛选,修订形成下一轮次专家征询表(见附录3~5)。采用指标选择频率、平均值、标准差、变异系数和肯德尔系数等作为筛选指标。

第六,得出研究结论。

(4)结果与分析。

①预访谈的结果与分析。

从37名入选德尔菲法的专家中遴选出5名对本研究更为熟悉的权威专家进行预访谈。5名专家中高校教育经济学专家2人(含境外专家1人、国内专家1人),高校财务处专家1人,研究院专家1人,财政厅(局)专家1人,专家反馈结果见表5-3。

表 5-3 预访谈专家结果统计

专家项目	单位性质	职称	指标产生的过程及方法	指标建议层级	指标是否具有代表性	指标总数量范围	还需补充的指标
专家1	高等学校	教授	认同	2	是		无
专家2	高等学校	教授	认同	2～3	是		无
专家3	高等学校（财务处）	教授	比较认同	2	是	十几个到几十个不等,宜精不宜多	无
专家4	研究院	研究员	比较认同	2	是		无
专家5	财政厅(局)	正处级	认同	2～3	是		无

经过对专家反馈意见的梳理,形成以下基本共识:

第一,各位专家一致认为公办高校学费标准影响因素指标产生的过程和方法具有一定的科学性和有效性。全部专家"认同"或"比较认同"通过本研究建构指标的程序方法,也全部认可20个公办高校学费标准影响因素指标的代表性,说明指标权威、可靠。

第二,指标的层级包括2层即可,应有指标释义。3名专家认为影响因素应由2个层级构成,另有2名专家认为2～3个层级均可,最关键的"是要对指标的内涵有解释","可以是2层,也可以把对指标的解释称为第3层"。依据成本分担理论,以上指标虽都为学费标准影响因素指标,但是地域差异、院校差异明显应作为一级指标,并增加国家、家庭两个一级指标。综合上述专家意见,本研究将公办高校学费标准影响因素指标划分为2个层次,并对指标的内涵进行解释。

第三,指标总数量宜精不宜多。5名专家均给出一致意见,影响因素指标要具有代表性,指标过细、数量过多不仅对研究的结果贡献较小,甚至还会对本研究的开展带来非常大的阻力,因此要将指标进行适当的合并和删减。

根据上述意见建议,本研究在对20个学费标准影响因素指标含义进行深入分析和理解的基础上,借助成本分担理论,通过比较、分类、概括、归纳,将20个指标整理成4个主题单元,分别对应国家、学校、地方(政府)和家庭4个维度,如表5-4所示。

表5-4 公办高校学费标准影响因素一级指标和二级指标构成

一级指标	二级指标
国家	国家经济 教育投入(2)
学校	办学定位 专业差异 招生人数 资助保障 教育质量 就业率 培养成本 学校建设(8)
地方(政府)	当地物价 人均GDP 市场 社会捐赠 当地经济 当地政策(6)
家庭	家庭收入 可支配收入 个人承受能力 学生发展(4)

②专家基本信息。

37名咨询专家分别来自陕西、河南、安徽、浙江等9个省(自治区、直辖市)，见图5-7；专家构成以学科专家和行业专家为主，兼顾综合专家，见表5-5；所有专家教龄、学历、职称和资历等均符合遴选条件。

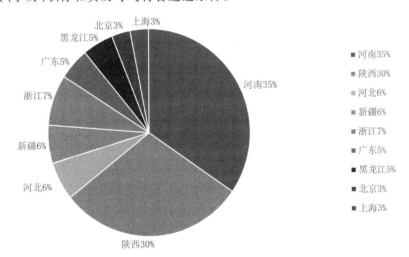

图5-7 德尔菲专家来源地分布

表5-5 公办高校学费标准影响因素德尔菲专家构成

类别	单位	构成	人数	比例
学科专家	高校	高等学校教育经济学专业教师	17	45.95%
行业专家	高校、财政厅(局)	高等学校财务处教师 财政厅(局)非税收入工作相关经办人及负责人	15	40.54%
综合专家	研究院	各研究院教育经济类研究人员	5	13.51%
		合计	37	100%

(5) 基于德尔菲法的影响因素指标体系的修订。

本研究基于已有研究成果和对问卷调研数据的梳理,完成了公办高校学费标准影响因素指标体系的初步构建工作,下面计划通过三轮德尔菲专家访谈来对影响因素的指标体系进行修订,以确立最终的公办高校学费标准影响因素指标体系。

①第一轮德尔菲专家征询结果统计。

a.专家积极系数。

专家积极系数一般用德尔菲专家咨询问卷的回收率(回收率=实际参与的专家数/全部专家数)来表示,可以反映专家对研究的关心程度。

b.专家意见集中程度。

专家意见集中程度主要通过所有指标的均值(M_j)和满分频率(K_j)来表示。

$$M_j = \frac{1}{m_j} \sum_{i=1}^{m} C_{ij}$$

式中:M_j表示j指标评价的均值,由于本研究采用的是李克特五级打分法,按照程度的不同赋值1~5分,因此M_j的取值最终应该是在1和5之间,M_j的取值与j指标的重要性程度呈正相关关系,M_j的取值越大,说明j指标的重要性越高。m_j表示参加第j个指标评价的专家数;C_{ij}表示第i个专家对第j个指标的评分值。

c.专家协调系数。

根据已有的研究成果,德尔菲专家意见的协调程度通常情况下用变异系数(V_j)和协调系数来表示。协调系数越大,说明各位专家意见的协调程度越高,反之则说明专家的协调程度较低。

变异系数(coefficient of variation,简称V_j),其公式表达为被统计变量的标准差除以其算术平均数的商值,即$V_j = \frac{\delta_j}{X_j}$,其结果可以用来反映被统计数据的离散程度。

其中,σ_j表示为第j个指标的标准差,公式表达为$\sigma_j = \sqrt{\frac{1}{m_j - 1} \sum_{i=1}^{m_j} (C_{ij} - M_j)^2}$,$m_j$表示参加第$j$个指标评价的专家数,$C_{ij}$表示第$i$个专家对第$j$个指标的评分值。$X_j$表示第$j$个指标的算术平均数。变异系数的数值越小,代表专家的协调程度越高。

d.专家权威程度。

专家权威程度系数用C_r表示,一般由两个因素起决定性作用:一个是专家对于被提出方案的判断依据,另一个是专家对所提出方案的熟悉程度。

判断依据系数通常用C_a表示,它是对所评估对象重要性进行赋值的理论依据,根据已有的研究成果,选定经验、理论、文献、直觉等四个方面作为专家的判断依据,根据影响程度可以划分为大、中、小三个等级,每个等级都有与之对应的一个分值,判断依据C_a理论上应当小于或者等于1,即$C_a \leqslant 1$。判断依据赋值表如表5-6所示。

表5-6 判断依据赋值表

类别	对专家判断的影响程度		
判断依据	大	中	小
经验	0.5	0.4	0.3
理论	0.3	0.2	0.1
文献	0.1	0.1	0.1
直觉	0.1	0.1	0.1

熟悉程度系数一般用C_s表示,它代表参与德尔菲法的各位专家对问卷中所列举问题的熟悉程度,本研究将熟悉程度划分为六个不同等级,并分别给予赋值,专家对问题熟悉程度系数如表5-7所示。

表5-7 专家对问题熟悉程度系数表

熟悉程度	系数
非常熟悉	1
很熟悉	0.8
比较熟悉	0.6
一般熟悉	0.4
不太熟悉	0.2
不熟悉	0

专家权威程度系数用C_r表示,其数学表达式为判断依据系数C_a和熟悉程度系数C_s的算术平均值,因此德尔菲法中专家权威程度公式为$C_r = \dfrac{C_a + C_s}{2}$。

②结果分析。

a.第一轮德尔菲专家访谈积极系数结果统计。

本研究第一轮德尔菲专家访谈发送邮件以及纸质问卷37份,收回有效问卷33份。第一轮德尔菲专家访谈专家积极系数如表5-8所示。

表 5-8　第一轮德尔菲专家访谈专家积极系数

专家领域	发放问卷	回收问卷	回收率
学科专家	17	15	88.24%
行业专家	15	14	93.33%
综合专家	5	4	80.00%
合计	37	33	89.19%

由表5-8可知,第一轮德尔菲专家访谈学科专家的积极系数为88.24%,行业专家的积极系数为93.33%,综合专家的积极系数为80%,此次德尔菲专家访谈总的专家积极系数为89.19%,高于德尔菲法要求的积极系数大于70%的较好标准,说明本次德尔菲专家访谈参与研究的专家对本研究主题的关心程度较高,参与本研究的积极性较高。

b.第一轮德尔菲专家访谈权威程度结果统计。

本研究第一轮德尔菲专家访谈参与专家的权威程度统计结果如表5-9所示。

表 5-9　第一轮德尔菲专家访谈参与专家的权威程度统计

专家	C_a	C_s	C_r
1	1	0.8	0.9
2	0.9	0.8	0.85
3	1	0.8	0.9
4	0.9	1	0.95
5	1	0.8	0.9
6	0.8	1	0.9
7	0.9	1	0.95
8	0.9	0.8	0.85
9	1	0.8	0.9
10	0.8	1	0.9
11	0.8	0.8	0.8
12	0.9	0.8	0.85
13	0.8	1	0.9
14	1	0.8	0.9
15	1	0.8	0.9

续表

专家	C_a	C_s	C_r
16	0.8	1	0.9
17	0.8	1	0.9
18	0.9	0.8	0.85
19	0.8	0.8	0.8
20	1	0.8	0.9
21	0.9	1	0.95
22	0.8	0.8	0.8
23	0.9	1	0.95
24	0.8	1	0.9
25	0.8	0.8	0.8
26	0.9	0.8	0.85
27	0.9	0.8	0.85
28	0.9	1	0.95
29	1	0.8	0.9
30	0.9	0.8	0.85
31	0.8	0.8	0.8
32	0.9	1	0.95
33	0.8	0.8	0.8
均值	0.89	0.87	0.88

由表5-9可以看出,第一轮德尔菲专家访谈中,各位专家对学费标准影响因素调查问卷所涵盖的指标判断依据系数的平均值为0.89,熟悉程度的平均系数为0.87,因此由公式可以直接计算出此次德尔菲专家访谈的专家权威程度为0.88,远大于德尔菲法所要求的专家权威程度应≥0.7的较好标准,直接说明了参加本次德尔菲专家访谈的专家在该研究领域具有较高的权威性,也间接地增强了本次调研数据的可靠性。

c.第一轮一级指标专家访谈结果统计。

借助SPSS软件分析德尔菲专家访谈第一轮一级指标访谈结果,如表5-10所示。

表 5-10 第一轮一级指标专家访谈结果统计

一级指标	均值	不重要	不太重要	一般重要	比较重要	非常重要	标准差	变异系数	专家意见协调程度
A1国家	4.09	0	0	9.1%	72.7%	18.2%	0.52	0.127	肯德尔系数 0.279 卡方值27.578 P值0.000
A2学校	4.73	0	0	0	27.3%	72.7%	0.45	0.095	
A3地方(政府)	4.58	0	0	6.1%	30.3%	63.6%	0.61	0.133	
A4家庭	4.64	0	0	3%	27.3%	69.7%	0.55	0.119	

一级指标得分均值统计如图5-8所示。

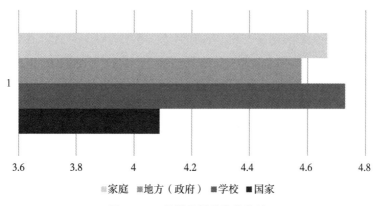

图 5-8 一级指标得分均值统计

由表5-10和图5-8可知：

第一，从整体来看，A1—A4这4个一级指标的均值都大于4，说明专家认为这4个一级指标是我国公办高校学费标准影响因素的重要组成部分。逐条从A1—A4这4个一级指标来看，"A2学校"与"A4家庭"指标数据中，专家认为"比较重要""非常重要"的比重分别为27.3%、27.3%和72.7%、69.7%，说明从"A2学校"与"A4家庭"指标的重要性程度而言，专家均认为这两项指标具有较高的重要性，此两项指标的变异系数分别为0.095与0.119，变异系数数值较低，说明专家对这两个指标的意见集中程度较高。"A1国家"这一指标的重要性程度低一些，均值为4.09，且对于这一指标的重要性程度，受访专家意见并不一致，其中认为"一般重要"的占9.1%，"比较重要"的占72.7%，"非常重要"的占18.2%，"A1国家"指标的变异系数在4个一级指标中较高，为0.127，说明该指标的专家意见较为分散，需要修正。"A3地方(政府)"指标的均值为4.58，从指标的重要性来看，各位专家认为"一般重要"的比重为6.1%，"比较重要"的比重为30.3%,"非常重要"的比重为63.6%,说明专家认为该指标具有较高的重要性,但是该指标的变异系数为0.133,在4个一级指标中数值最高,说明该指标的专家意见集中程度较差,需要进一步修正。

第二,A1—A4这4个一级指标的肯德尔系数为0.279,卡方值为27.578,自由度为3,P值为0.000,从整体上来看,专家对4个一级指标判断标准的协调系数具有显著性,专家对被试结果的一致性较高,进一步说明了此次德尔菲专家访谈结果的可信度较高,专家意见可取,评估结果可采纳。但从具体指标来看,肯德尔系数值较低,也说明指标仍需要进一步修正,以期达到更好的满意度。

第一轮专家访谈中专家关于一级指标的修改建议如下:

有专家建议将"A1国家"修正为"A1中央政府",因为成本分担理论中提到的"国家",其实指的是国家作为成本分担的主体之一所应当承担的角色以及履行的义务,而具体到高等学校学费政策中,则主要表现为政府行为,政府作为成本分担的主体,对高等学校的学费进行分担,"国家"一词过于宽泛,缺乏针对性,"中央政府"一词使成本分担主体更加明确,也与下文中的"地方(政府)"相对应。也有专家建议将"A3地方(政府)"修改为"A3地方政府",因为虽然地域差异是影响高等教育学费标准的因素之一,但是依据成本分担理论,地域或者地域差异只是造成高等教育学费标准差异性的影响因素,并不像政府、家庭、学校等是高等教育成本分担的主体之一,因此在这里将地方(政府)跟其他三个分担主体并列为一级指标并不合适,建议将地域差异列为影响学费标准的二级指标。

另有2位专家建议将"A1国家"以及"A3地方(政府)"进行合并,原因是两者其实都在强调政府作为成本分担主体应当发挥的职能,而政府作为国家权力机关,对高等学校学费标准的影响便是通过其政策调控,直接或者间接地通过教育投入来适度调整其作为成本分担的主体之一所承担的教育成本比例,因此应当将"A1国家"以及"A3地方(政府)"合并为"A1政府"。考虑到高等学校具有服务社会的基本职能,所以社会也应当是高等教育成本分担的主体之一,因此建议新增一级指标"A3社会"。原一级指标"A3地方(政府)"所涵盖的二级指标例如"B11当地物价""B12人均GDP""B13市场""B14社会捐赠""B15当地经济""B16当地政策"等,虽然确实都是影响学费标准的因素,但是在社会主义市场经济体制背景下,政府只能在某种层面上对部分因素起到宏观调控作用,上述因素都非政府可以完全控制或者左右的,其最终要适应社会的需求,受到社会的调控,因此将这些二级指标放于"A3社会"这个一级指标下,比放于原一级指标"A3地方(政府)"下更加科学、合理。

d.第一轮二级指标专家访谈结果统计。

借助SPSS软件得出第一轮专家访谈二级指标的统计分析结果,如表5-11所示。

表5-11 第一轮二级指标专家访谈结果

二级指标	均值	不重要	不太重要	一般重要	比较重要	非常重要	标准差	变异系数	专家意见协调程度
B1国家经济	3.76	0	0	24.2%	75.8%	0	0.44	0.117	
B2教育投入	4.55	0	0	6.1%	33.3%	60.6%	0.64	0.141	
B3办学定位	4.88	0	0	0	12.1%	87.9%	0.33	0.068	
B4专业差异	4.82	0	0	0	18.2%	81.8%	0.39	0.081	
B5招生人数	3.79	0	0	24.2%	72.7%	3%	0.48	0.127	
B6资助保障	4.73	0	0	0	27.3%	72.7%	0.45	0.095	
B7教育质量	4.58	0	0	6.1%	30.3%	63.6%	0.61	0.133	
B8就业率	4.67	0	0	3%	27.3%	69.7%	0.54	0.116	
B9培养成本	4.94	0	0	0	6.1%	93.9%	0.24	0.049	肯德尔系数0.407 卡方值255.477 自由度19 P值0.000
B10学校建设	4.42	0	0	3%	51.5%	45.5%	0.56	0.127	
B11当地物价	4.45	0	0	0	54.5%	45.5%	0.51	0.115	
B12人均GDP	4.61	0	0	0	39.4%	60.6%	0.50	0.108	
B13市场	4.48	0	0	3%	45.5%	51.5%	0.57	0.127	
B14社会捐赠	4.18	0	0	27.3%	27.3%	45.5%	0.85	0.203	
B15当地经济	3.70	0	0	36.4%	57.6%	6.1%	0.59	0.159	
B16当地政策	3.94	0	0	15.2%	75.8%	9.1%	0.50	0.127	
B17家庭收入	3.48	0	12.1%	36.4%	42.4%	9.1%	0.834	0.240	
B18可支配收入	4.70	0	0	0	30.3%	69.7%	0.47	0.100	
B19个人承受能力	4.64	0	0	0	36.4%	63.6%	0.49	0.106	
B20学生发展	4.30	0	0	15.2%	39.4%	45.5%	0.73	0.170	

由表5-11可知:

第一,33名专家对公办高校学费标准影响因素B1—B20这20个二级指标的打分中,有15项二级指标的得分均值大于4.0分,有5项二级指标的得分均值在3.0分与4.0分之间,说明从整体来看,专家们较为认可这20项二级指标对我国公办高校学费标准的制定有重要影响,也直接说明了专家对二级指标选定的合理性、科学性、有效性的肯定态度。

"B9培养成本"的满分频率高达93.4%,此项的平均得分高达4.94分,说明33名专家一致认为培养成本对我国公办高校学费标准的制定有着至关重要的作用。"B2教育投入""B3办学定位""B4专业差异""B6资助保障""B7教育质量""B8就业率""B12人均GDP""B18可支配收入""B19个人承受能力"这九项二级指标的满分频率均高于60%,直接说明这些二级指标是我国公办高校在制定学费标准时应当重点考虑的影响因素。

专家对B1—B20这20项二级指标的重要性程度从数值上来看,其评定结果相对比较一致,重要性程度的评定大多数集中在"非常重要"和"比较重要",这说明专家总体认为这20项二级指标是国家相关部门制定公办高校学费标准时所需要重点考虑的影响因素。但是"B1国家经济""B5招生人数""B14社会捐赠""B15当地经济""B16当地政策""B17家庭收入""B20学生发展"等7项二级指标"一般重要"的专家评分占比均超过10%,部分指标甚至超过20%,"B17家庭收入"这项二级指标"不太重要"的专家评分占比也超过10%,这直接导致了该部分二级指标的整体评分较低,也间接说明了这7项指标是本轮德尔菲专家访谈中需要重点修正的指标。

第二,从上述的统计结果中可以很明显地看出,B1—B20这20项二级指标的变异系数均小于0.3,其中"B3办学定位""B4专业差异""B6资助保障""B9培养成本""B18可支配收入"这5项二级指标的变异系数均小于或者等于0.1,说明专家对这些二级指标重要程度的一致性非常高,也直接表明这些二级指标可以不做或者少做修正。"B1国家经济""B2教育投入""B5招生人数""B7教育质量""B8就业率""B10学校建设""B11当地物价""B12人均GDP""B13市场""B15当地经济""B16当地政策""B19个人承受能力""B20学生发展"这13项二级指标的变异系数在0.1~0.2,说明在德尔菲专家访谈中,专家对这些指标重要程度的一致性一般,可以根据专家的意见对这些指标做适当的修正。"B14社会捐赠""B17家庭收入"的变异系数分别为0.203与0.240,均高于0.2,专家意见的一致性程度不高,说明专家在这2项二级指标的重要程度上具有明显分歧,这就要求我们重点考虑修正这2项指标。

德尔菲法对二级指标的调研评分中,所有指标的肯德尔系数为0.407,说明所有参与此次德尔菲专家访谈的专家对上文中所提及的20项二级指标的重要性程度评价的集中程度较高,此轮德尔菲专家访谈中得到的二级指标的咨询结果可信程度较高。但该次调研的肯德尔系数还未达到理想数值,说明专家们虽然没有对各个指标给予较低的赋值,但同样还存在一定的分歧,因此需要弄清楚专家对这20项二级指标的意见,针对性地对指标进行修改或者删减。

第三,B1—B20这20项二级指标的卡方值为255.477,自由度为19,P值为0.000,说明此次参与德尔菲专家访谈的各位专家对上述二级指标判断标准的协调系数具有显著性、一致性,这属于非偶然结果,直接说明指标咨询结果的可信度较高,此次德尔菲专家访谈的结果是权威的,专家意见具有可取性。

第一轮德尔菲法专家访谈关于二级指标的修改建议如下:

第一,调整项。有专家建议将"B16当地政策"修正为"B16地方教育财政投入"。因为"当地政策"是一个非常宽泛的概念,包括政治、经济、教育、文化等各项政策,即便是教育政策,也与本研究所要进行的高等学校学费标准的研究属于包含与被包含的关系,因此"当地政策"一词表述不够准确。而地方政府层面的行为中直接对高等学校学费标准产生影响的便是其高等教育投入资金量的大小,也就是说地方政府所承担的学费比例,直接影响着学生和家庭应当承担的学费比例,即学生所应当缴纳的学费金额,因此,将"B16当地政策"修正为"B16地方教育财政投入"更加贴合本研究的实际需求。

有3位专家指出"B20学生发展"所指目标不清晰且概念所含内容过大,可以考虑更换为"B20学生未来薪酬"。普遍意义上的学生发展是指学生未来的生活、家庭、职业等方面的发展,而这其中对学费标准有着直接影响的便是职业发展中学生未来的薪酬收入情况,毕业后给学生带来高收入的专业,学生也应当多承担培养成本,即与其他未来预期收入较低的专业相比,该专业的学生在大学期间应当适当多缴纳学费。世界银行专家卡尔逊指出,学费应该等于中等偏下家庭年收入的10%与学生未来预期年收入的10%之和,由此也可以看出,将学生未来的薪酬水平列为学费标准的影响因素有科学依据,"学生未来薪酬"作为二级指标也更加科学、准确、合理。

有5位专家建议将二级指标"B18可支配收入"改为"B18人均可支配收入",因为可支配收入一词所指不清。可支配收入从统计学口径来讲一般有家庭可支配收入以及人均可支配收入之分,高等教育属于非义务教育,学生进入高等学校学习需要缴纳学费,因此对于有学生进入高等学校学习的家庭来说,学费应当是从其人均可支配收入中支付。虽然两者都是学费标准影响因素的组成部分,但是其本质内容所指相同,因此从二者中择其一作为二级指标即可,又因人均可支配收入包含在家庭可支配收入之中,所以用人均可支配收入更加方便统计,结果也更加准确。

有2位专家建议将"B15当地经济"修改为"B15当地生产者价格指数(PPI)"。我国疆土面积辽阔,不同地域间经济发展水平并不相同,居民收入和物价水平也存在差异,因此经济发展水平的不同造成了不同高校即便是处于同一办学层次,其学费标准也应当存在差异。由此可见,经济水平对高校学费标准存在着明显的影响是毋庸置疑的,但是经济一词涵盖范围较广,如果没有具体指标,会造成不同地区间经济的差异难以量化比较,进而增大不同经济发展水平下各个高校学费标准确定的难度。目前国内和国际上通常把各国经济的发展水平用几个关键的经济学指标来表示,如居民消费价格指数(CPI)、生产者价格指数(PPI)、国内生产总值(GDP)等。而结合已有的二级指标,已经存在关于物价以及国内生产总值的二级指标,因此建议将"B15当地经济"修改为"B15当地生产者价格指数(PPI)"。

有4位专家建议将"B5招生人数"作为"A1国家"的二级指标。随着时间的不断推进,我国高等教育经历了精英化、大众化阶段,于2019年正式迈入了普及化阶段,与此相伴的是我国高等教育规模的日渐扩大,高等教育的招生人数越来越多。教育投入的总量和招生人数直接影响着高等学校的培养成本,也直接影响着各个高等学校学费标准的制定,因此将招生人数列为学费标准的影响因素是科学合理的,但是在我国目前高等教育体制下,招生人数可以由各高等学校根据自身的实际情况向上级主管部门如教育部、教育厅等单位申报,但是实际的审核权限或者说决定权是在政府,而不是在学校,因此将"B5招生人数"列为"A1国家"的二级指标更加贴近实际、更合理。

有2位专家建议将二级指标"B14社会捐赠"列为一级指标"A2学校"的二级指标。因为从目前国内高等学校接受捐赠的来源分析,绝大多数高校获得的社会捐赠多是借助"校庆""纪念日"等活动,从高校校友直接捐赠中获得,这些年的高校社会捐赠数据也表明校友是我国高校社会捐赠的主力军,是高校经费最有可能的捐赠者。因此将"B14社会捐赠"列为"A2学校"的二级指标有科学依据。

有专家建议将二级指标"B11当地物价"改为"B11居民消费价格指数"。地域物价的不同,代表着经济发展水平的差异,也侧面说明高等学校学生的培养成本将会出现差异,进而最终影响学费标准的制定。但是"当地物价"一词的提法不够具体化,且当地物价缺乏具体指代物,口径过宽不易被具体量化,因此建议改为"B11居民消费价格指数"。

第二,删除项。有4位专家建议将"B1国家经济"删除。因为国家经济的好坏可能会直接影响国家对教育事业的投入,具体到高等教育,就是国家经济影响政府对高等教育的资金投入,进而影响家庭在整个高等教育支出中所承担的费用比例,但是国家经济的好坏并不直接作用于学费标准的制定,经济不好的年份国家也可能由于特殊情况加大对高等教育的扶持力度,反之经济较好的年份也可能减少相应的财政支持,因此"B1国家经济"与"B2教育投入"并列为二级指标时,国家经济不如教育投入的表述直接,因此建议将"B1国家经济"指标删除,仅保留"B2教育投入"。

也有专家建议将二级指标"B14社会捐赠"删除,因为本研究是对公办高校学费标准的影响因素的核心指标体系进行研究,影响学费标准的因素很多,并不能全部逐条列出,应当就其核心指标进行深入研究。从国际视野来看,社会捐赠是高等学校成本分担的重要方式,但是结合目前国内的实际情况来看,高校社会捐赠虽然得到越来越多的重视,但目前在教育经费投入中表现欠佳,仅占教育经费的0.005%左右。[①]而且社会捐赠主要集中于国内少数名校,绝大多数学校只有很少甚至没有任何社会捐赠,因此该指标对绝大多数高校来讲并没有实际意义。所以综合来讲,社会捐赠对目前我国公办高校学费标准的影响非常小,几乎可以忽略不计,因此建议删除。

有6位专家建议将"B17家庭收入"删除。根据《高等教育法》的规定,学生接受高等教育应当缴纳学费,即承担高等教育成本。学费作为一种家庭支出肯定是来自家庭收入,这也是家庭收入会对学费标准产生影响的根本原因。从统计学口径来看,家庭的实际收入中无可避免地会有一些税费支出以及社保缴费支出等,这是家庭在社会中存在所必须承担的成本,剩余的收入部分才可以由家庭自由支配,家庭和学生作为高等教育成本分担的主体分担的学费也正是从这部分收入中支出,家庭收入涵盖了可支配收入,但是实际对学费标准产生影响的是可支配收入,因此"B17家庭收入"与"B18可支配收入"重复,并且综合比较"B18可支配收入"对学费标准的影响更加直接,建议删除"B17家庭收入"。

e.第一轮德尔菲法结果统计。

通过汇总和整理第一轮德尔菲专家访谈意见,在充分分析问卷结果的基础

---

① 邓敏.高校社会捐赠的影响因素研究与规律探索——基于100所高校的社会捐赠数据[J].山东高等教育,2019,7(05):7-15.

之上,积极听取访谈专家的意见,对第一轮公办高校学费标准影响因素指标体系所包含的一、二级指标作了部分修改,确立了新的公办高校学费标准影响因素指标体系,包含的具体指标如表5-12所示。

表5-12 第一轮德尔菲专家访谈后公办高校学费标准影响因素指标体系修改

一级指标	二级指标
政府	教育投入 招生人数(2)
学校	办学定位 专业差异 资助保障 教育质量 就业率 培养成本 学校建设(7)
社会	居民消费价格指数 人均GDP 市场 生产者价格指数 社会捐赠(5)
家庭	人均可支配收入 个人承受能力 学生未来薪酬(3)

③第二轮德尔菲专家访谈结果统计。

a.专家积极系数。

本研究第二轮德尔菲专家访谈发送邮件以及纸质问卷共33份,收回有效问卷31份。第二轮德尔菲专家积极系数如表5-13所示。

表5-13 第二轮德尔菲专家积极系数

专家领域	发放问卷	回收问卷	回收率
学科专家	15	14	93.33%
行业专家	14	13	92.86%
综合专家	4	4	100%
合计	33	31	93.94%

由表5-13可知,第二轮德尔菲专家访谈学科专家的积极系数为93.33%,行业专家的积极系数为92.86%,综合专家的积极系数为100%,总的专家积极系数为93.94%,远远高于德尔菲法要求的积极系数大于70%的较好标准,说明参与本次德尔菲专家访谈的专家对本研究主题的关心程度较高,参与本研究的积极性较高。

b.专家权威程度。

本研究第二轮德尔菲专家访谈的专家权威程度如表5-14所示。

表5-14 第二轮德尔菲专家访谈的专家权威程度

专家	C_a	C_s	C_r
1	1	0.8	0.9
2	1	0.8	0.9

续表

专家	C_a	C_s	C_r
3	1	0.9	0.95
4	0.9	1	0.95
5	1	0.7	0.85
6	0.8	1	0.9
7	1	1	1
8	0.9	0.8	0.85
9	1	0.8	0.9
10	0.8	1	0.9
11	0.8	0.8	0.8
12	0.9	0.8	0.85
13	0.8	1	0.9
14	1	0.8	0.9
15	1	0.8	0.9
16	0.8	1	0.9
17	0.9	0.8	0.85
18	0.8	0.8	0.8
19	1	0.8	0.9
20	0.9	1	0.95
21	0.8	0.8	0.8
22	0.9	1	0.95
23	0.8	0.8	0.8
24	0.9	0.7	0.8
25	0.9	0.8	0.85
26	0.9	1	0.95
27	1	0.8	0.9
28	0.9	0.8	0.85
29	0.9	0.7	0.8
30	0.9	1	0.95
31	1	0.7	0.85
均值	0.91	0.85	0.88

由表5-14可以看出,第二轮德尔菲专家访谈中,各位专家对学费标准影响因素调查问卷所涵盖的指标判断依据系数的平均值为0.91,熟悉程度系数的平均值为0.85,因此由公式可以直接计算出,专家权威程度系数为0.88,远大于德尔菲法所要求的专家权威程度应≥0.7的较好标准,直接说明参加本次德尔菲专家访谈的专家在该研究领域具有较高的权威性,本次调研数据的可靠性较高。

c.第二轮德尔菲专家访谈一级指标结果统计。

借助SPSS软件分析德尔菲专家访谈第二轮一级指标访谈结果,如表5-15所示。

表5-15 第二轮德尔菲专家访谈一级指标结果统计

一级指标	均值	不重要	不太重要	一般重要	比较重要	非常重要	标准差	变异系数	专家意见协调程度
A1政府	4.74	0	0	0	25.8%	74.2%	0.44	0.093	肯德尔系数 0.428
A2学校	4.81	0	0	3.2%	12.9%	83.9%	0.48	0.100	卡方值 39.762
A3社会	4.84	0	0	3.2%	9.7%	87.1%	0.45	0.093	自由度3
A4家庭	4.13	0	0	3.2%	80.6%	16.1%	0.43	0.104	P值0.000

第一,从整体来看,A1—A4这4项一级指标的均值都大于4.1,此次各项均值较第一轮德尔菲专家访谈结果有普遍提高,没有任何一位专家认为某一项一级指标"不重要"或者"不太重要",说明专家一致认可修改后的这4项一级指标是我国公办高校学费标准影响因素的重要组成部分。逐条从这4项1级指标的数据来看,A1—A3三项指标的评分满分频率均超过70%,说明专家均认为这三项指标具有较高的重要性。另外,此三项指标的变异系数分别为0.093、0.100、0.093,变异系数数值较低,说明专家对这三项指标的意见集中程度较高,专家意见较为统一。"A4家庭"这一指标的重要性程度综合得分较其他三项略低,均值为4.13,且对这一指标的重要性程度,受访专家意见主要集中于比较重要一项,"比较重要"的选择频率为80.6%,"非常重要"的选择频率仅占16.1%,"A4家庭"指标的变异系数在4项一级指标中最高,为0.104,说明专家的意见较为分散,也说明这项一级指标需要修正。

第二,由表5-15可知,A1—A4这4项一级指标的变异系数均小于0.11,肯德尔系数为0.428,说明所有参与德尔菲专家访谈的专家对全部指标的重要性程度评价的协调程度较高,直接说明了此轮一级指标的咨询结果可信程度较高。

第三,A1—A4这4项一级指标的卡方值为39.762,自由度为3,P值为0.000,表示参与德尔菲专家访谈的专家对全部指标判断标准的协调程度较高,所得到的结果是非偶然结果,这也说明本次德尔菲访谈指标结果的可信度较高,专家意见具有可取性,评估结果可被采纳。

第二轮德尔菲专家访谈中各位专家对一级指标的修改建议如下:

调整项:有专家建议将"A4家庭"改为:"A4家长与学生"。绝大部分专家表示根据成本分担理论,此次一级指标的划分依据比较充分,划分得来的指标结构比较合理。但也有部分专家指出,一级指标"A4家庭"中所列的二级指标"学生未来薪酬"重点是强调学生作为个体可能对公办高校学费产生的影响,而另外两个二级指标"人均GDP"和"人均可支配收入"均与家庭中的个体相对应,虽然"家庭"是由家长和学生组成的,但是用"家庭"一词作为一级指标不如"家长与学生"与后面的二级指标对应准确,"家庭"一词也不如"家长与学生"贴近成本分担理论的原始表述,因此建议将"A4家庭"改为"A4家长与学生"。

d.第二轮德尔菲专家访谈二级指标结果统计(见表5-16)。

表5-16 第二轮德尔菲专家访谈二级指标结果统计

二级指标	均值	不重要	不太重要	一般重要	比较重要	非常重要	标准差	变异系数	专家意见协调程度
B1教育投入	4.97	0	0	0	3.2%	96.8%	0.18	0.036	肯德尔系数 0.445 卡方值 220.478 自由度16 P值0.000
B2招生人数	4.81	0	0	3.2%	12.9%	83.9%	0.48	0.100	
B3办学定位	4.87	0	0	0	12.9%	87.1%	0.34	0.070	
B4专业差异	4.90	0	0	3.2%	3.2%	93.6%	0.40	0.081	
B5资助保障	5.00	0	0	0	0	100%	0.00	0	
B6教育质量	4.48	0	0	0	51.6%	48.4%	0.51	0.114	
B7就业率	4.35	0	0	0	64.5%	35.5%	0.49	0.113	
B8培养成本	4.81	0	0	3.2%	12.9%	83.9%	0.48	0.100	
B9学校建设	4.29	0	0	3.2%	64.5%	32.3%	0.53	0.124	
B10居民消费价格指数	4.84	0	0	3.2%	9.7%	87.1%	0.45	0.093	
B11人均GDP	4.26	0	0	0	74.2%	25.8%	0.44	0.103	

续表

二级指标	均值	不重要	不太重要	一般重要	比较重要	非常重要	标准差	变异系数	专家意见协调程度
B12市场	4.10	0	0	0	90.3%	9.7%	0.30	0.073	
B13社会捐赠	4.13	0	0	3.2%	80.6%	16.1%	0.43	0.104	
B14生产者价格指数	4.87	0	0	3.2%	6.5%	90.3%	0.43	0.088	
B15人均可支配收入	4.45	0	0	0	54.8%	45.2%	0.51	0.115	
B16个人承受能力	5.00	0	0	0	0	100%	0.00	0	
B17学生未来薪酬	4.90	0	0	0	9.7%	90.3%	0.30	0.061	

由表5-16可知：

第一，31名专家在调研中对我国公办高校学费标准影响因素B1—B17这17项二级指标的打分结果显示，全部17项二级指标的得分均值都大于4分，其中有2项二级指标的得分均值为满分5分，说明从整体来看，专家一致认可这17项二级指标对我国公办高校学费标准的制定存在重要影响，也直接说明了此次二级指标选定具有合理性、科学性、有效性。

"B5资助保障"与"B16个人承受能力"的满分频率高达100%，平均得分高达5分，说明31名专家一致认为"资助保障"与"个人承受能力"在制定我国公办高校学费标准的过程中有着至关重要的作用。"B1教育投入""B2招生人数""B3办学定位""B4专业差异""B8培养成本""B10居民消费价格指数""B14生产者价格指数""B17学生未来薪酬"这8项二级指标专家给予的满分频率均高于80%，直接说明专家认为这些二级指标是国家相关部门在制定公办高校学费标准时所应当重点考虑的影响因素。

专家对B1—B17这17项二级指标的重要性程度评定从数值上来看，其评定结果相对一致，绝大部分集中在"非常重要"和"比较重要"，没有任何一个专家认为这17项二级指标是"不太重要"或"不重要"的，这说明专家一致认为这17项二级指标是国家相关部门制定公办高校学费标准时需要重点考虑的影响因素。

第二，从上述的统计结果中可以很明显地看出，B1—B17这17项二级指标的变异系数均小于0.2,其中"B6教育质量""B7就业率""B9学校建设""B11人均GDP""B13社会捐赠""B15人均可支配收入"这6项二级指标的变异系数在0.1到0.2之间,可以结合这部分数据的平均得分,并且根据专家的意见做出适当修正,其余各项指标的变异系数均小于等于0.1,说明专家对这些二级指标重要程度的一致性非常高,也直接代表着这些二级指标可以不做或者少做修正。

德尔菲专家访谈中,所有指标的肯德尔系数为0.445,说明所有专家对上文提及的17项二级指标的重要性程度的评价具有较高的一致性,此轮德尔菲专家访谈中得到的二级指标的访谈结果可信程度较高,但是仍需要清楚的是,虽然此次肯德尔系数的数值较第一轮访谈的数值有所提高,但仍未达到理想数值,说明各位专家对指标的重要性还存在意见上的差异,因此需要我们找出问题所在,从而有针对性地对指标进行修正或者增减。

第三,B1—B17这17项二级指标的卡方值为220.478,自由度为16,P值为0.000,说明此次参与德尔菲访谈的各位专家对上述二级指标判断标准的协调系数具有显著性、一致性,所得到的结果属于非偶然结果,直接说明指标结果的可信度较高,此次德尔菲访谈的结果是权威的,专家意见具有可取性。

第二轮专家访谈中专家关于二级指标的修改建议如下:

有专家建议新增二级指标"B18学生财务成本"。因为学生在进入高等学校学习后,随之而来的个人财务成本通常包括学费支出、个人生活消费支出(侧重于因进入高等学校学习而发生的住宿费、书本费以及其他的消费)和因进入高等学校学习而放弃的其他可能的收入即机会成本。除了学费以外,学生生活消费支出以及机会成本是学生是否进入高等学校学习必须考虑的问题,现有二级指标中的"B16个人承受能力"是学费标准的影响因素,但是这与建议新增项并不冲突,因为假如高等学校的学费以及个人的生活消费支出很高,即便在个人的承受范围以内,学生在入学之前也会慎重考虑;另外,学生进入高等学校学习的机会成本过高时,也可能放弃入学,选择工作挣钱,尤其是当学生高考分数较低,只能进入不太理想的高等学校学习时,这种现象较为明显,虽然从整体上来讲这部分学生较少,但是学生财务成本无疑也是政府相关部门制定学费标准时所应该考虑的因素,因此建议新增二级指标"B18学生财务成本"。

e.第二轮德尔菲专家访谈意见汇总。

通过汇总和整理第二轮专家访谈意见,在充分分析问卷结果的基础之上,积极听取专家的意见,对第二轮公办高校学费标准影响因素指标体系所包含的一、二级指标作了部分修改,确立了新的公办高校学费标准影响因素指标体系,包含4项一级指标、18项二级指标,具体如表5-17所示。

表5-17 第二轮德尔菲专家访谈后公办高校学费标准影响因素指标体系

一级指标	二级指标
政府	教育投入 招生人数(2)
学校	办学定位 专业差异 资助保障 教育质量 就业率 培养成本 学校建设(7)
社会	居民消费价格指数 人均GDP 市场 生产者价格指数 社会捐赠(5)
家长与学生	人均可支配收入 个人承受能力 学生未来薪酬 学生财务成本(4)

④第三轮德尔菲专家访谈结果统计。

a.专家积极系数。

本研究第三轮德尔菲专家访谈发送邮件以及纸质问卷共31份,收回有效问卷29份。第三轮德尔菲访谈专家积极系数如表5-18所示。

表5-18 第三轮德尔菲访谈专家积极系数

专家领域	发放问卷	回收问卷	回收率
学科专家	14	14	100%
行业专家	13	11	84.62%
综合专家	4	4	100%
合计	31	29	93.55%

由表5-18可知,第三轮德尔菲访谈学科专家的积极系数为100%,行业专家的积极系数为84.62%,综合专家的积极系数为100%,此次德尔菲访谈总的专家积极系数为93.55%,远远高于德尔菲专家访谈要求的积极系数大于70%的较好标准,说明参与访谈的专家对本研究主题的关心程度较高,参与本研究的积极性较高。

b.专家权威程度。

本研究第三轮德尔菲访谈的专家权威程度如表5-19所示。

表5-19 第三轮德尔菲专家访谈的专家权威程度

专家	C_a	C_s	C_r
1	1	0.8	0.9
2	1	0.8	0.9
3	1	0.9	0.95

续表

专家	C_a	C_s	C_r
4	0.9	1	0.95
5	1	0.7	0.85
6	0.8	1	0.9
7	1	1	1
8	0.9	0.8	0.85
9	1	0.8	0.9
10	0.8	1	0.9
11	0.8	0.8	0.8
12	0.9	0.8	0.85
13	0.8	1	0.9
14	1	0.8	0.9
15	1	0.8	0.9
16	0.8	1	0.9
17	0.9	0.8	0.85
18	1	1	1
19	1	0.8	0.9
20	0.9	1	0.95
21	1	0.8	0.9
22	0.9	1	0.95
23	0.8	0.8	0.8
24	0.9	0.7	0.8
25	1	0.8	0.9
26	0.9	1	0.95
27	1	0.8	0.9
28	0.9	1	0.95
29	0.9	0.7	0.8
均值	0.9	0.9	0.9

由表 5-19 可以看出，第三轮德尔菲专家访谈中，专家对我国公办高校学费标准影响因素调查问卷所涵盖的指标判断依据系数的平均值为 0.9，熟悉程度系数的平均值为 0.9，因此由公式可以直接计算出，此次德尔菲访谈专家权威程度系数为 0.9，远大于德尔菲法所要求的专家权威程度系数应 ≥0.7 的较好标准，直接说明参加本次德尔菲访谈的专家在该研究领域具有较高的权威性，本次调研数据的可靠性较高。

c. 第三轮德尔菲专家访谈一级指标访谈结果统计。

借助 SPSS 软件分析德尔菲专家访谈第三轮一级指标结果，如表 5-20 所示。

表 5-20 第三轮德尔菲专家访谈一级指标结果

一级指标	均值	不重要	不太重要	一般重要	比较重要	非常重要	标准差	变异系数	专家意见协调程度
A1 政府	5.00	0	0	0	0	100%	0.00	0	肯德尔系数 0.733 卡方值 63.8 自由度 3 P值 0.000
A2 学校	4.93	0	0	0	6.9%	93.1%	0.26	0.05	
A3 社会	4.17	0	0	0	82.8%	17.1%	0.38	0.09	
A4 家长与学生	4.97	0	0	0	3.4%	96.6%	0.19	0.04	

第一，从整体来看，A1—A4 这 4 项一级指标的均值都大于 4.1，其中"A1 政府"的均值为满分，说明参与此次德尔菲专家访谈的各位专家一致认为政府在公办高校学费标准制定过程中有着重大影响，没有任何一位专家认为某一项一级指标是"不重要""不太重要"或者"一般重要"的，所有专家的意见均集中在"非常重要""比较重要"两项，由此也可以看出专家一致认可此次设置的 4 项一级指标是我国公办高校学费标准影响因素的重要组成部分。

第二，由表 5-20 可知，A1—A4 这 4 项一级指标的变异系数均小于 0.1，肯德尔系数为 0.733，说明专家对 4 项一级指标的重要性程度评价的协调程度较高，直接说明了此轮一级指标的访谈结果可信程度较高。

第三，A1—A4 这 4 项一级指标的卡方值为 63.8，自由度为 3，P 值为 0.000，表示参与德尔菲访谈的专家对 4 项一级指标判断标准的协调程度较高，所得到的结果是非偶然结果，这也说明本次德尔菲专家访谈结果的可信度较高，专家意见具有可取性,评估结果可被采纳。

由此可确定公办高校学费标准影响因素的一级指标为政府、学校、社会、家长与学生。

德尔菲专家访谈第三轮二级指标结果如表5-21所示。

表5-21 第三轮德尔菲专家访谈二级指标结果

二级指标	均值	不重要	不太重要	一般重要	比较重要	非常重要	标准差	变异系数	专家意见协调程度
B1教育投入	5.00	0	0	0	0	100%	0.00	0	
B2招生人数	4.97	0	0	0	3.4%	96.6%	0.19	0.04	
B3办学定位	4.90	0	0	0	10.3%	89.7%	0.31	0.06	
B4专业差异	4.97	0	0	0	3.4%	96.6%	0.19	0.04	
B5资助保障	5.00	0	0	0	0	100%	0	0	
B6教育质量	4.10	0	0	3.4%	82.8%	13.8%	0.41	0.10	
B7就业率	4.17	0	0	0	82.8%	17.2%	0.38	0.09	
B8培养成本	4.90	0	0	0	10.3%	89.7%	0.31	0.06	
B9学校建设	4.21	0	0	3.4%	72.4%	24.1%	0.49	0.12	肯德尔系数 0.651 卡方值 321.178 自由度17 P值0.000
B10居民消费价格指数	4.03	0	0	3.4%	89.7%	6.9%	0.33	0.08	
B11人均GDP	4.24	0	0	0	75.9%	24.1%	0.44	0.10	
B12市场	4.07	0	0	0	93.1%	6.9%	0.26	0.06	
B13社会捐赠	4.10	0	0	3.4%	82.8%	13.8%	0.41	0.10	
B14生产者价格指数	4.97	0	0	0	3.4%	96.6%	0.19	0.04	
B15人均可支配收入	4.17	0	0	3.4%	75.9%	20.7%	0.47	0.11	
B16个人承受能力	5.00	0	0	0	0	100%	0.00	0	
B17学生未来薪酬	4.90	0	0	0	10.3%	89.7%	0.31	0.06	
B18学生财务成本	4.21	0	0	0	79.3%	20.7%	0.41	0.10	

由表5-21可知：

第一，29名专家对公办高校学费标准影响因素B1—B18这18项二级指标的打分结果显示，全部二级指标的得分均值皆大于4分，其中有3项二级指标的得分均值为满分5分，说明从整体来看专家一致认可这18项二级指标对我国公办高校学费标准的制定存在重要影响，也直接说明了此次选定的二级指标具有合理性、科学性、有效性。

专家对B1—B18这18项二级指标的重要性程度的评定结果相对一致，绝大部分集中在"非常重要"和"比较重要"，没有专家认为这18项二级指标是"不太重要"或"不重要"的，这说明各位专家一致认为这18项二级指标是国家相关部门制定公办高校学费标准时需要重点考虑的影响因素。

第二，从上述的统计结果中可以很明显地看出，B1—B18这18项二级指标的变异系数均小于0.15，说明专家对这些二级指标重要程度评价的一致性非常高，也直接代表着这些二级指标可以不做或者少做修正。

第三轮二级指标德尔菲专家访谈中，所有指标的肯德尔系数为0.651，大于肯德尔系数0.6的良好标准，说明所有参与此次访谈的专家对上文中所提及的18项二级指标的重要性程度评价具有较高的一致性，访谈结果可信程度较高。

第三，B1—B18这18项二级指标的卡方值为321.178，自由度为17，P值为0.000，说明专家对上述二级指标判断标准的协调系数具有显著性、一致性，所得出的结果属于非偶然结果，直接说明指标访谈结果的可信度较高，此次访谈的结果是权威的，专家意见具有可取性。由此，本研究进一步确定了公办高校学费标准影响因素指标体系，如表5-22所示。

表5-22 公办高校学费标准影响因素指标体系

一级指标	二级指标
政府	教育投入 招生人数(2)
学校	办学定位 专业差异 资助保障 教育质量 就业率 培养成本 学校建设(7)
社会	居民消费价格指数 人均GDP 市场 生产者价格指数 社会捐赠(5)
家长与学生	人均可支配收入 个人承受能力 学生未来薪酬 学生财务成本(4)

(三)基于层次分析法的指标权重体系的确定

1.层次分析法简述

层次分析法起源于美国,最早由运筹学家托马斯·塞蒂(Thomas L. Satty)提出,该方法从根本上讲属于系统工程学科范畴,其作用是能有效处理定性和定量的数据,尤其是对非定量的分析具有方便、权威、科学等优势,被普遍认为是对人们的主观判断作客观描述的一种有效方法。即便在分析的过程中,有部分被试者存在输入错误或者层次结构错误的情况,但是在大规模的调研以及对复杂决策问题的处理过程中,层次分析法仍然是科学的、可靠的。

层次分析法还有一个突出的优点是能够通过大量的数据运算,检验被试者对回答问题标准评价的一致性,从而能够进一步验证该方法的有效性。目前该方法在世界范围内已经被广泛地运用到各个领域,被认定为一种科学、高效的评估方法。

通常情况下,层次分析法可以将所有因素分为目标层、准则层以及指标层三层。在该层次模型下,最终希望被解决的复杂问题被分解为多个中间维度的组成部分,这些中间维度又由若干个下级维度包含的因素具体解释。这样整体来看便是上一层次的因素由下一层次的因素构成或者深受下一层次因素的影响,由此便可将最上层的终极问题通过若干中间变量,全部由最下层的基础因素表示,也就达到了将需要最终解决的终极问题转化为一个个的底层问题,实现将困难问题细化的目的。

2.层次分析法步骤

运用层次分析法处理问题主要包括以下三个步骤:

第一步,构建层次分析模型。层次分析法,是建立在不同的层次模型之上进行分析的,因此构建模型既是运用层次分析法解决问题的第一步,也是层次分析法至关重要的一步。层次分析法的模型通常包含以下三层:(1)最高层。一般情况下该层只有一个因素,也就是本研究希望通过各种方法预期达到的最终理想结果、所需要处理或者解决的问题,我们也称其为目标层。(2)中间层。中间层也叫准则层,是为了实现上层目标所需要的中间环节,在这里需要指出的是,准则层可能是一层,也可由若干层组成,子准则层如果有需要的话,还可以按照需要向下分解,以此类推,最终主准则层和所有子准则层共同构成准则层。(3)最底层。最底层也可以称为措施层或者方案层,由为实现上级目标可供选择的各种措施、决策方案等组成。层次分析模型的本质是通过各种设定准则对解决问题的方案进行全方位的量化权衡判断,进而选出解决问题的最佳方案。

第二步:建立判断矩阵及一致性检验。

(1)判断矩阵。

建立层次分析模型后,需要对每个层次分析过程所包含的因素进行两两逐次比较,从而建立判断矩阵。构建判断矩阵也是将主观意见进行客观量化的过程,主要是通过对上一层级因素所包含的下一层级因素进行两两比较,比较结果即为子因素对于上一层级因素的相对重要性,通过一定方法将重要性进行量化,再按照一定规则构成判断矩阵。层次结构反映了不同因素如何反映或者影响上级维度因素间的关系,但各下层因素在衡量目标因素中所占权重并不一定相同,因为对决策者而言,每种因素对上级指标的影响程度并不一定相同,各位专家有各自不同的看法。塞蒂提出将1~9及其倒数作为标度赋值来表示各因素的重要性。标度方法如表5-23所示。

表5-23 判断矩阵标度及其含义

标度	含义
1	表示两个因素相比,具有相同重要性
3	表示两个因素相比,前者比后者稍重要
5	表示两个因素相比,前者比后者明显重要
7	表示两个因素相比,前者比后者强烈重要
9	表示两个因素相比,前者比后者极端重要
2,4,6,8	表示上述相邻判断的中间值
倒数	若因子x_i和因子x_j对z的影响之比为a_{ij},则x_j和x_i对z的影响之比为$a_{ji}=1/a_{ij}$

(2) 权重计算。

权重是以某种数量形式对比、权衡被评价事物总体中诸因素相对重要程度的量值。[1]在评估领域,权重是指对各项指标依据其在指标体系中的重要程度或作用及地位,分别赋予的不同数值。[2]具体到本研究而言,层次分析法是为了体现特定的评估指标在各个层面以及整个指标体系中的重要性程度,需要计算每一层级、每一个具体指标的权重值。

权重计算公式:

$$w_i = \frac{(\prod_{j=1}^{n} a_{ij})^{\frac{1}{n}}}{\sum_{i=1}^{n}(\prod_{j=1}^{n} a_{ij})^{\frac{1}{n}}} \quad (i=1,2,\cdots,n)$$

(3) 一致性检验。

这一步骤主要是从逻辑上校验判断矩阵的准确性和科学性,防止不合理的判断或者不小心的失误影响最终决策,例如有参与层次分析法的被试者认为A比B重要,B又比C重要,那么从理论上来讲,A应当比C重要。因为层次分析法是将不同的因素进行两两比较来判断重要性的,那么一定会有A与C相比较的情况,假若发生了被试者判断矩阵中出现C比A重要或者C和A同等重要的情况,那么这明显就是犯了逻辑上的错误,会影响最终结果的准确性。因此判断矩阵如要保证其科学性,便需通过一致性校验,如果未通过检验,则需要进行进一步的修正或者重新收集数据。

本文采用方根法计算判断矩阵的最大特征根及特征向量,具体步骤如下:

$$CI = (\lambda_{max} - n)/(n-1)$$

式中,λ_{max}为判断矩阵的最大特征值,n为判断矩阵的阶数(指标个数)。

检验系数CR:CR=CI/RI。

关于平均随机一致性指标RI(Random Index),塞蒂给出了具体的数值,如表5-24所示。

表5-24 RI系数表

阶数	1	2	3	4	5	6	7	8	9
RI	0.00	0.00	0.58	0.90	1.12	1.24	1.32	1.41	1.45

---

[1] 杜栋,庞庆华,吴炎.现代综合评价方法与案例精选[M].北京:清华大学出版社,2008.
[2] 金娣,王刚.教育评价与测量[M].北京:教育科学出版社,2002.

当CR<0.10时,一般情况下认为,该矩阵的一致性是可以被接受的;若CR>0.10,则需要修正或者调整判断矩阵。最终需要得到的是各个因素,尤其是最底层中各方案或者因素对目标层因素的影响权重,从而方便决策者进行最优方案的选择。

第三步:层次加权。

矩阵通过一致性检验后,将归一化处理后的特征向量作为特定层级指标对上一层级指标的相对权重值,然后,将每一层级的权重值从最高层到最低层逐层计算。最后将所有层级指标的权重相乘,得到最终的汇总权重。汇总权重为每个最底层方案措施层在评价体系中的最终权重。

对层次总排序也需要做一致性检验。同样当CR<0.10时,认为结果可接受,否则需要修正或者调整矩阵。

3. 基于层次分析法的指标权重体系的确定

为了得出各个层级指标的重要性程度,本研究应用层次分析法计算出每一层级、每一个具体指标的权重系数。

(1) 建立层次分析模型。

层次分析法是一种科学处理定性和定量数据的方法,其核心理念是对复杂问题进行分级,将模型顶层的核心问题降维分解为多个简单的代替指标。这样将复杂问题层层分解为多个下级指标来表示的模型即AHP模型。依据本研究建构的公办高校学费标准影响因素指标体系,可将该指标体系分为三类三层,其中,最高层目标层为公办高校学费标准影响因素指标体系的目标——"公办高校学费标准影响因素";中间层包括依据成本分担理论划分出来的影响学费标准制定的四个主体维度;第三层为最底层,即四个主体维度下公办高校学费标准影响因素的二级指标,又称具体观测点。层次分析模型如图5-9所示。

(2) 指标权重分配及一致性检验。

将层次分析模型建立完毕后,借助MATLAB软件,进一步建构层次分析模型的判断矩阵,然后对矩阵进行一致性检验。

①一级指标数据处理及一致性检验。

层次分析法一级指标数据及结果如表5-25、表5-26所示。

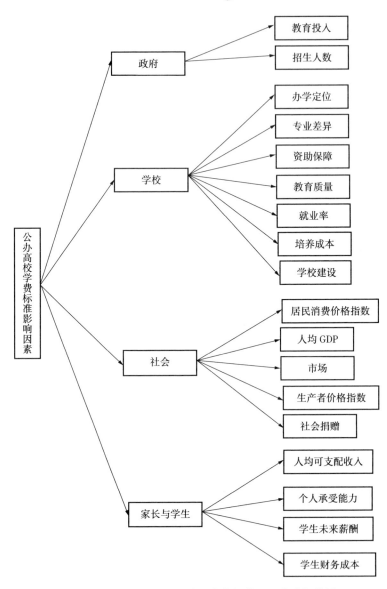

图 5-9 公办高校学费标准影响因素指标体系层次分析模型

表 5-25 层次分析法一级指标数据

一级指标	政府	学校	社会	家长与学生
政府	1.000	0.699	1.754	1.176
学校	1.430	1.000	2.500	1.667
社会	0.570	0.400	1.000	0.667
家长与学生	0.850	0.600	1.500	1.000

表5-26　层次分析法一级指标结果

一级指标	特征向量	权重	最大特征根	CI
政府	1.039	25.985%	4.000	0.000
学校	1.482	37.040%		
社会	0.592	14.803%		
家长与学生	0.887	22.172%		

针对政府、学校、社会、家长与学生4项一级指标构建4阶判断矩阵进行层次分析法研究(特别说明:本研究计算方法为和积法),分析得到特征向量为(1.039,1.482,0.592,0.887),并且4项指标对应的权重值分别是25.985%,37.040%,14.803%,22.172%(见图5-10)。此外,结合特征向量可计算出最大特征根,接着利用最大特征根计算得到CI。一致性检验结果如表5-27所示。

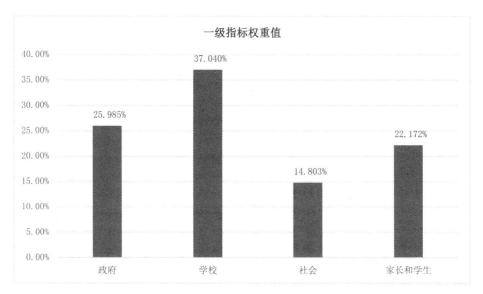

图5-10　一级指标权重值

表5-27　一致性检验结果

最大特征根	CI	RI	CR	一致性检验结果
4.000	0.000	0.900	0.000	通过

一般情况下,CR越小,说明该研究的判断矩阵一致性越好,当CR<0.10时,说明判断矩阵通过一致性检验;如果CR>0.10,则说明一致性较差,应调整矩阵后再次分析。本次4阶判断矩阵的CR为0.000,意味着该判断矩阵通过一

致性检验,计算所得权重具有一致性,由此得出的权重系数具有合理性、科学性和可取性。

② 二级指标数据处理及一致性检验。

判断矩阵 B1—B2 及其结果分析如表 5-28、表 5-29 所示。

表 5-28 判断矩阵 B1—B2

二级指标	教育投入	招生人数
教育投入	1.000	2.326
招生人数	0.430	1.000

表 5-29 判断矩阵 B1—B2 结果分析

二级指标	特征向量	权重	最大特征根	CI
教育投入	1.399	69.930%	2.000	0.000
招生人数	0.601	30.070%		

针对教育投入、招生人数2项二级指标构建2阶判断矩阵进行层次分析法研究,分析得到特征向量为(1.399,0.601),2项二级指标对应的权重值分别是69.930%、30.070%。进一步结合特征向量可计算出最大特征根,接着利用最大特征根计算得到CI。该矩阵的一致性检验结果如表5-30所示。

表 5-30 B1—B2 一致性检验结果

最大特征根	CI	RI	CR	一致性检验结果
2.000	0.000	0.000	null	通过

该2阶判断矩阵的CI为0.000,查表得出RI为0.000,因RI为0,无法计算CR,但二阶数据均满足一致性检验,结果具有权威性、科学性。

判断矩阵 B3—B9 及其结果分析如表 5-31、表 5-32 所示。

表 5-31 判断矩阵 B3—B9

二级指标	办学定位	专业差异	资助保障	教育质量	就业率	培养成本	学校建设
办学定位	1.000	0.833	1.250	1.667	2.500	0.167	1.667
专业差异	1.200	1.000	1.493	2.000	3.030	0.200	2.000
资助保障	0.800	0.670	1.000	1.333	2.000	0.133	1.333
教育质量	0.600	0.500	0.750	1.000	1.493	0.100	1.000

续表

二级指标	办学定位	专业差异	资助保障	教育质量	就业率	培养成本	学校建设
就业率	0.400	0.330	0.500	0.670	1.000	0.067	0.667
培养成本	6.000	5.000	7.500	10.000	15.000	1.000	10.000
学校建设	0.600	0.500	0.750	1.000	1.500	0.100	1.000

表 5-32　判断矩阵 B3—B9 结果分析

二级指标	特征向量	权重	最大特征根	CI
办学定位	0.660	9.433%		
专业差异	0.793	11.328%		
资助保障	0.529	7.552%		
教育质量	0.396	5.656%	7.000	0.000
就业率	0.264	3.771%		
培养成本	3.962	56.600%		
学校建设	0.396	5.660%		

针对办学定位、专业差异、资助保障、教育质量、就业率、培养成本、学校建设 7 项二级指标构建 7 阶判断矩阵，进行层次分析法研究，分析得到特征向量为 (0.660,0.793,0.529,0.396,0.264,3.962,0.396)，7 项二级指标对应的权重值分别是 9.433%，11.328%，7.552%，5.656%，3.771%，56.600%，5.660%。结合特征向量可计算出最大特征根，接着利用最大特征根计算得到 CI。矩阵的一致性检验结果如表 5-33 所示。

表 5-33　B3—B9 一致性检验结果

最大特征根	CI	RI	CR	一致性检验结果
7.000	0.000	1.320	0.000	通过

该 7 阶判断矩阵的 CI 为 0.000，RI 为 1.320，因此计算得到 CR 为 0.000，意味着该判断矩阵通过一致性检验，结果具有权威性、科学性。

判断矩阵 B10—B14 及其结果分析如表 5-34、表 5-35 所示。

表 5-34　判断矩阵 B10—B14

二级指标	居民消费价格指数	人均GDP	市场	生产者价格指数	社会捐赠
居民消费价格指数	1.000	0.455	1.250	0.833	2.500
人均GDP	2.200	1.000	2.778	1.818	5.556
市场	0.800	0.360	1.000	0.667	2.000
生产者价格指数	1.200	0.550	1.500	1.000	3.030
社会捐赠	0.400	0.180	0.500	0.330	1.000

表 5-35　判断矩阵 B10—B14 结果分析

二级指标	特征向量	权重	最大特征根	CI
居民消费价格指数	0.892	17.837%		
人均GDP	1.967	39.334%		
市场	0.712	14.241%	5.000	0.000
生产者价格指数	1.074	21.483%		
社会捐赠	0.355	7.105%		

针对居民消费价格指数、人均GDP、市场、生产者价格指数、社会捐赠5项二级指标构建5阶判断矩阵并进行层次分析法研究,分析得到特征向量为(0.892,1.967,0.712,1.074,0.355),5项二级指标对应的权重值分别是17.837%、39.334%、14.241%、21.483%、7.105%。结合特征向量可计算出最大特征根,接着利用最大特征根计算得出CI。矩阵的一致性检验结果如表5-36所示。

表 5-36　B10—B14 一致性检验结果

最大特征根	CI	RI	CR	一致性检验结果
5.000	0.000	1.120	0.000	通过

该5阶判断矩阵的CI为0.000,RI为1.120,计算得到CR为0.000,说明结果具有权威性、科学性。

判断矩阵B15—B18及其结果分析如表5-37、表5-38所示。

第五章　基于成本分担的高校学费影响因素指标体系建构

表 5-37　判断矩阵 B15—B18

二级指标	人均可支配收入	个人承受能力	学生未来薪酬	学生财务成本
人均可支配收入	1.000	0.667	2.000	1.429
个人承受能力	1.500	1.000	3.030	2.128
学生未来薪酬	0.500	0.330	1.000	0.714
学生财务成本	0.700	0.470	1.400	1.000

表 5-38　判断矩阵 B15—B18 结果分析

二级指标	特征向量	权重	最大特征根	CI
人均可支配收入	1.081	27.019%		
个人承受能力	1.622	40.558%	4.000	0.000
学生未来薪酬	0.539	13.476%		
学生财务成本	0.758	18.947%		

针对人均可支配收入、个人承受能力、学生未来薪酬、学生财务成本 4 项二级指标构建 4 阶判断矩阵并进行层次分析法研究,分析得到特征向量为(1.081,1.622,0.539,0.758),4 项二级指标对应的权重值分别是 27.019%,40.558%,13.476%,18.947%。结合特征向量可计算出最大特征根,接着利用最大特征根计算得出 CI。矩阵的一致性检验结果如表 5-39 所示。

表 5-39　B15—B18 一致性检验结果

最大特征根	CI	RI	CR	一致性检验结果
4.000	0.000	0.900	0.000	通过

该 4 阶判断矩阵的 CI 为 0.000,RI 为 0.900,计算得到 CR 为 0.000,说明结果具有权威性、科学性。

4. 学费标准影响因素指标权重体系的确立

18 项二级指标是研究我国公办高校学费标准影响因素的基层变量,为了服务于国家后期公办高校的学费调整,需要计算出每个二级指标的具体权重。通过汇总上述一、二级指标的权重,并经过层次加权计算,得出权重汇总表。具体的加权计算过程以"B1 教育投入"为例:其权重系数为 0.6993,相关联的一级指标的权重系数为 0.2599,C1 的汇总权重=0.6993×0.2599=0.1817,其他指标的汇总权重也可以依此类推,进而得出所有指标的权重体系,如表 5-40 所示。

表 5-40　公办高校学费标准影响因素指标体系权重系数汇总表

一级指标	一级指标权重系数	二级指标	二级指标权重系数	C1汇总权重
政府	0.2599	教育投入	0.6993	0.1817
		招生人数	0.3007	0.0782
学校	0.3704	办学定位	0.0943	0.0349
		专业差异	0.1133	0.0420
		资助保障	0.0755	0.0280
		教育质量	0.0566	0.0210
		就业率	0.0377	0.0140
		培养成本	0.5660	0.2096
		学校建设	0.0566	0.0210
社会	0.1480	居民消费价格指数	0.1784	0.0264
		人均GDP	0.3933	0.0582
		市场	0.1424	0.0211
		生产者价格指数	0.2148	0.0318
		社会捐赠	0.0711	0.0105
家长与学生	0.2217	人均可支配收入	0.2702	0.0599
		个人承受能力	0.4056	0.0899
		学生未来薪酬	0.1348	0.0299
		学生财务成本	0.1895	0.0420

5. 各指标含义诠释

政府（A1）层面主要涉及教育投入（B1）和招生人数（B2）两个指标因素。

教育投入与学费标准的制定有着非常密切的关系，这是与我国公办高校的办学制度密不可分的。因为根据成本分担理论，政府作为高等教育的办学主体，在成本分担中占主导地位，教育投入是现阶段政府对我国公办高等教育成本分担的一个重要措施和载体。目前对于我国的绝大部分公办高校来讲，政府的教育投入和作为教育事业收入的学费在我国公办高校经费的全部来源中占据着绝对比重，二者对高等教育的发展以及高等教育的办学质量具有重要的意义。尤其是在当今政府对高等教育实行经费兜底的实际方针下，公办高校要保持正常的运转，剔除高校个别年份的扩招和新校区的建设外，总体来说公办高校的学费标准和政府经费的投入规模存在此消彼长的关系。加之目前各个高校的扩招和新校区的建设使得高校的经费严重不足,而国家的财政投入与招生规模不匹配是造成学费标准急速上涨的直接诱因;另外,在经济形势较好的情况下,政府经费相对充足,政府这种兜底的经费政策也是部分地区以及高校在通货膨胀以及物价上涨的情况下,维持数年甚至十几年学费标准原地踏步的重要因素。

教育投入应当维持在一个相对合理的水平,与高校的发展规模、学生的培养成本一致。如果政府的财政投入过高,在国内经济收入一定的情况下,将必然减少政府将有限的资源用到其他的行业发展的机会,不利于社会经济的全面发展;但是如果财政投入得过少,高校出于自身的生存需要,则不得不考虑通过其他方面来"增收",这也是导致学费不合理上涨的重要因素,直接使得学费的担子由政府、学校、家庭和学生共同承担渐渐地向家庭与学生更多地倾斜。因此,教育投入是影响学费标准的重要因素之一。

招生人数也影响着学费标准的制定。我国高等教育先后经历了精英化、大众化阶段,并于2019年正式迈入普及化阶段。1997年我国研究生毕业人数为4.65万人,本专科生毕业人数为82.9万人;2021年我国研究生毕业人数为77.3万人,本专科生毕业人数为826.5万人。20多年的时间内,研究生培养规模增大近20倍,本专科生培养规模增大了近10倍,在研究生和本专科毕业生规模急速增大的实际情况下、在物价上涨以及通货膨胀的经济压力下,如果教育投入的规模赶不上学生数量的增长所带来的相应成本,那么实际上各个高校仍然会有资金的压力,因此招生人数也影响着学费标准的制定。

从学校(A2)层面来看,办学定位(B3)、专业差异(B4)、资助保障(B5)、教育质量(B6)、就业率(B7)、培养成本(B8)以及学校建设(B9)都影响着学费标准的制定。

第一,办学定位。学校定位不同,造成了高等学校办学成本的差异,进而导致学费标准不同。各个高校在办学之初所确定的不同办学定位,造成了高等教育在资源配置之初就呈现出不均衡的状态。最早的高等学校之一,也就是北京大学的前身,京师大学堂于1898年在北京创办,其他地区则没有此类机构,国家在人、财、物方面的投入也不尽相同。新中国成立后,各地陆续建立高等学校,但是不同高校在教育质量和综合实力方面往往存在较大差异,从而导致高等学校分为原来的"985高校""211高校"和其他普通高校,以及现在的"双一流"高校和其他高等学校。虽然说法不一样,但是仍体现出高等学校办学质量以及办学水平的差异。"985高校""211高校""双一流"高校的社会认可度普遍高,毕业生的就业状况也相对较好。由于院校差异,本科中的"双一流"高校的教育经费投入明显要高于其他高校,而普通本科高校又会高于专科高校,因此,无论是从效率角度还是从公平角度出发,在学费定价和学费调整时都应该考虑不同层次高校的运营成本差异和个人教育收益差异,在确定具体学费调整幅度时,应根据高校层次体现差异化。

第二,专业差异。与不同层次间院校的差异极为相似,即便是同一高校内,由于专业不同,其培养成本和个人毕业后的预期收入也存在较大差异。通常来讲,医学类专业以及理工类专业的高等教育培养成本要高于文史哲类专业,而这些专业的毕业生的薪资水平普遍也相对较高,例如华为以年薪百万招聘高级IT精英,而鲜有企业年薪百万招聘文秘、老师或者金融业基层从业人员等。一般来讲,某所高校的优势学科、重点学科和特色学科的教育质量和社会认可度也要普遍好于一般学科,这种认可度和成绩的取得与高校对此类学科长期以来的经费投入以及优质师资的配置是分不开的,其专业学生的生均培养成本也明显要高于其他专业,所以,高校在进行学费调整时也应考虑到专业的差异。

第三,资助保障。高等教育是一种准公共产品,根据人力资本理论来讲,高等教育具有明显的个人受益性,因此高等学校向在校生收取学费是合理的。但是我们也必须清楚地认识到,我国人口基数大,目前贫富差距还是存在的,上大学收费的基本制度也增大了贫困家庭的经济压力,使得少部分学生不得不放弃入学机会。在这样的教育收费基本制度的背景下,如何满足经济困难家庭及学生接受高等教育的现实诉求,使家庭没有"因学致贫",使学生不会"因贫辍学",保障贫困家庭学生的基本受教育权,是我国高等学校资助保障制度的本质属性,也是教育公平对高等学校资助政策的必然要求。

由此可以看出,在倡导教育公平的大环境下,资助保障政策是对高校学费政策的补充与保障。同时,在制定学费标准时,学校和政府应当充分考虑现有资助保障制度的宽度与深度,以高等教育的自身发展特有规律为起点,选择合适的资助模式与现有的学费政策相匹配,从中寻找一个平衡点,以满足社会对高等教育效率与公平的基本诉求,同时形成高等教育发展与学生成长的良性互助体系。因此资助保障也应当是学费标准制定的影响因素。

第四,教育质量。高等学校教育质量的高低与其办学成本的投入有着紧密的联系,通常情况下,政府和学校投入的成本越高,学校占地规模越大,基础设施质量及教学资源等越好,其所耗费的人力、物力及财力自然就越多,办学质量可能会越有保障。投入越高,成本也相应越高,也必然会牵涉学校的学费定价问题,结果便是其学费标准可能也就越高。正所谓"巧妇难为无米之炊",好的教育质量需要完善的基础设施、合理的师资结构、优秀的后勤管理等作为保障。然而,这一切都离不开资金的支持。

教师质量是高等学校教育质量的有机组成部分,教师的学术水平、职称结构、师风师德等因素直接影响着学校的教育质量。正所谓"名师出高徒",一名优秀的教师其自身的学术和教学水平会直接影响到其所教授学生的学习能力以及未来取得的成就。学生对老师有一种天生的崇拜,老师们的思想行为及一举一动会对学生产生深远的影响,所以必须充分重视教师资源在高等学校中的配置。另外,高等学校的教育质量水平与高校教师队伍的整体素质息息相关,也与该校教师的规模以及资历密不可分。优厚的薪酬待遇以及各种相应的福利保障才能使人才"进得来、留得住",新闻报道上经常见有高校重金聘请优秀人才入职,就是这个道理。

好的教育质量是培养优秀人才的必要保障和有效手段,高质量的教育才会培养出高水平人才,高水平人才具有更强的市场竞争力。也就是说,学生接受高质量的教育,未来的职业生涯发展以及薪资收入将会更好。但是教育的高质量是需要用大量的资金来保障的,这无疑使得学校成本增加,进而影响学费标准的制定。因而高等学校的教育质量是我国公办高校学费标准制定的影响因素。

第五,就业率。在社会主义市场经济体制中,劳动力市场受供需关系的调节。放眼整个就业市场,接受过高等教育的应聘者相对而言会有更宽的就业空间、更高的薪水待遇、更好的职业发展,而且相对而言具有更加显著的经济收益和社会收益。对于同样接受过高等教育的应聘者来说,由于院校差异、专业差异等原因,就业市场对各级各类高校毕业生的需求量也不尽相同。从家庭的角度来看,为子女接受高等教育付费,相当于是家庭对子女的一种长期的教育投资,这种投资的货币表现便是学费。就业率便是各个高校的毕业生在大学期间接受高等教育,达到毕业条件后,与就业市场之间的供求关系的直接表现。就业率可以从一定程度上反映学校的生源质量、学生的薪水待遇以及未来的职业发展前景,因此将就业率作为高等学校学费标准影响因素的指标之一。

第六,培养成本。成本分担理论最早由美国著名教育财政专家约翰斯通于1986年提出,他认为高等教育会带来明显的个人收益,也会加速个人后期的人力资本积累,因此高等教育不应该是免费的,其成本应当由各相关主体共同分担。对于家庭而言,家长通过缴纳学费,完成了对高等教育的成本分担。因此,学校以及政府部门在制定、审核高等学校学费标准时,应以教育成本作为基础,将教育成本当成首要依据进行考虑,这也是目前世界上绝大多数国家都实施高等教育上学缴纳学费这一基本政策的原因所在。

将高等教育成本作为学费定价的依据,具有科学性以及合理性,高等教育学费标准应当围绕年生均培养成本的变化而上下波动。现如今,随着我国高等教育顺利迈入普及化阶段,高等教育规模实现了从大众化阶段到普及化阶段所必经的"量"的转变,国家未来将更注重对高等学校学生"质"的培养,希望高校学生能在上学期间接受更加优质的教育,这必将促使政府及高校不断改善办学环境、提高办学质量,而这也将会极大地增加公办高校的办学成本,家长也应当通过上学缴费的方式来分担高等教育培养成本。若是高等学校的年生均培养成本在不断增加,那么高等学校的学费标准也应当越来越高,因此,年生均培养成本是影响学费标准的一个重要因素。

第七,学校建设。学校建设是一个比较广义的概念,大体可以包含软件建设及硬件建设。其中,软件建设包含学校的规章制度建设、文化建设、师资队伍建设、课程建设等;硬件建设主要包含学校的基础设施建设等方面。

回顾以往,我国高等教育经历了由精英化到普及化的转变,一方面,高等学校在校生人数持续增加,学生人数的增加与现有的校园规模容纳量有限的矛盾越来越尖锐,各个高校为了其自身的可持续发展,不得不扩大校园面积,兴建新校区,因此带来的基础设施建设费用也直线上升。另一方面,各个高校在规模扩大的同时,也越来越注重校园的软件建设,因为这不仅是学校自身发展的需要,在上级的各类考核评价指标中,学校的生师比、教师硕博占比、优秀课程建设等都被纳入其中。同时学校无论是各级各类制度建设,还是优秀教师的引进,抑或是国家级、省级优秀课程的孵化,这些软件建设同样需要大量的资金支持。然而现阶段国家对高等教育的投入增幅与高等教育规模的扩大速度不匹配,高校年生均培养成本的增加使得其资金压力巨大,学校建设同样对高校的资金有着大量的需求,这便无形中促使各个高校提高学费标准,因此学校建设应当作为高校学费标准的影响因素。

从社会(A3)层面来看,居民消费价格指数(B10)、人均GDP(B11)、市场(B12)、生产者价格指数(B13)和社会捐赠(B14)都与各高校学费标准的制定有着紧密的联系。

第一,居民消费价格指数、人均GDP、生产者价格指数。高等学校所处地区市场经济发展水平是影响公办高校运营和发展的外部环境,直接造成了不同高校间学生培养成本的差异,因此,政府和高校在制定学费标准时应当考虑地域差异性。一方面,如果公办高校所在地区的经济较为发达,那么当地的物价水平往往较高,而为了保障教职工的生活质量,其工资水平也必须与高物价相匹配,除了教职工的工资,学校的各种开销的单价均比经济欠发达地区高,从而导致该地区公办高校的高等教育成本较高,这将对高等学校学费标准的调整幅度产生更大的要求。另一方面,高等学校的职能决定了其具有一定的服务地方的特性,而解决当地适龄、符合入学条件的学生的入学问题便是其职能之一,因而各地公办高校在当地的招生人数比在其他地区的招生人数要多出几倍甚至几十倍,地方政府对本地的高校也会有相应的政策扶持,专项资金和配套资金便是其中重要的措施,但是因为不同地区政府的经济实力不同,各个高校所能享受到的资金扶持便也有差距,一般来说,在同样的办学定位下,东部高校得到的资金支持多于西部高校,南方高校多于北方高校。通常可以用居民消费价格指数(B10)、人均GDP(B11)、生产者价格指数(B13)作为不同地区经济发展水平差异的代表指标。

第二,市场。我国由新中国成立初期的社会主义计划经济,逐步过渡为自由灵活的社会主义市场经济,在社会进步、经济发展的进程中,产业由最初的劳动密集型逐步向技术密集型转变。通常情况下,经济越发达的地区其产业的技术密集型程度就越高,高科技、高水平企业的存在直接促进了当地经济的发展,然而技术密集型企业对于人才,尤其是高层次人才有着较为强烈的需求,当地市场也自然而然地对高层次人才极度渴望,高等教育肩负着为当地培养高层次人才的基本使命,是当地人才的培养基地与摇篮。本地区高等学校的教育质量越高、毕业生学历层次越高,毕业生的个人能力和素质也会越高,对于毕业生来讲,接受过高质量、高层次的教育也意味着其自身未来预期收益越高,现实中北京、上海、广东、江苏等经济发达地区也是名校的聚集地。在此情况下,毕业生和当地市场属于一种互利互助、共同进步的良性循环,高等学校为企业、为社会培养高质量人才,企业发展反过来又促进市场经济发展、为社会提供更多的就业机会,为高校毕业生提供更好的就业平台,提供更加光明的职业发展前景,进一步支撑本地区的产业创新和经济发展,带动居民整体收入的提高,因此应当将市场作为高校学费标准的影响因素。

第三,社会捐赠。社会捐赠虽然是高校收入的一部分,影响学校的总收入,但是各个学校接受的社会捐赠在金额上的差异也十分明显,甚至有极大的差异,即便是放眼国内,东、中、西部等不同地区的高校接受的社会捐赠金额悬殊。突出表现为,处于东部发达地区的高校由于其人才培养以及所处区位的优势,获得的社会捐赠无论是从次数上还是从金额上都明显高于中部或者西部高校。就同一地区而言,不同类型的高校接受社会捐赠的情况也不尽相同,例如中央直属高校的社会捐赠明显高于地方院校,同为地方院校的本科高校又会高于专科高校。总的来看,高等学校所接受的社会捐赠不仅与办学层次、学校声誉有关,也与对校友工作的重视程度以及和社会各界的关系呈正相关关系。从目前的国内情况来看,校友捐赠是高校社会捐赠的重要组成部分。但是校友的事业发展往往也与其当初毕业的高校实力密切相关,所以从一定程度上讲,越是重点高校,其接受社会捐赠的机会越多、金额也越大,而普通高校获得社会捐赠的机会较少,甚至相当一部分高校没有社会捐赠。虽然不是每一所高校都有接受社会捐赠的机会,但是社会捐赠也仍然是影响高校年生均培养成本的一个客观因素。

从家长与学生(A4)层面来看,人均可支配收入(B15)、个人承受能力(B16)、学生未来薪酬(B17)、学生财务成本(B18)同样影响着高等学校学费标准的制定。

第一,人均可支配收入。人均可支配收入是家庭及个人剔除税费以后可以由自身自由支配的实际金额,因此人均可支配收入毋庸置疑地成为家庭各种消费性支出的决定性因素。家长与学生作为高等教育成本分担的主体之一,其所支付的高等教育学费也来自家庭成员的人均可支配收入,因此各高校和政府相关部门在制定学费标准时应当充分考虑不同地区家庭的人均可支配收入的差异,如果学费占人均可支配收入的比例过低,这无疑使得政府和学校所承担的高等教育成本较高,在政府财政收入一定的情况下,政府要么减少高等教育的相关投入,将高等教育维持在一种低投入、低产出的状态,要么从国家总收入中削减其他事业的投入来弥补高等教育的经费不足,前者不利于高等教育事业的发展,后者挤占了其他领域的经费投入,整体来讲不利于国家各项事业的共同推进,两者都不可取。如果学费占人均可支配收入的比例过高,这无疑增大了家庭的资金压力,使部分困难家庭的子女不得不放弃入学,显然不利于教育公平的实现。因此,学费标准的制定应当充分考虑人均可支配收入的实际情况,不宜过高或者过低,应当维持在一个适当的比例。故应将人均可支配收入作为学费标准的影响因素。

第二,个人承受能力。从学费政策的发展历程来看,虽然原则上讲,学费标准应该随着年生均培养成本的变化而上下波动,但在现实中,由于通货膨胀等原因,学费标准是逢调必涨,几乎没有出现过标准下调的情况,只是涨得快与慢、多与少的不同。学费标准的上调,直接导致受教育者及其家庭的教育支出增大,降低了家庭的生活水平,虽然公众对高等教育的个人收益率有着较好的预期,但是的确有部分家庭实在无力负担学生的学费以及后续的生活费。学费标准的提高会直接给经济困难的家庭带来压力,迫使这部分家庭的子女放弃接受高等教育的机会,而在另一部分经济情况稍好、能够支付起学费的人群中,也会有一定比例的学生,因为学费上涨而导致高等教育个人收益率预期下降而选择放弃读大学,2000年左右出现的小规模"打工潮"就是老百姓对高等教育个人收益率预期下降的缩影,最终导致了高等教育的人才流失。学费水平提高迫使低收入家庭的孩子放弃继续接受高等教育的机会,过早地进入社会参加工作,表面上看是节省了四年时间,但是这部分人在劳动力市场上处于弱势地位,主要是以体力劳动为主,工作环境差、工资低,并且随着时间的推移,由于个人身体机能的下降,其工作也面临着被取代的风险,更别提通过高等教育实现阶层流动了。这就使教育的公平性大打折扣。如若想将学费调整对高等教育本身及整个社会产生的负面影响降到最小,就需要将学费标准的调整幅度与居民的收入以及实际支付能力相匹配、与居民的经济承受能力的变化相适应,尤其是对我国的公办高校而言,在进行学费标准的调整时,不仅要充分考虑不同地区居民收入的差异性,更要考虑居民可支配收入的实际承受能力。

第三,学生未来薪酬。学生未来薪酬可以从一定程度上反映大学生在校期间所接受高等教育的学历层次、教学质量等基本情况,也是未来学生职业发展好坏的直接货币表现。通常情况下,教育教学质量越高、学历层次越高的高校毕业生的未来预期收益往往也越高,根据受益支付原则,未来预期收益较多的学生理应支付较多的学费,而且从实际的办学经验来看,理工科、医学相关专业的年生均培养成本普遍要高于哲学、教育学等人文社科专业。从已有的毕业生收入数据来看,前者也是普遍高于后者。根据卡尔逊教育收费模型,即学费标准=中等偏下家庭年收入×10%+学生未来预期年收入×10%,由此也可以看出,学生未来的薪酬水平与学费标准的制定有着密切的联系。

第四,学生财务成本。通常情况下,学生进入高等学校学习所产生的成本,除了学费支出,还包括学生个人生活消费支出和因进入高等学校学习而放弃的其他可能的收入即机会成本。一方面,学费、学生个人生活消费支出以及机会成本是家庭对是否支持学生进入高等学校学习必然会考虑的问题,当高等学校的学费以及个人的生活消费支出增高时,必然面临着家长与学生对高等教育入学需求的下降。另一方面,学生因为进入高等学校学习,必然要放弃这一期间进入其他行业工作带来的收益,这部分收益便是学生的机会成本。

第六章

公办高校学费标准调整的检测、执行与审思

本研究通过三轮德尔菲专家访谈,试图确立我国公办高校学费标准影响因素指标所包含的一级、二级指标,并借助层次分析法,进一步确定各一级指标和二级指标的权重,最终构建完成我国公办高校学费标准影响因素指标体系。在完成理论层面的指标体系构建后,还需要对其进行实践检验,确保其可行性,以确保指标体系的科学性与有效性,进而及时发现指标体系存在的问题,希望对各高校的学费标准调整起到一定的借鉴作用。

本章拟选取HUEL[①]作为测试对象,运用所构建的学费标准影响因素指标体系对这所大学的本科专业进行学费标准调整的检测,在此基础上进行审思。

一、公办高校学费标准影响因素指标体系关于学费调整的检测

公办高校学费标准影响因素指标体系适用于调整公办高校各专业的学费标准,因此,研究拟选取一所本科大学作为被试样本,依据构建好的影响因素指标体系对这所学校的本科专业进行学费调整的验证,以期在实践中找出初步构建的指标体系存在的问题,以便进一步完善指标体系,最终对各个高校的学费调整起到一定的借鉴意义。

(一)公办高校学费调整的应用说明

1. 被试高校的选择

(1)选择HUEL作为测试对象的主要原因。

选择HUEL作为公办高校学费标准影响因素指标体系应用于各专业学费

---

① HUEL是河南财经政法大学的英文首字母缩写。

标准调整的试测对象的原因主要有以下两点：

一是，这所本科高校具有代表性。HUEL地处中原省会城市，我国高等教育的资源分布以及我国经济的发展水平均呈现东高西低的态势，选择中部高校能够避免一些极端情况，而且HUEL也存在新校区建设、学校合并等国内高校普遍存在的现状，符合国内一般高校的发展规律，具有良好的代表性。

二是，这所高校所在的城市是笔者读博前学习生活的地方，这所高校是笔者的母校，在该校笔者有良好的基础资源，开展调研、收集数据相对容易。

（2）HUEL的情况介绍。

HUEL建校于1948年，总占地面积达2000余亩，坐落于中原腹地，是一所省属公办全日制普通高等学校。校园教学、科研等现代化设施一应俱全，学习氛围浓郁，是广大学子学习、生活的理想园地。

学校的特色专业包含经济学、管理学、法学等专业，以服务中原、辐射全国为办学宗旨，努力做好教书育人以及科学研究的本职工作，为国家及地方培育了大量的优秀人才。

本研究选取HUEL的人文社科、理工科两个大类专业作为学费标准调整的测试对象。

2. 被试高校数据获取方法

数据的质量对调查研究至关重要，由于公办高校学费标准影响因素指标体系是由"量化指标＋质性指标"构成，其调整过程中所需要用到的数据也由客观数据和主观评价数据构成。HUEL两个大类的本科专业学费调整的数据主要通过以下渠道获取：

其一，网络信息收集。在互联网技术高度发达的今天，网络作为一种数据搜集工具，具有数据资料收集方便、数据统计分析智能、数据实时反馈及时等方面的优势。[1]本研究中HUEL的相关数据主要通过该校的官方网站、河南省教育厅网站、HUEL财务处、招生就业处等职能部门的信息公开数据、HUEL的年度质量报告等官方途径搜索统计得出。本研究需要用到的一些地方经济指标，主要通过政府官方网站中的统计年鉴以及其他官方信息整理得来。

其二，现场收集。该校的信息公开只有部分宏观数据，一些需要用到的微

---

[1] 高书国.教育指标体系——大数据时代的战略工具[M].北京:北京师范大学出版社,2015.

观数据在互联网上并未公示,因此需要现场收集,对网络信息收集形成必要的补充,笔者主要是以联系学校相关部门并向其申请的形式获得本研究所需数据。

其三,问卷调查。针对在校生以及毕业生的相关数据,网上无法查得,也没有办法进行现场收集,只能请学校辅导员以邮件或者互联网问卷形式群发给在校学生,然后收集整理得出。

(二) 被试高校的数据处理

公办高校学费标准影响因素指标体系中的一级、二级指标数据来源如表6-1所示。

表6-1 数据来源说明

一级指标	二级指标	数据来源
政府	教育投入	决算报表
	招生人数	招生信息网
	办学定位	教育部官网
学校	专业差异	学校招生简章
	资助保障	财务处数据
	教育质量	软科排名
	就业率	招生就业处
	培养成本	财务处数据
	学校建设	财务处数据
社会	居民消费价格指数	统计年鉴
	人均GDP	统计年鉴
	市场	问卷调研
	生产者价格指数	统计年鉴
	社会捐赠	决算报表
	人均可支配收入	统计年鉴
家长与学生	个人承受能力	问卷调查
	学生未来薪酬	问卷调查
	学生财务成本	问卷调查

公办高校学费标准影响因素指标体系关于学费调整的数据,一部分来自其他渠道获取的资料,如互联网、信息公开、现场收集等。另外一部分需要问卷调研的数据,本研究针对2019、2020级在校生与2016、2017级入学目前已经毕业的学生,分别编制了《公办高校学费问题调查问卷1》(见附录7)与《公办高校学费问题调查问卷2》(见附录8),问卷内容与上述表格中需要量化的二级指标一一对应,依据二级指标的数据分析要求,对问卷的题目进行了相应的结构化处理,以确保问卷填写具有有效性、高效性和可靠性。通过问卷星平台向HUEL的相关人员共发放问卷480份。

(三)学费标准动态调整模型建构

$$C = B_0 \cdot (1+D)$$

$$D = \sum_{1}^{18} \frac{Q_n \cdot \Delta T_n}{T_n}$$

$$\Delta T_n = T_{n+1} - T_n$$

其中,C表示当下年份的学费标准,B_0为上一年的学费基数,D为依据指标体系权重计算得来的学费变化比例,Q为公办高校学费标准影响因素指标体系二级指标的对应权重,T为数据来源中当年的量化指标,ΔT为后一年数据与当年数据的差额。

(四)学费标准调整的数据检验

1. 学费调整的假设前提

(1)由于本研究重点为学费标准的调整而不是学费定价模型本身,在此假定研究的当下年份学费为合理的基础学费。

(2)教育质量由学校排名进行具体量化,权威机构的排名不止一种,本研究选取软科公布的排名为基础来源数据。

(3)由于机会成本无法具体衡量,因此学生财务成本因素维度仅包含学生因接受高等教育而产生的除学费以外的直接支出。

2. 学费调整的相关说明

(1)学生未来薪酬一项由于自身的不确定性,很难进行量化,加之毕业时间越久的学生数据获取难度越大,因此选择毕业三年以内的学生收入作为此项的调整基数。

(2)本研究重点在于学费调整指标体系的构建及其权重的测算,也就是学费应当如何调整的问题,对于具体学费调整过程中的数据,信息公开披露部分的数据文中进行了相应的统计或者截图,出于高校财务数据以及其他数据的保密性,对于部分未公开的数据,本文不再单独列出,数据的检测重点在于指标体系与学费标准调整公式的实际应用,并非数据数值本身。

(3)本次数据检验选取2020年和2021年的相关数据,对被试高校的人文社科与理工科两个专业的学费标准进行调整测算。

3. 部分数据公开

2020年、2021年全国部分地区普通本科分专业招生计划情况如图6-1所示。河南省人均GDP、消费者价格指数、生产者价格指数及人均可支配收入数据如表6-2所示。

省份 专业名称	科类	合计	河南	省外合计	北京	天津	河北	山西	辽宁	上海	江苏	浙江	安徽	福建	江西	山东	湖北	湖南	广东	海南	重庆	四川	甘肃	青海	宁夏	新疆
	合计	6102	5241	861	5	45	60	20	25	15	10	65	35	50	55	68	30	40	35	25	20	55	50	10	30	58
	文史	2219	1847	372		2	19	22		11	5	15	7	30	32	32	22	17	15	12	9	23	23	4	13	27
	理工	3883	3394	489	3	26	33	9	14	5	37	18	40	18	23	10	18	25	20	13	11	32	27	6	17	31

2020年普通本科分专业招生计划(部分截取)

省份 专业名称	科类	合计	河南	省外合计	北京	天津	河北	山西	辽宁	黑龙江	上海	江苏	浙江	安徽	福建	江西	湖北	湖南	广东	广西	海南	重庆	四川	甘肃	青海	宁夏	新疆
	合计	6113	5248	865	5	45	60	20	25	15	10	65	40	65	55	70	30	40	35	0	25	20	55	50	10	25	50
	文史	1952	1800	152				10			7			29		22				0			22	23	4	11	24
	理工	3641	3448	193				8			10			36		33				0			33	27	6	14	26
	综合改革	520		520	5	45	60		25			10	65	40		50	30	40	35	0	25	20					

2021年普通本科分专业招生计划(部分截取)

数据来源:HUEL学校官网。

图6-1 2020年、2021年全国部分地区普通本科分专业招生计划情况

表6-2 河南省部分数据公开

项目	2020年	2021年
人均GDP(单位:元)	54 691	59 410
消费者价格指数(CPI)	102.8	100.9
生产者价格指数(PPI)	99.2	107.8
人均可支配收入(单位:元)	24 810	26 811

注:数据来源为国家统计局官网、河南省统计局官网。

4. 学费调整结果

根据汇总以上资料,将所需数据代入公式进行计算,得出 HUEL 人文社科和理工科两个专业大类的学费调整结果如表6-3所示。

表 6-3　学费调整结果

项目	2021年	2022年
人文社科	3700元	4100元
理工科	4200元	4900元

二、公办高校学费调整方案的执行及配套措施

本研究建立了我国公办高校学费标准影响因素的指标体系,并以此为基础,构建了学费标准动态调整模型,为各公办高校学费标准的调整提供了依据,下面将以学费标准的调整为核心,在此基础上提出公办高校学费动态调整的指导性方案及相应的配套措施。

(一)公办高校学费调整方案的执行

1. 公办高校学费调整的原则

(1)科学性原则。

学费问题是一个复杂而又敏感的民生问题,涉及政府、学校、家长与学生以及社会等诸多主体,学费标准是否科学合理将直接影响各主体的根本利益,学费标准过高或者过低不但影响公众对教育的满意度,也影响国家对教育公平的顺利推进。因此必须在科学、公正的基础上,去认识其影响因素的存在,否则很可能出现一边倒的情况,没有科学方法为指导的研究活动也将没有任何实际意义。

(2)可行性原则。

可行性原则主要是指在指标体系构建的具体过程中,必须充分考虑指标来源的可操作性、便捷性等原则。以我国公办高校学费标准影响因素中的培养成本为例,因为培养成本的核算目前尚无统一口径,如果特别细化,如考虑到一粒米、一粒沙对学费的影响,也就失去了现实中的可操作性。

基于此,在构建公办高校学费标准影响因素指标体系的过程中,必须注重将科学性和可行性有效衔接,只有这样才能凸显指标体系构建和研究的理论意义以及现实价值。

2. 公办高校学费调整方式

目前,我国公办高校学费标准的调整以省(自治区、直辖市)为单位,本研究建议在以省(自治区、直辖市)为基本调整单位的同时,各高校也需要结合自身的实际情况进行二次调整。以省(自治区、直辖市)为基本调整单位有其合理性,因为在学费调整的研究中可以明显地看到,省(自治区、直辖市)是行政区域,许多基本数据都是以省(自治区、直辖市)为单位进行统计的,继续沿用这种方式有利于我们更加方便地收集数据,这种调整方式也比较符合目前学费调整的基本方式,也是为了防止学费变化过大可能带来的执行力以及预期效果的下降,较符合当下我国的实际国情。

在以省(自治区、直辖市)为基本调整单位这一大的调整框架下,要注意不同高校间学费调整的差异性。例如现今很多省(自治区、直辖市)相同类型学校执行的学费政策为同一标准,但是以年生均培养成本来看,各高校却并不相同。部分高校严格执行政府的基本指导价格,虽然也会做成本核算,但是却并不会以成本分担理论为基础,进行本校学费的调整,并未真正履行学校作为高等教育成本分担主体之一所应当履行的义务。因此,应当学习发达国家的先进经验,将学费调整作为长效机制,建立科学的调整方案,及时根据成本的变化对学费做出调整,建议采取高频次、低幅度的具体调整方案,避免学费标准长时间的"原地踏步"或者一次增幅过高的情况发生,使学费的定价符合社会发展规律,促进高等教育的健康发展。

3. 公办高校学费调整管理机构

我国公办高校的学费标准政策通常是由教育、财政、物价等部门联合颁布,其具体程序是由教育部门提出具体的学费标准意见,报有关行政部门进行审批,最后再由多方联合下发正式文件,由高等学校具体执行。看似学校在学费标准调整的过程中作用甚微,但实则不然。教育部门提出的具体意见,其实变相地可以看成是高等学校基于成本核算后,对学费标准所提的建议。教育行政部门虽然对高等学校具有一定的领导作用,但是学生培养成本的具体核算数据仍然来自各个高校,因此高等学校在成本核算中起着举足轻重的作用,也正是基于此,从2013年以来,许多省(自治区、直辖市)在高校学费调整的具体过程中,给予学校一定的定价自主权,由此可以看出,高等学校可以说是学费标准调整中最重要的机构之一。

高等学校虽然最了解自身的学生培养成本以及经费情况,却没有绝对的定价权,而物价部门、财政部门以及其他政府部门拥有政策定价的审批权却不了解高等学校具体的成本核算口径等问题,学费标准动态调整机制不完善,容易使得学费标准出现短期增幅过大或者长时间"原地踏步"等问题。

因此,要建立高等学校学费标准的动态调整机制,定期调整学费标准,就需要成立专门的学费调整管理机构,对于前期数据的核算、方案的制定、过程的监督、结果的反馈等方面进行统筹安排,定期召开学费调整专项会议,听取各高等学校关于自身成本核算的变化以及对学费调整的具体意见,既要预防标准调整过快,也要防止学费调整的工作被搁置,该管理机构应包含高等学校、教育部门、物价部门以及财政部门等单位公职人员。

(二)公办高校学费调整的配套措施

1. 提高学校资金使用效率

公办高校学费标准调整的根本目的是均衡各主体在高等教育成本分担中的切身利益,最理想的状态是借助科学合理的学费标准的调整方法,使学费标准始终处于政府、学校、家庭与学生等相关主体利益的最佳耦合点上,而不是通过制定学费标准来变相转移或过度增加政府的资金压力。当然,从政府以及家庭的角度出发,也应当加强对高等学校资金使用效率的监督,大学生入学缴纳的学费以及政府为了支持高等教育事业的健康发展给予的各种教育投入,均需要确保高等学校将其使用在人才培养以及专业建设之中。高等学校的日常运转应本着合理使用、拒绝铺张的基本原则,严格控制将国有资金投入办公、招待等非教学活动方面的比例,同时借助现代化管理手段,提升政策执行效率,减少运行成本,集中资金发展教育、科学研究。

2. 持续增加政府对高等教育的财政供给

理论上讲,学费标准的制定应以年生均培养成本为依据,随着年生均培养成本的变化而上下波动,但是在现实中我们可以发现,由于通货膨胀、学校规模扩大等原因,直接导致高等教育培养成本逐年上涨,因此学费标准只会越来越高。

随着学费标准的提高,政府同样需要投入更多的教育经费,原因有以下两点:第一,高等学校学费标准的提高,必然是因为在校生的年生均培养成本增加,而按照成本分担理论,年生均培养成本增加,各相关主体均应提高其具体分担金额。第二,从现实出发,如果学校学费标准调高的同时,政府相应减少自身的资金投入,这不但与成本分担理论相背离,也是政府对于教育成本的变相转移,使家庭对高等教育成本的承担比例增大。我国目前仍处在社会主义初级阶段,人均可支配收入相对发达国家尚有很大的提升空间,学费太高只会使得更多人失去接受高等教育的机会,也是与教育公平这一初衷相违背的。所以,在对学费标准进行调整的同时,政府应当提高其教育投入。政府单方面多承担或者家庭单方面多承担都是不可取的,都会带来一定的不良后果,二者应当形成良性互补关系,共同助力我国高等教育事业的健康发展。

3. 加大学生资助力度

通常情况下,由于高校招生规模扩大、通货膨胀等,学费标准只会逐年调增,然而学费越调越高也将带来一个现实的问题,即学费标准的逐年增高将使得部分家庭的子女入学难度越来越大。虽然目前我国高等学校已经有了比较完善的奖助贷等保障体系,但是随着学费标准持续增高,原有的资助标准也可能会变相缩水。这就需要我们从两个方面来确保贫困家庭的子女不会因为学费标准的调整而失去入学的机会。第一,增大奖助贷等资助保障体系的"宽"度,设立不同种类的奖学金、助学贷款,针对特别困难的学生开展专项资助等,提高奖学金以及助学金的资助比例,不让一个学生因贫困而辍学。第二,增加奖助贷等资助保障体系的"深"度,这就要求政府和社会增加对高等教育的资助力度,使高等学校有能力随着学费标准的提高制定与之相匹配的资助保障措施,切实提高奖学金、助学金的发放标准,确保困难学生接受高等教育这一基本权利落到实处。

(三)公办高校学费标准调整的审思

公办高校学费标准影响因素指标体系的建构,是在对已有研究成果进行充分梳理的基础之上,结合三轮德尔菲专家访谈,对指标体系的具体内容进行确认,最终形成一套包括4项一级指标、18项二级指标的影响因素指标体系。这一指标体系充分考虑了公办高校学费标准制定过程中可能存在的影响因素,结果真实、科学、合理,对我国公办高校学费的调整具有普遍的指导意义和一定的借鉴性。但经实践检验,发现这一指标体系仍有部分不足,需再次修正、改进、完善,详情如下:

1. 指标体系的主观性较强

本研究采用了PMC指数模型分析法、德尔菲法、层次分析法,后两种方法均为专家赋值打分法,可能存在不同专家理解不同的情况,甚至同一专家在不同的场合也有不同的考虑,容易造成结果的偏差,其最终结果的主观性和不确定性较强。在测试评估指标体系的过程中,发现依然存在部分定性评估的指标等级标准不太明确。专家在面对题目的选项时,只能比较模糊地以类似"基本""比较""很好"这样的评价标准来判断等级,区分度不太明显,可测性和可操作性不足,最终导致评估主体在实践评估过程中很难对指标的等级做出准确的判断,从而影响评估结果的有效性和科学性。

2. 公式的建构仍需要进一步完善

本研究以公办高校学费标准影响因素指标体系为基础,进一步提出我国公办高校学费标准的动态调整公式,但是该公式仍需要进一步细化。考虑到高等学校过去所收的学费已经成为既定的事实,无论科学与否均无法对其进行更改,所以本文重点研究的是学费标准未来如何调整,但是该公式也存在不足,即公式本身要以上一学年的数据为基础,从而进行下一学年学费标准调整的测算,但这样会使每次的调整工作变得烦琐。接下来的研究方向是要细化、深化学费标准动态调整公式,争取使其更加便捷、操作性更强。

三、公办高校学费政策的路径推进

新中国成立以来,我国高等教育学费政策经历了从无到有、从激进到平稳、从单一主体到多元主体的历史演变。在高等教育已经进入普及化阶段的大背景下,学费政策仍有进一步提升的空间及必要性。比如,高等教育年生均培养成本在现有会计制度下难以精确核算,致使高等学校学费的定价标准缺乏科学依据;省际学费标准差异较大;人民群众对政府的期望值过高,使得高等学校学费政策的调整时常成为社会关注的焦点,学费标准的变化受舆论影响严重。

为了使高等教育学费政策更加科学化、稳定化、合理化,新时期的高等学校学费政策需积极调整,形成以政策导向为引领、以成本分担为共识、以国家和家庭的承担能力为载体、以多元化资助体系为保障的高等学校学费政策体系,使其强有力地支撑我国高等教育事业的健康发展。

(一)完善立法体系,以政策导向为引领

高等学校学费政策的完善是推动整个高等教育事业健康发展的重要手段,科学合理的收费标准也是教育公平的重要体现。从发达国家的经验借鉴以及我国自身的道路探索来看,教育政策的科学化与民主化取决于政策评价的制度化,而各种政策评价制度的建立,最有力的抓手便是依托国家完善的法律法规体系,否则政策文本便只是无根之木,失去国家强制力保障的政策无法彰显其应有的作用,高等学校学费政策亦是如此,因此,完善立法体系是保障学费政策顺利实施的必要措施。

现阶段,我国虽然有《高等教育法》作为高等学校收取学费的法理指导,但是关于学费标准的具体计算方法不统一,浮动空间过大,不利于执行。虽然目前国际上关于高等教育成本核算的具体内容大都比较模糊,学校对高等教育成本的计算有相当大的自由裁定权,但若想以年生均培养成本为基础的学费政策具有公信力,就应当将相关法律法规尽快细化、量化,使各主体在学费政策中角色清晰、任务明确、权责相应。

另外,我国还未有一部完整的关于高等教育学费政策评价的相关法律法规,这就使得原有政策到底效果如何无法有效衡量,进一步影响政策的存续以及更迭。因此应当尽快建立以"高等学校政策评价"为主体的法规,明确评价主旨原则,规范评价程序与方法,厘清不同主体的权责,确保评价信息的公开以及相应责任的追究,进一步设计与政策评价相配套的其他法规,如与政策评价相关的绩效评价体系、领导干部考核法规体系、第三方评价机构责任追究体系等,以强大的国家法律体系为依托,提高政策评价的权威性与规范性,确保各评价活动的稳步推进。

最后,设立政策评价办公室,一方面可以在宏观上监督指导政策评价活动的进行,另一方面,当牵涉第三方评价以及公众评价时,由政策评价办公室作为政府行政部门负责与各高校以及其他相关政府部门联系资料的提供,确保政策评价活动基本信息的公开与公正,使不同的评价主体尽可能有相同的评价地位,确保评价的独立性、权威性、公正性,提升政策的公信力。

国家应做好政策的顶层设计,引领高等教育事业的健康发展。首先,在政策制定层面,明确高等教育学费制度的必要性。完善相关法律法规的制度建设,并从政府层面做好制度保障,加强宣传,营造多主体共同承担高等教育成本的氛围。其次,在政策实施层面,控制调节机制十分重要。我国现行学费制度下的收费标准之所以较为混乱,其中一个很重要的原因就是政府对学校经费的兜底政策,因而部分高校学费标准十余年不曾改变也不足为奇。实际上,长期不变的收费标准违背了价格围绕价值上下波动的经济学规律,高校学费政策应该根据经济、社会、文化、地域等综合因素及时进行调整。再次,在政策反馈层面,应当把高校学费收缴工作的完成情况作为对学校及其领导干部绩效评价的标准之一,以期引起学校及相关领导的高度重视,保障办学质量的有效提升。逐步健全各种支持保障体系,尤其是对经济条件较差家庭的学生,政府以及学校应当给予特殊的帮扶,避免学生因经济条件较差而"掉队"的现象出现。最后,对部分学生恶意拖欠学费的情况,国家也应当通过建立个人诚信档案、失信人员黑名单等方式进行惩处,以达到警示目的。此外,在国家政策引领下,各高校还应当充分利用自身专业发展优势,充分发挥自身特长服务社会,例如农业院校利用专业优势成立乳业公司,这样既能服务地方社会发展,又可以为学校创收,缓解学校经费不足的压力,也可以变相减轻学生成本分担的压力。

(二)回归政策初心,以成本分担为基本共识

回归政策初心是评价高等学校学费政策的根本导向。学费政策说到底为的是让国家更好地制定符合我国国情的政策,进而推动我国高等教育事业的健康发展,以较少的资源投入获得较高的综合产出,不断服务于中华民族的伟大复兴。如果政策的初心与实际起点发生偏离,政策就会出现问题。从经济人假设出发,地方政府和学校为了尽可能地缓解高等教育带给自身的财政和资金压力,倾向于希望制定较高的高等学校学费标准,而家庭和学生的诉求则刚好相反,希望学费标准尽可能地低一些。不同主体从自身的利益诉求出发,其评价

结果必然带有明显的倾向性,导致政策目标的偏差。

改革开放初期,双轨制招生是国家为了缓解高等教育经费不足而出台的政策,这一政策短期内确实从一定程度上缓解了教育经费不足的困境,但长期来看,双轨制带来了招生、管理等一系列问题。1997—2000年,政府和学校为了缓解扩招和新建校区带来的资金压力,大幅度提高学费,此时家庭与学生从自身的利益出发,坚决抵制学费的上涨,矛盾尖锐。政府下令限涨,有效地遏制了学费疯涨这一势头,但是由于地区经济发展水平以及舆论压力,有些地区如河南、陕西,这一限便是二十年,这二十年间,人民收入提高,物价水平上涨,学费却长期未发生调整,显然也不利于高等教育事业的健康发展。诚然,学费标准增速过快、增幅过高是不可取的,但同时我们也应当注意,数十年学费标准的"原地踏步"也是不符合市场规律的,违背价格围绕价值上下波动的经济规律。因此,我们要回归政策初心,扶正评价的目标导向,以促进高等教育事业以及社会的全面发展为根本宗旨,平衡不同主体间的利益分配。

从目前的国际共识来看,高等教育并非义务教育,如若所有经费都由国家负担,势必带来教育经费负担较重、教育公平难以保障等不利影响。就入学机会而言,一般来讲,父母受教育程度和子女接受高等教育的机会呈正相关关系,如果教育成本全部由国家承担,就等于由全体公民共同负担,这对文化程度较低的家庭显然是不公平的。高学历往往和高收入成正比,知识以及财富的代际传递效应会进一步增大贫富差距,进而引发教育不公平现象的产生。就效率层面而言,高等教育如果全由政府买单,在当下毕业不分配、毕业需择业的情形下,部分学生由于难以毕业或就业困难选择长期待在学校,其接受高等教育所获得的知识不但不能为社会带来相应的经济效益,反而大大增加了国家和社会的负担。合理的成本分担比例能让人民群众更关心教育的效率及产出,促进教育公平的顺利实现。高等教育成本的存在也会从某种程度上刺激学生努力学习,奋发成长,提升技能和修养,以保证在毕业后有能力回馈家庭和社会。如果高等教育的学费全由受教育者承担,高额学费还将会对很多困难家庭产生挤出效应,部分学生因为无力支付高额的学费而无法接受高等教育,导致贫富差距进一步增大,教育公平难以实现。高等教育自身准公共产品的特征属性决定它承载着一定的社会政治工具价值、文化传承以及服务社会的功能,具有较强的经济外在性,从这一层面来看,政府同样是高等教育的受益者之一,理应承担部分高等教育成本。高等学校学费的成本分担机制应当被看作一种公平机制,长期贯穿我国高等学校学费政策。

（三）推进多元对话，平衡各主体间的实际承受能力

高等学校学费政策的制定本身就是一个综合性、系统性较强的过程，仅靠单一主体来完成政策过程的全部工作，既缺乏可行性，也有失合理性，必须动员社会中各方面的资源共同参与。虽然理论上政策的制定主体是多元化的，但是在实际操作中，政府对学费标准有审批权限，学校提供与学费标准有关的年生均培养成本等具体数据，而受教育者则处于相对被动的位置，使政策的预期与实际产生一定程度的错位。基于此，我们要尽全力打破政府单向决策的制度壁垒，建立真正的社会、公民以及其他相关机构共同参与的决策机制。一方面，建立形式多样的信息交流与共享渠道，确保不同主体间享有相同的资源，使多元主体间的对话建立在身份对等、信息公开、资源共享的平台之上，促进多元主体的深度交流与沟通，确保第三方机构的中立性，增大民众参与高校学费政策制定的深度和广度，切实做到政策制定过程的民主协商、政策结果的集思广益，同时重视区域性的政策诉求，大大削减目前政策评价的封闭性，避免决策过程中的人为因素，给国家带来损失。另一方面，健全智库咨询机制，为确保多元主体参与的顺利进行，不只是政府相关主管部门需要智库的政策建议，作为多元参与主体之一的家庭与学生，由于社会阶层、家庭背景、文化水平等方面的差异，更需要咨询机构的政策宣传以及知识普及，以期在参与政策制定的过程中能站在一种更加客观、公正的角度看待政策的制定与更迭，提升政策预期与实际结果的融合度，使新政策的制定更加观照教育现实，符合教育规律，优化教育资源配置，从而最终提高政策的科学性，更好地助力高等教育事业的蓬勃发展。

确立以成本分担为基础的高等学校学费政策后，还需要进一步细化成本分担政策的具体实施方案。各主体的高等教育成本分摊比例的确定是急需解决的困难问题。国家希望通过收取学费以达到减轻政府负担的目的，而家庭与学生希望尽量少交学费避免增加家庭负担，在双方利益博弈过程中确定的高等学校学费政策是最优的，即达到了纳什均衡（Nash equilibrium）[①]。科学合理的高等教育学费政策应当平衡好国家和家庭的关系，如同飞机的两翼，任何一方长

---

① 纳什均衡，又称为非合作博弈均衡，是博弈论的一个重要术语，以约翰·纳什之名命名。在一个博弈过程中，无论对方的策略选择如何，当事人一方都会选择某个确定的策略，则该策略被称作支配性策略。如果任意一位参与者在其他所有参与者的策略确定的情况下，其选择的策略是最优的，那么这个组合就被定义为纳什均衡。

期偏沉,都有可能导致高等教育这艘大飞机的坠落。

纵观世界发达国家的高等学校学费政策,OECD各成员国间的学费标准也有较大差异。德国、芬兰、挪威等国家不收学费,使得这些国家税负较重,因而无形中增大了公民负担;美国、英国等国家学费标准较高,但其相对应的资助保障体系也比较完善,这种模式可以有效提高高等学校的入学率,但如果社会经济下行,国家和家庭的经济压力都会比较大;意大利、法国等国家公办高校学费标准普遍较低,但学生获得资助的机会也非常有限。整体对比来看,现阶段我国高等学校学费较低,但增速相对较快,教育性财政经费投入逐年上升但占GDP的比重仍然较低,学费占人均可支配收入的比例逐年下降,但相对于OECD国家仍然较高。鉴于各国国情不同,盲目借鉴国外经验是不可取的。这就要求政府在学费政策的制定上,既要充分考虑我国的实际国情,综合不同地区之间、城镇与乡村之间的经济差异,针对同一地区不同办学层次、不同专业的高校在学费标准制定上实现差异化,又要充分平衡不同地区经济发展对政府财政的需求以及家庭的实际支付能力,充分发挥政府的宏观调控能力,落实学费标准的价格听证会,制定与当地居民实际支付能力相匹配的学费标准,尽可能地让每一位学生都能有接受高等教育的机会。

(四)完善政策配套,以多元化资助体系为保障

高等学校学费政策的初衷是尽可能地平衡各主体间的利益。就我国目前经济社会的发展现状来看,东中西部地区之间、城乡之间人民群众的生活水平以及收入水平仍有差距,家庭经济困难的学生仍然存在。在学费标准一定的情况下,由于家庭的贫富差距,会导致学生接受高等教育的机会不平等,此时多元化资助便显得尤为重要。目前,国家层面已经形成了"奖、助、贷、减"相结合的学费保障体制,但随着时间的推移以及经济的发展,物价指数不断提高,高等教育资助体系也需要不断调整和完善。

首先,扩大奖学金的来源。一般来说,奖学金来源的多元化是为了保障不同学校、不同专业的学生能够有更多机会获得奖学金,从源头口径上丰富奖学金的类别,可以增大家庭经济困难学生获得资助的概率。

其次,进一步提升贫困生贷款额度标准。物价水平的逐年上涨致使很多学生贷款金额不足以完全支撑其在校学习、生活。

再次,国家应当逐步提高接受助学金资助的学生比例。目前,国家助学金

资助面较窄,不足以满足一般学校家庭困难学生的切实需求,一些学校设立的助学金也有一定的比例,通常在10%,国家应该根据实际情况,适度调高资助比例,尽可能多地帮助困难家庭学生完成学业,解决学生在校学习期间资金困难的问题。

最后,丰富减免政策。国家现有的政策虽然也包含减免学费,但形式较为单一,不仅要在入学时减免学费,还可以借鉴国外已有的经验,对毕业后从事特定地区、特定岗位以及其他公益性事业的学生,减免相应的贷款金额,多路径服务教育公平和社会发展。

(五)健全政策评价,政策接受民众的监督与反馈

政策评价的实质其实就是政策在具体运行的过程中,各种相关的资源、信息被不断地共享、反馈与调整。如果政策的相关信息是保密的,不被外界所接触,那么政策系统以外的人难以与主管部门进行有效的信息共享,更无法对现行政策的制定与执行效果展开卓有成效的评价。

高校学费政策民众接受困难的根源在于良好的信息公开机制尚未完全建立起来。改进现有学费政策评价,需要不断完善信息在不同评价主体间的流动与共享,一是要提高专家评价的公正性与公开性,要提高政策评价的效率,让评价结果被民众接纳,政府应当有意识地公开相关信息,提高政府在政策评价各个环节的透明度,不间断公布政策评价的相关信息,为各评价主体提供真实、有效、相同的基础资料,提高政策评价的客观性与公正性。另外,要通过制度创新和公众监督,最大限度地减少不同学术观点被利用的可能性,阻断托关系、打招呼以及领导批示等因素对政策评价的干扰,不断提高专家评价的透明度。虽然现有的学者倡导专家实行评价过程的匿名,以防止专家在评价过程中受到过多外界因素的影响,但是全程匿名也可能会使真正的责任无法落实,不利于政策评价的真实与高效,所以评价过程可以匿名,但是结果要进行实名,拒绝匿名投票,落实评价的责任制,回归政策评价公开公正的原点。二是要健全政府评价社会监督与申诉机制,不断加强与完善制度建设,不断建立完善政府政务公开制度,对评价程序、评价方式、评价结果全程公示,并设立申诉机构,提高政策评价效率,加强对政策评价过程的监督。对民众存在疑问的地方或者反映的情况,要认真核实,完善政策评价的落实与保障机制,使政策评价的结果能够公允地反映各利益主体的不同诉求,体现公众意志,杜绝可能存在的单位或者个人暗箱操作,切实保障公民权益,提高政策评价结果的公信度。

第七章

结语与展望

一、研究结论

多年来,公办高校学费标准都是一个极其敏感又饱受争议的话题。从历史经验来看,学费标准定得过高,无疑会加重老百姓的生活负担,导致经济困难家庭子女的受教育权无法得到保障,不但会违背国家追求教育公平的初衷,甚至还会直接影响政府在百姓心中的公信力;但是如果学费标准过低或者随着经济的增长,学费标准长时间不调整,又会使得政府担子过重,缺乏经费的高等教育只能维持一种低成本、低效率的冬眠式运行模式。学费标准如何调整才是科学合理的,是各级政府、各高校以及每个家庭都十分关心的焦点问题。

本研究致力建构一套公办高校学费标准影响因素指标体系,进而对各学校学费标准的调整起到一定的借鉴作用。研究越深入,越发现学费标准影响因素的整理、筛选、确定是一个复杂的系统工程,影响学费标准制定的因素有很多,如地域差异、专业差异、院校差异、培养成本、校园建设、教育投入等,其中有些因素单独就可以成为一个研究主题,比如研究教育投入对学费标准的影响、不同办学层次下各高校应该实行怎样的差异定价等。但是如果这样,就只是考虑了某一个点,便无法从整体上系统地对学费标准的影响因素指标进行研究,上述问题可以作为本研究的补充研究,日后进行更深一步的探讨。可见,构建学费标准影响因素指标体系,并以此为基础进行学费调整是一个复杂而又具有挑战性的研究议题。

本次研究是在借助成本分担理论的基础之上,对公办高校学费标准影响因素指标体系构建的一次尝试与摸索,与已有的诸多研究不同,本研究不但有理论基础,数据方面也比较充分;既有质性研究,又有量化检验;既回望过去,又立足当下,第一次系统地提出了学费标准影响因素指标体系,并且借助层次分析法,明确了各个因素指标是如何影响学费标准的,从而为我国公办高校学费标准的调整起到一定的借鉴作用,但囿于笔者的知识储备、实践经历等,研究难免有不足之处。本章试图回顾前文研究,在系统总结与思考的基础上,进一步明确本文的研究内容,阐明分析本文的研究创新之处,同时,厘清存在的问题与短板,并提出下一步的研究思路、研究方向等。

本研究的结论总结如下:

第一,系统性地对我国公办高校学费政策进行了梳理。以新中国成立以来不同时期的公办高校学费政策为基础系统地进行研究,并将学费政策分为免费加发放助学金期、免费向收费过渡期、激进的全面收费期以及学费标准持续探索期,在此基础之上,进一步挖掘不同时期政策背后的生成逻辑,发现不同时期学费政策的重点不同,原因是政策背后存在不同的动力取向、目标取向、过程取向以及话语取向,研究政策流变,归纳演进逻辑,对于认识政策、了解政策、熟悉政策有着至关重要的作用,也是调整学费标准所必需的基础与前提。

第二,借助PMC指数模型,对公办高校学费政策进行量化研究,发现学费政策的问题与不足,更进一步地对学费政策进行剖析。通过对已有政策文本的梳理、挖掘与分析,借助PMC指数模型设置10个一级变量和33个二级变量,对7项学费政策文本进行量化研究,研究发现:样本政策设计总体较为合理,在政策等级的评价结果中,1项为优秀,5项为良好,1项为可接受,无不良政策,且各文本在政策性质、政策受众等方面优势明显;但样本政策也存在政策重点不突出、政策标准不细化、政策评价不完善等问题,这就导致政府和学校制定的学费标准从其自身来讲就缺乏统一的口径,难以在民众中建立良好的公信力,因此,解决好学费标准调整的科学性、合理性、规范性,是提高公办高校学费政策权威性以及可行性的关键所在。

第三,构建了公办高校学费标准影响因素指标体系。首先,通过梳理已有成果以及问卷调研双管齐下的方式,对公办高校学费标准的影响因素进行初筛,最终将得到的所有影响因素分为4项一级指标以及20项二级指标,作为德尔菲专家访谈的基础资料。其次,通过三轮德尔菲专家访谈,对初步得到的影响因素指标体系进行头脑风暴,最终确立了公办高校学费标准影响因素指标体系的内容,构建了含4项一级指标、18项二级指标的影响因素指标体系。再次,采用层次分析法,对4项一级指标以及18项二级指标进行权重测算,得出各一级指标以及二级指标的权重,为学费标准动态调整公式的建构提供调整依据。最后,建立学费标准动态调整公式。

第四,应用构建好的以公办高校学费标准影响因素指标体系为基础的学费标准动态调整公式,对被试高校HUEL的理工科以及人文社科2个大类的本科专业进行学费调整的实际操作与结果检验,希望研究结果能对国内各公办高校的学费标准调整起到一定的借鉴作用。

学费标准影响因素指标体系的构建以及以此为基础提出学费标准的动态调整公式是一次积极的探索、大胆的尝试,与目前已有文献在诸多假设的基础上建立学费公式不同,其独特的影响因素指标体系,阐明了学费标准各影响因素所占比重,也揭示了学费调整的依据,对今后我国公办高校学费标准的调整具有一定的参考意义。

二、创新之处

与已有研究对比,本研究的创新主要体现在视角、方法和内容这三方面,具体如下:

一是研究视角的创新。本研究既有对政策文本的"古"与"今"、"中"与"外"的比较研究,也有基于我国不同省份的比较研究,可以说是三管齐下,对政策文本的研究尽量实现了全覆盖。通过对学费政策的梳理,以成本分担理论为主线,从多个相关主体角度出发,探究各主体实际的承受能力,研究高等学校收费的科学性与合理性。

二是研究方法的创新。在研究方法上,本文采用"质性+量化""理论+实证"的混合研究法。首先,在量化方面借助PMC指数模型,对我国7项公办高校学费样本政策设置了10个一级变量以及33个二级变量,对我国公办高校学费政策进行量化评价,发现学费政策目前存在的问题。其次,在对公办高校学费标准影响因素的初筛中,从已有研究的理论层面搜集因素指标的同时,设计问卷,实地调研不同学费分担主体认为的学费标准可能存在的影响因素;运用德尔菲法和层次分析法等质性研究的方法对学费标准影响因素进行更深层次的筛选,并对一级指标、二级指标进行权重的测算。再次,构建完整的公办高校学费标准影响因素指标体系,并以此为基础设计学费标准动态调整的最终公式。最后,采用量化的方法对设置的公式进行检验,审思并展望学费政策未来的发展趋向。

三是研究内容的创新。本研究由"面"到"线"最后聚焦于"点",形成了独特、完整的研究体系。以我国公办高校学费政策为基本的研究面,以重大政策的更迭为节点,将我国公办高校学费政策划分为四个不同阶段,并归纳出四种不同的政策演进逻辑。以政策中存在的问题为主线,借助PMC指数模型,设置一级指标以及二级指标,通过对样本政策的分析,发现学费政策中存在的最需要解决的问题,也就是老百姓最关心的这个"点":学费标准问题,即学费到底应该收多少的问题。通过德尔菲法、层次分析法,建立公办高校学费标准指标体系并进行各级指标权重的测算,并在此基础之上构建动态的学费标准调整公式,为今后各高校的学费调整起到一定的借鉴作用。

三、可能的不足

学费标准的调整是一个极其庞大而又复杂的研究主题,其存在的影响因素数量多,不合理的学费标准将对国家、家庭与学生、高校以及社会产生深远影响。本研究试图通过梳理学费政策,发现存在的问题,找出解决问题的关键,借助混合、立体的研究方法对此问题进行尽可能全面和深入的研究,但囿于客观因素和个人学术水平的限制,研究主要存在如下不足:

第一,本研究构建的公办高校学费指标体系对我国公办本专科高校各个专业的学费调整具有一定的普适意义,但这并不适用于民办高校、公办高校中的独立学院,也不适用于公办高校的硕士、博士阶段的学费调整,今后有待于进一步的深入研究。

第二,本研究在学费标准调整动态公式的实践测试时选取的对象具有一定的局限性。出于时间、精力以及完成的可行性考虑,加之研究验证的数据部分需要实地采集,本研究选取了距离近、有采集基础的HUEL,虽然本研究想强调的是学费标准调整的方法,而并非数据本身,但还是未对国内其他地区、不同类型的高校进行验证,一所学校可能无法代表全国所有的学校,可能存在以偏概全的情况,今后争取到多地调研,获取更多的数据,为更细化的研究打下坚实基础。

四、未来展望

高校学费问题不但是经济问题,同时也是社会问题、民生问题,影响学费标准制定的因素错综复杂,本研究在能力范围内,对学费标准的调整做了大胆的尝试,希望可以对今后各高校学费标准的调整起到一定的借鉴作用。展望下一步的研究,可着力加强以下三方面研究:一是更加深入剖析某一因素对学费标准的影响,比如政府投入中的财政拨款、配套经费、专项经费等;二是拓宽调研路径,增大调研数据中的样本容量,采取定性与定量相结合的方法,去多方面验证学费标准影响因素指标体系以及学费标准动态调整公式的正确性;三是对政策评价进行更深一步的研究,从一个学者的视角出发,在自己的研究能力范围内,努力为公办高校学费调整提供相应的理论支撑。

附　　录

附录1:"我国公办高校学费标准影响因素研究"调查问卷

尊敬的先生(女士),您好!

　　诚挚感谢您参与"我国公办高校学费标准影响因素研究"项目的调查研究!该研究力图构建我国公办高校学费标准的动态调整模型,而影响因素的确定对该模型的建立至关重要。公办高校学费是政府基于成本分担理论对进入高校学习的大学生收取的费用,因此学费标准的制定牵涉千家万户的根本利益。为了更好地开展研究,课题组希望您能回答下面所列的问题。您提供的宝贵意见,将决定着课题组对我国公办高校学费标准影响因素的确定,这对达成预期研究目标至关重要。调查结果仅用于课题研究,我们将对您的个人信息和问卷内容严格保密,确保不会对您产生任何不良影响。恳请您认真完成此问卷,确保数据真实、情况准确。课题组衷心感谢您在百忙之中抽出宝贵时间完成此问卷,您的大力支持是本研究顺利进行并取得成功的重要法宝。

一、基本信息

1.您的性别:

A.□女

B.□男

2.您的年龄:

A.□18岁以下

B.□18—30岁

C.□31—40岁

D.□41—50岁

E.□51—60岁

F.□60岁以上

3.您目前的职业是:

A.□专业人士(如教师/医生/律师等)

B.□服务业人员(餐饮服务员/司机/售货员等)

C. □自由职业者(如作家/艺术家/摄影师/导游等)

D. □工人(如工厂工人/建筑工人/城市环卫工人等)

E. □公司职员

F. □事业单位/公务员/政府工作人员

G. □学生

H. □家庭主妇

I. □其他

4. 您的最高学历是:

A. □硕士研究生及以上

B. □本科

C. □大专

D. □高中阶段及以下

5. 您的政治面貌是:

A. □中共党员(预备党员)

B. □团员

C. □民主党派

D. □群众

E. □其他

6. 您的户口性质:

A. □农业户口

B. □非农业户口

C. □其他

二、问题

结合自身工作实际体会,请列举您认为对我国公办高校学费标准的制定存在重大影响的因素有哪些?(不限定个数,建议用概括性较强的短语表述。)

问卷结束,谢谢您的配合!

"我国公办高校学费标准影响因素研究"课题组

2022年4月20日

附录2:"我国公办高校学费标准影响因素研究"专家预访谈提纲

一、指导语

尊敬的专家,您好!

非常感谢您担任"我国公办高校学费标准影响因素研究"项目的咨询专家!鉴于您在教育经济领域特别是公办高校学费领域的卓越贡献,邀请您作为本研究中5名最权威的专家之一,接受本次预访谈。您所提供的宝贵意见,将对研究达成预期目标发挥至关重要的作用。为了便于您提前了解该研究的基本情况,已经给您发送了"公办高校学费标准影响因素研究概况"材料,请您在回答下列问题前完成阅读。本次访谈将重点围绕前期通过文献梳理、著作研究、问卷调查等初步形成的20个公办高校学费标准影响因素指标设置的层次、结构、数量的合理性和科学性听取您的意见,访谈也会部分涉及对本研究的基本看法。

如果您不介意,在访谈过程中会进行笔录和录音,本次预访谈及随后的正式专家函询所获得的资料均仅用于本研究,不公开专家姓名,不会对专家产生任何负面影响,我们特此承诺和说明。如果您没有其他问题,我们就可以开始访谈了。

二、实施访谈

1.【关于研究设计】您是否认同"公办高校学费影响因素研究概况"材料中所提到的20个学费标准核心影响因素指标产生的过程和方法,有什么完善的建议?

2.【关于指标层级】对我国公办高校学费标准影响因素模型进行优化的过程中,您认为最多设几个层级合适?

3.【关于指标数量】您认为最终的公办高校学费标准的影响因素指标数量在什么范围合适?

4.【关于模型结构】借助已有成本分担理论,根据成本分担主体的不同,主要可以将学费影响因素分为国家、学校、家庭等不同维度,但是课题组在实地的调研以及文献的梳理中发现,地域差异也影响着学费标准的制定,您认为指标设定是否可以根据主体的不同来划分成不同维度?

5.【关于具体指标】已有的20个指标,是否有足够的代表性、覆盖面?是否和我国公办高校学费标准的制定密切结合?是否是比较关键、核心的影响因素?

6.【关于指标删减及补充】上述20个指标是否需要进行合并及删减,除了上述20个指标之外,您是否还有需要补充的其他指标?

7.【关于后续研究】您对本研究已经进行的和后续工作还有什么意见和建议?

本次访谈结束,感谢您的支持与配合!

"我国公办高校学费标准影响因素研究"课题组

2022年5月22日

附录3:"我国公办高校学费标准影响因素研究"专家征询表

(第一轮)

附录3-1

尊敬的专家,您好!

真挚地感谢您在百忙之中担任"我国公办高校学费标准影响因素研究"项目的咨询专家!本研究采用德尔菲法(也叫专家访谈法),预计通过3轮调研构建我国公办高校学费标准的影响因素指标体系。课题组从已有成果研究、问卷调研两个方面初步建构出由4项一级指标、20项二级指标构成的我国公办高校学费标准影响因素指标体系,并对每项指标进行了描述性定义,请您就问卷中所列举的一级、二级指标的重要性程度进行判断,并在相应等级打"√";针对指标的修改意见,请在表格最后一行填写。您提供的宝贵意见,将决定课题组对我国公办高校学费标准影响因素指标的确定,这对达成预期研究目标至关重要。谢谢您的支持!

一、基本信息

1. 就职单位:A.□高等院校;B.□财政厅(局);C.□研究院(所);D.□其他
2. 教(工)龄:A.□10年及以下;B.□11—20年;C.□21—30年;D.□31年及以上
3. 学历:A.□博士;B.□硕士;C.□本科及以下
4. 职称:A.□正高级(厅级);B.□副高级(处级);C.□中级(科级);D.□初级

二、指标重要性评价

表1 一级指标重要性程度评价表

一级指标	不重要	不太重要	一般重要	比较重要	非常重要
国家					
学校					
地方(政府)					

续表

一级指标	不重要	不太重要	一般重要	比较重要	非常重要
家庭					

您的修改意见：

表 2　二级指标重要性程度评价表

一级指标	二级指标	不重要	不太重要	一般重要	比较重要	非常重要
国家	国家经济					
	教育投入					

您的修改意见：

一级指标	二级指标	不重要	不太重要	一般重要	比较重要	非常重要
学校	办学定位					
	专业差异					
	招生人数					
	资助保障					
	教育质量					
	就业率					
	培养成本					
	学校建设					

您的修改意见：

一级指标	二级指标	不重要	不太重要	一般重要	比较重要	非常重要
地方(政府)	当地物价					
	人均GDP					
	市场					
	社会捐赠					
	当地经济					
	当地政策					

您的修改意见：

续表

一级指标	二级指标	不重要	不太重要	一般重要	比较重要	非常重要
家庭	家庭收入					
	可支配收入					
	个人承受能力					
	学生发展					

您的修改意见：

_____

表3　专家对指标内容的判断依据

您对以上指标的判断依据及影响程度			
判断依据	大	中	小
经验			
理论			
文献			
直觉			

表4　专家对问卷内容的熟悉程度

您对调查内容的熟悉程度						
熟悉程度	不熟悉	不太熟悉	一般熟悉	比较熟悉	很熟悉	非常熟悉
专家自述						

本轮问卷到此结束，非常感谢您的鼎力支持！

附录3-2 同意参加德尔菲研究

我＿＿＿＿＿＿，自愿参加此项研究。

- 我被告知研究的目的和性质。
- 我明白我可以随时退出而不会产生任何后果。
- 我明白我的参与意味着我将对本研究主题提出自己的见解。
- 我了解我会被匿名。
- 我明白我在本研究中提供的所有信息都将会被保密。

日期：＿＿＿＿＿＿

签名：＿＿＿＿＿＿

"我国公办高校学费标准影响因素研究"课题组

2022年7月4日

附录4:"我国公办高校学费标准影响因素研究"专家征询表(第二轮)

附录4-1

尊敬的专家,您好!

真挚地感谢您在百忙之中担任"我国公办高校学费标准影响因素研究"项目的咨询专家!本研究采用德尔菲法(也叫专家访谈法),预计通过3轮调研构建我国公办高校学费标准的影响因素指标体系。课题组从已有成果研究、问卷调研两个方面建构出由4项一级指标、20项二级指标构成的我国公办高校学费标准影响因素指标体系;目前进行第二轮德尔菲法专家访谈,课题组根据第一轮德尔菲专家问卷结果并且结合各位专家的建议,将第一轮中的4项一级指标、20项二级指标修改为新的4项一级指标、17项二级指标。

请您就本轮问卷中所列举的一级、二级指标的重要性程度进行判断,并在相应等级打"√";针对指标的修改意见,请在表格最后一行填写。您所提供的宝贵意见,将决定课题组对我国公办高校学费标准影响因素指标的确定,这对达成预期研究目标至关重要。谢谢您的支持!

一、基本信息

1. 就职单位:A.□高等院校;B.□财政厅(局);C.□研究院(所);D.□其他

2. 教(工)龄:A.□10年及以下;B.□11—20年;C.□21—30年;D.□31年及以上

3. 学历:A.□博士;B.□硕士;C.□本科及以下

4. 职称:A.□正高级(厅级);B.□副高级(处级);C.□中级(科级);D.□初级

二、指标重要性评价

表1　一级指标重要性程度评价表

一级指标	不重要	不太重要	一般重要	比较重要	非常重要
政府					
学校					
社会					
家庭					

您的修改意见：

表2　二级指标重要性程度评价表

一级指标	二级指标	不重要	不太重要	一般重要	比较重要	非常重要
国家	教育投入					
	招生人数					

您的修改意见：

一级指标	二级指标	不重要	不太重要	一般重要	比较重要	非常重要
学校	办学定位					
	专业差异					
	资助保障					
	教育质量					
	就业率					
	培养成本					
	学校建设					

您的修改意见：

一级指标	二级指标	不重要	不太重要	一般重要	比较重要	非常重要
社会	居民消费价格指数					
	人均GDP					
	市场					
	社会捐赠					
	生产者价格指数					

续表

一级指标	二级指标	不重要	不太重要	一般重要	比较重要	非常重要
	您的修改意见:					
家庭	人均可支配收入					
	个人承受能力					
	学生未来薪酬					
	您的修改意见:					

表3 专家对指标内容的判断依据

	您对以上指标的判断依据及影响程度		
判断依据	大	中	小
经验			
理论			
文献			
直觉			

表4 专家对问卷内容的熟悉程度

	您对调查内容的熟悉程度					
熟悉程度	不熟悉	不太熟悉	一般熟悉	比较熟悉	很熟悉	非常熟悉
专家自述						

本轮问卷到此结束,非常感谢您的鼎力支持!

"我国公办高校学费标准影响因素研究"课题组

2022年8月2日

附录4-2　同意参加德尔菲研究

我_____,自愿参加此项研究。

· 我被告知研究的目的和性质。

· 我明白我可以随时退出而不会产生任何后果。

· 我明白我的参与意味着我将对本研究主题提出自己的见解。

· 我了解我会被匿名。

· 我明白我在本研究中提供的所有信息都将会被保密。

日期:_____

签名:_____

附录5:"我国公办高校学费标准影响因素研究"专家征询表
(第三轮)

附录5-1

尊敬的专家,您好!

真挚地感谢您在百忙之中担任"我国公办高校学费标准影响因素研究"项目的咨询专家!本研究采用德尔菲法(也叫专家访谈法),预计通过3轮调研构建我国公办高校学费标准的影响因素指标体系。课题组已经进行了二轮德尔菲法专家访谈,并且根据前两次的调研结果,将第二轮中的4项一级指标、17项二级指标修改为新的4项一级指标、18项二级指标。

请您就本轮问卷中所列举的一级、二级指标的重要性程度进行判断,并在相应等级打"√";针对指标的修改意见,请在表格相应位置填写。您所提供的宝贵意见,将决定课题组对我国公办高校学费标准影响因素指标的确定,这对达成预期研究目标至关重要。谢谢您的支持!

一、基本信息

1. 就职单位:A.□高等院校;B.□财政厅(局);C.□研究院(所);D.□其他
2. 教(工)龄:A.□10年及以下;B.□11—20年;C.□21—30年;D.□31年及以上
3. 学历:A.□博士;B.□硕士;C.□本科及以下
4. 职称:A.□正高级(厅级);B.□副高级(处级);C.□中级(科级);D.□初级

二、指标重要性评价

表1 一级指标重要性程度评价表

一级指标	不重要	不太重要	一般重要	比较重要	非常重要
政府					
学校					
社会					

续表

一级指标	不重要	不太重要	一般重要	比较重要	非常重要
家长与学生					

您的修改意见：

表 2　二级指标重要性程度评价表

一级指标	二级指标	不重要	不太重要	一般重要	比较重要	非常重要
国家	教育投入					
	招生人数					

您的修改意见：

一级指标	二级指标	不重要	不太重要	一般重要	比较重要	非常重要
学校	办学定位					
	专业差异					
	资助保障					
	教育质量					
	就业率					
	培养成本					
	学校建设					

您的修改意见：

一级指标	二级指标
社会	居民消费价格指数
	人均GDP
	市场
	社会捐赠
	生产者价格指数

您的修改意见：

续表

一级指标	二级指标	不重要	不太重要	一般重要	比较重要	非常重要
家庭与学生	人均可支配收入					
	个人承受能力					
	学生未来薪酬					
	学生财务成本					

您的修改意见：

表3　专家对指标内容的判断依据

您对以上指标的判断依据及影响程度			
判断依据	大	中	小
经验			
理论			
文献			
直觉			

表4　专家对问卷内容的熟悉程度

您对调查内容的熟悉程度						
熟悉程度	不熟悉	不太熟悉	一般熟悉	比较熟悉	很熟悉	非常熟悉
专家自述						

本轮问卷到此结束，非常感谢您的鼎力支持！

"我国公办高校学费标准影响因素研究"课题组

2022年8月31日

附录5-2　同意参加德尔菲研究

我_____,自愿参加此项研究。

· 我被告知研究的目的和性质。

· 我明白我可以随时退出而不会产生任何后果。

· 我明白我的参与意味着我将对本研究主题提出自己的见解。

· 我了解我会被匿名。

· 我明白我在本研究中提供的所有信息都将会被保密。

日期：_____

签名：_____

附录6：公办高校学费标准影响因素层次分析法专家意见征询表

尊敬的专家，您好！

本调查旨在调研我国公办高校学费标准影响因素的权重测算问题。烦请您对综合评价指标体系中两两指标的相对重要程度进行判断，对定性指标进行打分判定，并结合定量指标的原始数据给出其目标值。课题组在此承诺，本次调查采用匿名方式，调研数据仅用于科研，请放心填写。感谢您的真诚合作！

表1　两两指标相对重要程度等级算法

标度	含义
1	表示两个因素相比，具有相同重要性
3	表示两个因素相比，前者比后者稍重要
5	表示两个因素相比，前者比后者明显重要
7	表示两个因素相比，前者比后者强烈重要
9	表示两个因素相比，前者比后者极端重要
2,4,6,8	表示上述相邻判断的中间值
倒数	若因子x_i和因子x_j对z的影响之比为a_{ij}，则x_j和x_i对z的影响之比为$a_{ji}=1/a_{ij}$

请根据表1中判断标准，对以下指标层中的两两指标的相对重要程度进行判断。

表2　A1—A4指标重要程度

	政府	学校	社会	家长与学生
政府	1			
学校		1		
社会			1	
家长与学生				1

表 3　B1—B2指标重要程度

	教育投入	招生人数
教育投入	1	
招生人数		1

表 4　B3—B9指标重要程度

	办学定位	专业差异	资助保障	教育质量	就业率	培养成本	学校建设
办学定位	1						
专业差异		1					
资助保障			1				
教育质量				1			
就业率					1		
培养成本						1	
学校建设							1

表 5　B10—B14指标重要程度

	居民消费价格指数	人均GDP	市场	生产者价格指数	社会捐赠
居民消费价格指数	1				
人均GDP		1			
市场			1		
生产者价格指数				1	
社会捐赠					1

表 6　B15—B18指标重要程度

	人均可支配收入	个人承受能力	学生未来薪酬	学生财务成本
人均可支配收入	1			
个人承受能力		1		
学生未来薪酬			1	
学生财务成本				1

附录7:公办高校学费问题调查问卷1

同学,您好!

  真挚地感谢您在百忙之中填写"我国公办高校学费标准影响因素研究"项目子问卷"公办高校学费问题调查问卷1"!本研究的目标是探求学费调整的方式与方法,现请您就以下问题根据自己的实际情况作答。课题组在此承诺,本次调查采用匿名方式,调查结果仅用于科研,请放心填写。您所提供的宝贵意见对达成预期研究目标至关重要。谢谢您的支持!

"我国公办高校学费标准影响因素研究"课题组

2022年9月16日

一、基本信息

1. 您的入学年份:

A. □2019

B. □2020

2. 您的专业大类属于:

A. □人文社科

B. □理工科

3. 您每个月的生活费大概需要:

A. □1000元以下

B. □1000—1500元

C. □1500—2000元

D. □2000元以上

4. 支付学费对您的家庭来说:

A. □毫无压力

B. □稍微有压力

C. □一般有压力

D. □比较有压力

E. □非常有压力

附录8：公办高校学费问题调查问卷2

同学,您好!

真挚地感谢您在百忙之中填写"我国公办高校学费标准影响因素研究"项目子问卷"公办高校学费问题调查问卷2"!本研究的目标是探求学费调整的方式与方法,现请您就以下问题根据自己的实际情况作答。课程组在此承诺,本次调查采用匿名方式,调查结果仅用于科研,请放心填写。您提供的宝贵意见对达成预期研究目标至关重要。谢谢您的支持!

"我国公办高校学费标准影响因素研究"课题组

2022年9月16日

一、基本信息

1.您的入学年份:

A. □2016

B. □2017

2.您的专业大类属于:

A. □人文社科

B. □理工科

3.您目前的月收入为:

A. □5000元以下

B. □5000—6000

C. □6000—7000

D. □7000—8000

E. □8000元以上

4.您认为自身职业的市场未来发展情况:

A. □非常好

B. □比较好

C. □一般

D. □比较差

E. □非常差

参 考 文 献

(一)英文文献

[1] Farrell A .Higher Education for American Democracy[J].Thought, 1948.

[2] David D. Henry. Challenges past, challenges present: an analysis of american higher education since 1930. Jossey-Bass Publishers. 1975: 66-68

[3] T.W.Schultz. The value of the ability to deal with disequilibria[J]. Journal of Economic Literature.1975,(13): 872-876.

[4] C. P. Griwold , G. M. Marine.Political influences on state policy: higher-tuition, higher-aid, and the real world. Review of Higher Education, 1996, 19(4):361.

[5] Ayegül Sabin. The incentive effects of social policies on education and labor markets. University of Rochester,2002.

[6] C. Anderson. Grants to students (Anderson Report). London: HMSO, 1960:28.

[7] Committee on Higher Education. Higher Education Report (Robins Report),1963:8.

[8] F.Galindo-Rueda, A.Vignoles, O. Marcenaro-Gutierrez. Who actually goes to university. Empirical Economics,2007,32(2):333-357.

[9] Bruce Chapman, Chris Ryan. The access implications of income contingent charges for higher education: lessons from Australia. Discussion paper no.463. Australian National University, Centre for Economic Policy Research, 2003:26-28.

[10] Rajindar K. Koshal, Manjulika Koshal. State appropriation and higher education tuition: what is the relationship?. Education Economics, 2000, 8 (1) : 81-89.

[11] S.A.Hoenack, W.C.Weiler. Cost-related tuition policies and university enrollment. Journal of Human Resources,1975(3) :332-360.

[12] Jung Cheol Shin, Sande Milton. Student response to tuition increase by

academic majors: empirical grounds for a cost-related tuition policy. High Education, 2008(5):719-734.

[13] M.J.Hilmer. Post-secondary fees and the decision to attend an university or a community college. Journal of Public Economics, 1998(67):329-348.

[14] Glenn A.Bryan, Thomas W.Whipple. Tuition elasticity of the demand for higher education among current students: a pricing model. The Journal of Higher Education, 1995(5):560-574.

[15] Hu S. Scholarship awards, college choice, and student engagement in college activities: a study of high-achieving low-income students of color. Journal of College Student Development, 2010(51):151-162.

[16] T.Strayhorn. Money matter: the Influence of financial factor on graduate student persistence. Journal of Student Financial Aid, 2010(3):4-25.

[17] Ronald G.Ehrenberg, Panagiotis G.Mavros. Do doctoral students financial support patterns affect their times-to-degree and completion probabilities?. Journal of Human Resources, 1995(3):581-609.

[18] J. Groen, G. Jakubson, R. Ehrenberg. Program design and student outcomes in graduate education. Economics of Education Review, 2008(27):111-124.

[19] Chen Rong, S.L.Des Jardins. Exploring the effects of financial aid on the gap in student dropout risks by income level. Research in Higher Education, 2008(49):1-18.

[20] K.A.Houghton, N. Bagranoff, C. Jubb. The funding of higher education: an empirical examination of the cost of education in business schools. Abacus, 2021, 57(4):780-809.

[21] S.A.Boateng. Effect of the escalating cost of tuition in higher education in the United States. Journal of Education, Society and Behavioural Science, 2020:53-58.

[22] A. Bhayani. Let students pay for their higher education: debate concerning free and subsidized education based on sunk cost theory. Journal of Philanthropy and Marketing, 2020, 26(4).

[23] B.Pouragha, M.T.Arasteh, E.Zarei, et al. Cost analysis of education for students in the School of Health of Alborz University of Medical Sciences:

an application of activity-based costing technique. Journal of Education and Health Promotion, 2020, 9(1): 165-165.

[24] S.R.Lopez, M.D.Rivera. Who is responsible? Varying solutions for improving equity of college access in an era of rising costs. Journal of Hispanic Higher Education, 2020, 21(2):153.

(二)英文图书

[1] D.B.Johnstone. Sharing the costs of higher education: student financial assistance in United Kingdom, Federal Republic of Germany, France, Sweden, and the Untied States.New York: College Board.1986.

[2] Robert Berne, Leanna Stiefe. The measurement of equity in school finance: conceptual, methodological, and empirical dimensions. Baltimore: Johns Hopkins University Press,1984.

[3] England H E F C F, Bristol. Higher Education in the United Kingdom. Guide.Published for the British Council and the Association of Universities of the British Common wealth by Longmans, Green, 2011.

[4] William J.Baumol, Alan S.Blinder. Essentials of economics: principles and policy(10th ed). Thomson/South-Western,2006.

(三)中文文献

[1] 谭扬芳.改革开放三十年:中国特色社会主义公平与效率关系的反思[J].探索,2009(01):165-169.

[2] 李守福.主要发达国家高校收费实践与理论的评析[J].比较教育研究,2001(02):7-11.

[3] 王善迈.论高等教育的学费[J].北京师范大学学报(人文社会科学版),2000(06):24-29.

[4] 郑艳霞,邓艳娟.从高校学费角度看教育机会公平问题[J].教育教学论坛,2020(38):111-112.

[5] 朱锋.高等教育收费制度中的公平与效率偏离问题研究[D].桂林:广西师范大学,2006.

[6] 张燕.试论高校收费对教育公平的积极影响[J].武汉冶金管理干部学院学报,2008(02):49-52.

[7] 黄敬宝.高校涨学费的经济学分析[J].教育财会研究,2014,25(06):38-40.

[8] 曹淑江.我国高等教育成本与学费问题研究[J].中国高教研究,2014(05):44-49.

[9] 谢纬.中国公立高校收费与教育公平[D].南京:南京理工大学,2005.

[10] 秦福利.高等教育学费差别定价在我国的实践与反思[J].黑龙江高教研究,2012,30(05):27-30.

[11] 王丽平,周宇.对我国高等教育收费的思考[J].西南民族学院学报(哲学社会科学版),2002(05):237-239.

[12] 刘煜.高校收费的基点:个人承受能力[J].浙江海洋学院学报(人文科学版),2004(02):76-78+93.

[13] 赵绍光.高校收费问题剖析[J].内蒙古农业大学学报(社会科学版),2005(01):36-38.

[14] 罗述权,郑震.高校收费与学生可承受能力实证分析[J].价格理论与实践,2011(04):34-35.

[15] 蔡文伯,马瑜.高校收费政策:理论基础、社会支持与争议[J].高校教育管理,2014,8(06):80-85.

[16] 童小玲,武玉坤.高等教育学费固化的不良效应及其对策研究——以广东某大学为例[J].会计之友,2016(16):100-104.

[17] 黄勇荣,蒋婷婷,宋雅雯.高校收费促进教育公平研究[J].企业科技与发展,2015(12):117-120.

[18] 郑媛媛.基于成本补偿视角的高校收费问题探讨[J].国际商务财会,2019(03):60-62.

[19] 李彩莲.高等教育的公平与效率——从高等教育成本补偿谈起[J].湖南科技学院学报,2012,33(01):135-137.

[20] 祁占勇,杜越.新中国70年高等教育层次结构变革的回顾与反思[J].复旦教育论坛,2020,18(03):74-82.

[21] 查显友,丁守海.高等教育公平与学费政策选择[J].清华大学教育研究,2012,33(01):103-108.

[22] 曹健.关于高校学费政策若干经济问题的分析[J].江苏高教,1998(01):41-44.

[23] 余英.论高等教育学费政策的改善[J].教育评论,2009(03):11-14.

[24] 潘军.深化学费制度改革发展高等教育消费[J].消费经济,2000(04):49-52.

[25] 张万朋,王千红.也谈高教扩招增加学费及其对经济增长的拉动[J].教育与经济,2000(02):40-43.

[26] 李文利,魏新.高等教育规模的扩大与合理的学费水平[J].教育发展研究,2000(03):35-39.

[27] 刘海波.高校学费——贷款资助政策体系的问题与改进研究[J].中国高教研究,2005(10):82-84.

[28] 徐颖,李川.试论高校学费标准的制订依据及教育听证制度[J].江苏高教,2006(06):102-104.

[29] 蔡连玉.论微观政治视角下的高校学费抵制[J].江苏高教,2008(01):40-43.

[30] 江小惠.高等教育的学费问题研究[J].高校教育管理,2007(04):48-51+55.

[31] 王善迈.社会主义市场经济条件下的教育资源配置方式[J].教育与经济,1997(03):1-6.

[32] 李其芳.2007,高校学费的拐点[J].教育与职业,2007(31):38-40.

[33] 曾道荣,张谛.高等教育成本分担与学费政策问题[J].财经科学,2007(11):70-76.

[34] 伍海泉.也论高等教育学费——兼与王善迈教授商榷[J].湖南社会科学,2003(06):144-146.

[35] 贺小明,田汉族.我国公立高校收费现状与对策研究综论[J].荆门职业技术学院学报,2007(04):21-24.

[36] 林道怡.探求适合我国国情的高等教育收费模式[J].价格理论与实践,2004(07):45-46.

[37] 李晶.基于数据仓库的教学质量测评研究[D].昆明:昆明理工大学,2007.

[38] 郑立明,王明华.高校学分制收费:定价方法、障碍和对策[J].价格理论与实践,2008(06):33-34.

[39] 杜根长.成本与学费定价[J].今日科苑,2011(14):158-159.

[40] 董欢.高等教育学费定价应以标准生均成本为基础[J].财会月刊,2011(29):88-89.

[41] 吴小蓉.我国高等教育学费定价问题探讨[J].当代教育科学,2012(03):31-33.

[42] 刘文晓,胡仁东.我国普通公立高校学费定价标准新探——基于二部定价法视角[J].高教探索,2012(01):63-69.

[43] 罗述权.从学生利益视角谈高校学费定价[J].财务与金融,2013(04):41-45.

[44] 潘从义.法制视野下的高等教育学费定价机制研究[J].中国高教研究,2013(05):32-36.

[45] 崔世泉.大学学费定价行为分析——基于尼斯坎南混合官僚模型的研究[J].现代教育管理,2014(04):76-80.

[46] 毛建青.我国普通高等院校学费制定标准的相关研究[D].西安:陕西师范大学,2004

[47] 卢晓东.学分制发展与成本分担机制的精细分析(下)——新视角下学费、拨款政策的完善方向[J].中国高教研究,2016(08):20-26.

[48] 葛劲松.高等教育实行成本收费改革研究[J].内蒙古师范大学学报(教育科学版),2001(03):116-118.

[49] 宁顺兰,史秋衡.公立高校成本分担的政策取向[J].理工高教研究,2003(06):13-16.

[50] 韩信钊.我国教育经费投入与高等教育成本分担问题的探讨[J].黑龙江高教研究,2000(04):5-8.

[51] 刘向东,张伟,陈英霞.欧洲高等教育机构经费筹措模式及经验启示——以欧盟七国为例[J].外国教育研究,2005(11):46-50.

[52] 菲利普·G,李梅.私立高等教育:从比较的角度看主题和差异[J].教育展望,2000(03):9-18.

[53] 彭久麒.教育经济理论的价值观和方法论比较[J].四川师范大学学报(社会科学版),2003(01):25-32.

[54] 阳荣威,汪斑,杜宛宛.社会正义视野下我国重点高校学费制度之审视与设计[J].大学教育科学,2018(06):54-60.

[55] 伍海泉,伍以加,李娜.基于生均成本的大学学费定价研究——以湖南7所高校为例[J].经济研究参考,2012(63):61-68.

[56] 余英.高等教育成本分担的国际比较——兼评中国高等教育学费标准的政策依据[J].清华大学教育研究,2007(03):111-118.

[57] 李雪琴,孙根琴.论教育公平视野下的高等教育成本分担——兼谈高校专业学费收费问题[J].价格月刊,2013(10):83-86.

[58] 郭凯,滕跃民.中美高等教育成本分担和学费的比较[J].辽宁教育研究,2008(10):95-98.

[59] 秦福利.高等教育学费差别定价在我国的实践与反思[J].黑龙江高教研究,2012,30(05):27-30.

[60] 伍海泉,肖宁,常晗.支付能力差异、入学机会与学费的歧视性定价[J].财务与金融,2010(06):32-36.

[61] 冯涛.我国大学学费定价的实证分析及政策建议[J].中国物价,2008(03):31-33+37.

[62] 钱林晓.对高校扩招和学费增长的经济学分析[J].高等工程教育研究,2008(01):123-127.

[63] 袁连生.我国居民高等教育支付能力分析[J].清华大学教育研究,2001,03:162-169.

[64] 金珺.高校学费超出居民支付能力的实证研究[J].西南交通大学学报(社会科学版),2007(04):139-142.

[65] 沈百福,王红.我国普通高校学费分析[J].长春工业大学学报(高教研究版),2006(04):3-9.

[66] 谭章禄,王昆,张小萍.我国居民高等教育支付能力的SOM分析[J].统计与决策,2007(10):90-92.

[67] 种宗刚.高等教育家庭经济负担问题研究:以山东省为例[D].济南:山东经济学院,2011.

[68] 伍海泉,段庆茹.学费视域下高等教育成本增长的系统动力学分析[J].教育与经济,2016(05):30-35.

[69] 董亚楠.用于地方高校学费分析BP神经网络数学模型方法研究[J].计算机科学,2014,41(S1):481-483.

[70] 化存才.高校招生规模、政府投入和学费标准的三维动力学模型及政府调控[J].成都理工大学学报(自然科学版),2007(06):657-660.

[71] 钟桦.基于层次分析法的高等学校学费模型研究[J].技术经济与管理研究,2011(10):20-23.

[72] 刘文晓,胡仁东.我国普通公立高校学费定价标准新探——基于二部定价法视角[J].高教探索,2012(01):63-69.

[73] 田文义,周志贵,王哲然,等.多视角下的高等教育学费标准确定模型[J].清华大学教育研究,2009,30(02):64-71.

[74] 金芳颖,楼世洲.教育政策社会学视域下我国公办高校学费定价标准及行为研究——基于浙江省普通高校的数据分析[J].教育发展研究,2019,39(19):25-33+67.

[75] 杨丽.成本分担——世界高等教育发展的趋势[J].世界教育信息,2007(04):41-43.

[76] 靳希斌.论教育服务及其价值[J].教育研究,2003(01):44-47.

[77] 吴开俊,范先佐.高校学费依据教育培养成本收取的悖论[J].高等教育研究,2007(01):26-30.

[78] 别敦荣.普及化高等教育的基本逻辑[J].中国高教研究,2016(03):31-42.

[79] 阎凤桥,毛丹.中国高等教育规模扩张机制分析:一个制度学的解释[J].高等教育研究,2013,34(11):25-35.

[80] 谢作栩,陈小伟.中国大陆高校学费对不同社会阶层子女的影响——实证调查与分析[J].教育与经济,2007(02):12-15.

[81] 易红郡,缪学超.英国高等教育市场化趋向:经费筹措视角[J].清华大学教育研究,2012,33(03):89-97.

[82] 吴玲,索志林.高校收费与教育机会公平[J].黑龙江高教研究,2005(10):29-31.

[83] 孙国红.就业前景对个人高等教育人力资本投资的影响及对策[J].高教论坛,2005(06):180-182+150.

[84] 李前进,李宁.高校学费上涨与帮困助学政策问题及解决路径[J].高校教育管理,2014,8(06):86-91.

[85] 马陆亭.高等教育学费和学生资助政策[J].高校教育管理,2007(02):35-39.

[86] 储著斌.地方公立高校学费调涨的现实诉求与解决路径[J].黑龙江高教研究,2014(10):64-68.

[87] 杨莲娜.高等教育学费的价格属性研究[J].价格理论与实践,2005(05):33-34.

[88] 邱艳萍.学分制视野里的高校收费制度改革[J].理工高教研究,2004(06):27-28.

[89] 伍海泉,罗欢,于海曼.高等教育学费定价的复杂因素与改革研究[J].价格理论与实践,2010(06):28-29.

[90] 晏成步.关于高校学费问题的实证分析[J].教育发展研究,2011,31(19):8-13.

[91] 伍海云,张祥永,李孙巧.美国公立高校学费定价与收取制度研究[J].比较教育研究,2011,33(08):6-9+14.

[92] 袁连生,崔世泉.我国普通高校学费差异实证研究[J].教育发展研究,2010,30(23):1-6.

[93] 袁连生,崔邦焱.我国高等学校生均成本变动分析[J].教育研究,2004(06):23-27.

[94] 赵聚辉,宋述龙.我国高等学校学费标准与居民收入水平、GDP的增长分析[J].辽宁师范大学学报(社会科学版),2008(03):59-61.

[95] 陈爱娟,万威武.关于我国高等学校学费标准的实证分析[J].高等教育研究,2002(06):44-49.

[96] 高桂娟,陈慧.我国高等教育学费的历史沿革[J].曲靖师范学院学报,2005(01):84-87.

[97] 王聪聪,肖远飞,陈宇,等.高校学分学费"统一定价"分成制的可行性探索——基于博弈论的学分制改革收费策略研究[J].昆明理工大学学报(自然科学版),2021,46(01):162-167.

[98] 孙少茹,王霞,江鸽平.高校学费管理中存在的问题及对策分析[J].行政事业资产与财务,2015(16):44+41.

[99] 林加祝.如何加强高校收费管理的内部控制[J].当代会计,2014(10):51-53.

[100] 陈焕新.高校收费管理存在的主要问题及完善建议[J].财务与会计,2018(03):75-76.

[101] 陈盈.对高等学校收费管理规范化的思考[J].经济研究参考,2017(05):108-111.

[102] 张珺.我国高等教育各区域地位的差异化研究[J].中国成人教育,2016(20):64-66.

[103] 杨江华.我国高等教育入学机会的区域差异及其变迁[J].高等教育研究,2014,35(12):27-34.

[104] 相丽君,徐新.我国高等教育发展水平的区域差异[J].统计与决策,2008(14):94-96.

[105] 许庆豫,徐飞.我国高等教育发展水平地区差异分析[J].复旦教育论坛,2012,10(04):61-65.

[106] 李健宁.我国区域高等教育发展水平的统计分析[J].山西财经大学学报(高等教育版),2007(04):1-4.

[107] 侯龙龙,薛澜.我国高等教育地区差距的实证分析[J].北京大学教育评论,2009,7(01):151-159+192.

[108] 许祥云,胡林燕,张凡永.高等教育满意度:来自家庭的评价及启示[J].高教探索,2016(09):35-43.

[109] 吕岚.试论高等学校学费标准的影响因素[J].经济研究参考,2016(20):45-48.

[110] 卢义杰,王海萍.大学学费迎来"涨价潮"中低收入家庭受影响大[J].人民教育,2014(18):5.

[111] 伍海泉,赵人伟,韩兴雷.高等教育学费定价的利益相关者及其博弈分析[J].教育与经济,2013(05):12-17.

[112] 胡茂波.高等教育学费二元结构的审视与调控[J].现代教育管理,2013(11):40-44.

[113] 曲洁.英国高等教育学费差异化定价制度的研究[J].价格理论与实践,2013(06):85-86.

[114] 陈厚丰,邢云文.论多元投入政策视域下的高等教育公平[J].中国高等教育,2011(09):26-27.

[115] 傅维利,刘伟.关于高等教育学费定价的理论分析[J].教育研究与实验,2011(01):74-77.

[116] 王明刚,许华.基于Fuzzy-AHP的高校学费标准评价体系的构建[J].统计与决策,2010(04):49-51.

[117] 伍海泉,董欢,于海曼.标准生均成本应成为高等教育学费定价的数量基础[J].中国高教研究,2010(06):20-22.

[118] 张继华.我国高等教育学费政策问题的分析与建议[J].黑龙江高教研究,2009(02):24-26.

[119] 常京萍,董玲.高校教育成本与学费标准制定研究[J].会计之友(上旬刊),2009(03):44-45.

[120] 胡茂波,沈红.论公立高校学费的属性与功能——兼论公立高校学费标准的政策目标[J].江苏高教,2009(03):23-26.

[121] 胡茂波,沈红.高校学费标准的困境与对策[J].教育与经济,2009(01):10-15.

[122] 李平.对我国高等教育学费标准的实证分析[J].中国管理信息化,2012,15(22):44-46.

[123] 李毅,周建江,柳小妮.基于MATLAB的高校学费多元线性回归模型[J].信息技术与信息化,2016(11):84-86.

[124] 王莹.基于SPSS的南京地区高校学费水平与影响因素分析[J].电子测试,2013(12):137-138.

[125] 岳园,田双亮.基于多元化因素的高校学费定价模型[J].西北民族大学学报(自然科学版),2012,33(03):29-34.

[126] 吴洁演,段姝,李小霞.基于公平视角的高等教育学费定价因素研究[J].行政事业资产与财务,2019(07):35-37.

[127] 关鹏,张千祥,侯勇超,等.基于因子分析和聚类分析的安徽省高校学费标准的综合评价模型[J].西南民族大学学报(自然科学版),2011,37(06):884-888.

[128] 王娟.普通高等学校学费标准数学模型研究[D].西安:西安工程大学,2011.

[129] 叶仁玉,巩罗勇,操丽,等.普通高校的学费标准影响因素及相关分析[J].安庆师范学院学报(自然科学版),2009,15(03):33-36.

[130] 闵令啸.我国教育部直属高校教育成本影响因素实证研究[D].吉林:东北电力大学,2020.

[131] 肖剑.浙江省公办普通高校学费调整问题研究[D].宁波:宁波大学,2019.

[132] 肖剑,孙玉丽.浙江省公办普通高校学费调整指数研究[J].宁波大学学报(教育科学版),2020,42(02):84-89.

[133] 胡圣雄.中国高等教育学费弹性研究[D].武汉:华中科技大学,2016.

[134] 王嵩迪,胡蝶.高等教育普及化阶段中美高校学生资助比较研究[J].中国高教研究,2021(07):63-69.

[135] 曲绍卫,娜兹姆.中美高校大学生资助水平比较研究[J].高教探索,2020(09):87-93.

[136] 马浚锋,罗志敏.历史追溯与时代转换:高校学生资助问题研究[J].现代大学教育,2020(01):95-102.

[137] 洪柳.我国高校贫困生资助体系的历史、问题与精准化路径[J].湖南师范大学教育科学学报,2018,17(05):103-109.

[138] 陈武元.美日两国高校经费筹措模式及其对我国的启示[J].高等教育研究,2018,39(07):99-109.

[139] 胡军勇,刘国,王世泽,等.高校生均培养基本成本测算体系的构建[J].会计之友,2018(05):124-127.

[140] 荀灵生,柯什托巴耶娃·阿勒马古丽.基于拓展微分方程模型的高等教育成本分担[J].统计与决策,2018,34(02):61-64.

[141] 梁登峰,刘福林,王家赠.高校收费和招生改革的社会影响的博弈模型分析[J].数学的实践与认识,2016,46(19):15-22.

[142] 薛娟.我国高等教育经费主要来源及改革方向[J].中国党政干部论坛,2014(07):101-102.

[143] 刘胜建,王琳.高等教育培养成本核算方法研究[J].财务管理研究,2022(12):95-99.

[144] 赵峰,苏兴检.高等教育成本与学费定价研究[J].科技资讯,2022,20(22):248-252.

[145] 徐恒博.政府会计制度下教育成本核算研究[J].中国海洋大学学报(社会科学版),2022(S1):46-50.

[146] 易雪辉,刘毅,张凯.高校教育成本核算研究综述[J].商业会计,2022(18):103-108.

[147] 王桂轩.广西高等教育成本分担实施现状与优化路径探析[J].经济研究参考,2022(07):137-144.

[148] 李嘉欣.广东省高职教育经费投入现状及其绩效研究[D].广州:广东技术师范大学,2022.

[149] 綦林溪.山东省家庭教育投资对教育收益的影响研究[D].济南:山东财经大学,2022.

[150] 张文杰,哈巍.合并、扩招、新建校区与高等学校办学成本——基于中国高等教育变革的准实验[J].教育研究,2022,43(04):92-106.

[151] 王桂轩.高等教育成本分担制度的发展态势及适应性改革策略[J].广西教育,2022(12):4-7.

[152] 张皓.政府会计制度下北京市属高校成本核算浅析[J].经济师,2022(04):87-88+90.

[153] 陈嘉伟.新政府会计制度背景下F高校教育成本核算体系优化研究[D].重庆:重庆理工大学,2022.

[154] 李红松,熊莉,王云丽.高等教育普及阶段办学成本膨胀:危害、影响因素及治理[J].教育财会研究,2021,32(06):10-15.

[155] 廖青.高等学校成本核算项目与范围探究[J].教育财会研究,2021,32(06):62-65+69.

[156] 王德,陈朝琳.基于信息公开的高校生均成本计量与分担研究[J].经济师,2021(09):167-168.

[157] 庞丽娟,杨小敏.高质量教育体系建设的经费投入保障思考与建议[J].国家教育行政学院学报,2021(08):3-13.

[158] 吴凡.陕西高校收费与成本补偿问题研究[J].现代审计与会计,2021(07):42-43.

[159] 樊剑茹.政府会计制度下内蒙古T高校成本核算与管理研究[D].包头:内蒙古科技大学,2021.

[160] 范娜娜.高校教育成本控制研究——以X高校为例[D].郑州:河南财经政法大学,2021.

[161] 刘青.高等学校教育成本核算研究[D].武汉:长江大学,2021.

[162] 宋杰.经济新常态下东北三省政府分担高等教育成本比较研究[J].黑龙江高教研究,2020,38(07):61-65.

[163] 张志宏.普通高等院校教育成本分担问题论析[J].继续教育研究,2018(12):71-73.

[164] 潘松剑.难以跨越的困境——"培养成本分担"机制定价高校学费评议[J].教育财会研究,2016,27(05):43-47.

[165] 王唯.OECD教育指标体系对我国教育指标体系的启示——OECD教育指标在北京地区实测研究[J].中国教育学刊,2003(01):3-7.

[166] 王绽蕊.区域教育发达程度衡量指标体系的构建[J].教育发展研究,2000(12):20-22.

[167] 赵宏斌.中国高等教育规模省级区域分布的差异性研究——基于泰尔指数的比较[J].中国高教研究,2009(02):23-27.

[168] 忻红,吴清萍.调整高等教育收费标准问题研究[J].价格月刊,2015(04):

15-18.

[169] 余小波,刘潇华,黄好.改革开放四十年:我国高等教育改革发展的基本脉络[J].江苏高教,2019(03):1-8.

[170] 洪柳.美国哈佛大学研究生教育收费现状与资助体系研究[J].黑龙江高教研究,2018,(03):62-68.

[171] 杨钋.大学生资助对学业发展的影响[J].清华大学教育研究,2009,30(05):101-108.

[172] 杨鹏,刘伟香.关于我国高等教育成本及定价政策的思考[J].价格月刊,2016(06):38-41.

[173] 李彬.高校协同筹资模式探索——基于高等教育成本分担理论[J].财会通讯,2014(35):24-25.

[174] 柴江.我国居民高等教育学费支付能力的比较研究[J].河北师范大学学报(教育科学版),2020,22(06):52-58.

[175] 陈文博,毛建青.成本分担属性和价格属性视角下的高职学费问题研究[J].湖北社会科学,2020(03):148-155.

[176] 陈晓芳,陈小华,尹聪,等.教育公平下的公办高校差异化收费管理模式创新[J].财会月刊,2018(19):39-43.

[177] 白静,张国栋.大学筹资结构、高校规模与科研产出的实证研究——以美国世界一流大学为例[J].教育发展研究,2017,37(17):16-23.

[178] 刘晓凤.英国研究型高校教育投入体系及其特点——基于罗素集团的实证分析[J].黑龙江高教研究,2020,38(06):56-64.

[179] 伍海泉,董欢,于海曼.标准生均成本应成为高等教育学费定价的数量基础[J].中国高教研究,2010(06):20-22.

[180] 张继华.我国高等教育学费政策问题的分析与建议[J].黑龙江高教研究,2009(02):24-26.

(四)中文图书

[1] 顾明远.教育大辞典[M],上海:上海教育出版社,1990.

[2] (美)约翰斯通.高等教育财政:问题与出路[M].沈红,李红桃,译.北京:人民教育出版社,2004.

[3] (美)埃德蒙·金.别国的学校和我们的学校:今日比较教育[M].王承绪,邵珊,李克兴,徐顺松,译.北京:人民教育出版社,2001.

[4] 于富增.国际高等教育发展与改革比较[M].北京:北京师范大学出版社,1999.

[5] 柴效武著.高校学费制度研究[M].北京:经济管理出版社,2003.

[6] (美)艾伦伯格.美国大学学费问题[M].崔玉平,译.北京:北京师范大学出版社,2007.

[7] 张晓玲.我国公立高校学费改革研究[M].武汉:武汉大学出版社,2013.

[8] 蓝秀华.中国高等教育收费制度变迁研究[M].青岛:中国海洋大学出版社,2012.

[9] 中国法制出版社.中华人民共和国高等教育法[M].北京:中国法制出版社,1998.

[10] 范元伟.高等教育市场化改革与机会均等[M].上海:上海教育出版社,2006.02.

[11] 唐祥来.高等教育成本分担:制度创新与发展趋势[M].北京:经济科学出版社,2007.07.

[12] (美)舒尔茨(Schultz,T.W.).人力资本投资 教育和研究的作用[M].蒋斌,张蘅,译.北京:商务印书馆,1990.

[13] 曲恒昌,曾晓东.西方教育经济学研究[M].北京:北京师范大学出版社,2000.

[14] 卫道治,吕达.英汉教育大词典[M].北京:人民教育出版社,2005.

[15] 吴厚德,财政学[M].广州:中山大学出版社,2003.

[16] 李从松.中国大学贫困生研究报告[M].武汉:湖北人民出版社,2003.

[17] 车卉淳,周学勤.芝加哥学派与新自由主义[M].北京:经济日报出版社,2007.

[18] 李中斌,徐小飞,郑文智.人力资本理论与实证研究[M].北京:华龄出版社,2006.

[19] 刘俊学,王小兵.高等教育服务市场论[M].长沙:中南大学出版社,2004.

[20] 闵维方,杨周复,李文利.为教育提供充足的资源——教育经济学国际研讨会论文集[M].北京:人民教育出版社,2002.

[21] 陆根书,钟宇平.高等教育成本回收的理论与实证分析[M].北京:北京师范大学出版社,2002.

[22] 王同孝.高等学校学费研究[M].北京:北京大学出版社,2010.

[23] (美)泰勒·考恩,(美)亚历克斯·塔巴洛克.微观经济学:现代原理[M].

王弟海,译.上海:格致出版社,2013.

[24] (美)西奥多·W.舒尔茨.教育的经济价值[M].曹延亭,译.长春:吉林人民出版社,1982.

[25] (美)詹姆斯·M.布坎南.公共物品的需求与供给[M].马珺,译.上海:上海人民出版社,2009.

[26] 曹淑江.教育制度和教育组织的经济学分析[M]. 北京:北京师范大学出版社,2004.

[27] 闵维方.高等教育运行机制研究[M]. 北京:人民教育出版社,2002.

[28] 史万兵.高等教育经济学[M]. 北京:科学出版社,2004.

[29] 康宁.中国经济转型中高等教育资源配置的制度创新[M]. 北京:教育科学出版社,2005.

[30] 林毅夫.关于制度变迁的经济学理论:诱致性变迁与强制性变迁.载:财产权利与制度变迁[M].上海:上海三联书店、上海人民出版社,1994.

[31] 甘国华.高等教育成本分担研究——基于准公共产品理论分析框架[M].上海:上海财经大学出版社,2007.

[32] 徐来群. 哈佛大学史[M]. 上海:上海交通大学出版社,2012.

[33] 李爱良.高等教育收费制度的利益博弈[M].长沙:湖南师范大学出版社,2012.